U0504267

CSSCI 来源集刊

Dialogue Transculturel

跨文化对话

第 43 辑

主 编　乐黛云　〔法〕李比雄

执行主编　钱林森

副主编　〔法〕金丝燕　陈越光

商务印书馆
SINCE 1897
The Commercial Press

图书在版编目（CIP）数据

跨文化对话.第43辑/乐黛云,（法）李比雄主编.—北京：商务印书馆，2020

ISBN 978-7-100-19141-8

Ⅰ.①跨… Ⅱ.①乐… ②李… Ⅲ.①东西文化—比较文化—文集 Ⅳ.① G40-53

中国版本图书馆 CIP 数据核字（2020）第 185016 号

权利保留，侵权必究。

跨文化对话

第 43 辑

主　　编　乐黛云　〔法〕李比雄

执行主编　钱林森

副 主 编　〔法〕金丝燕　陈越光

商 务 印 书 馆 出 版

（北京王府井大街 36 号　邮政编码 100710）

商 务 印 书 馆 发 行

北京艺辉伊航图文有限公司印刷

ISBN 978 - 7 - 100 - 19141 - 8

2020 年 12 月第 1 版　　　开本 710×1000　1/16

2020 年 12 月北京第 1 次印刷　　印张 16½

定价：79.00 元

《跨文化对话》

由北京大学跨文化研究中心
南京大学比较文学与比较文化研究所
中国文化书院跨文化研究院
北京论坛
与"欧洲跨文化研究院"共同主办

并列入法国夏尔－雷奥波·梅耶人类进步基金会（FPH）
面向未来的文化间文库

《跨文化对话》网址：

http://www.pkujccs.cn

教育部人文社科重点研究基地北京师范大学民俗典籍文字研究中心
北京师范大学跨文化研究院敦和学术基金
资助出版

鸣谢：

浙江敦和慈善基金会
中国宋城集团

《跨文化对话》学术委员会成员
Membres du Comité Scientifique/Members of the Academic Committee

中国 / Chine/China（以姓氏笔画为序）

丁石孙（1927—2019）　数学家、北京大学前校长
Ding Shisun
Mathématicien, ancien président de l'Université de Pékin
Mathematician, former president of Peking University

丁光训（1915—2012）　神学家、金陵协和神学院院长、南京大学前副校长
Ding Guangxun
Théologien, président de l'Institut de Théologie de Nanjing, ancien vice-président de l'Université de Nanjing
Theologian, president of Nanjing Union Theological Seminary, former vice president of Nanjing University

厉以宁　经济学家、北京大学光华管理学院名誉院长
Li Yining
Economiste, directeur honoraire de l'École de Gestion Guanghua, Université de Pékin
Economist, honorary Director of Guanghua School of Management, Peking University

汤一介（1927—2014）　哲学家、中国文化书院院长、北京大学中国哲学与文化研究所所长
Tang Yijie
Philosophe, président du Collège de la Culture Chinoise, directeur de l'Institut de Philosophie et Culture Chinoises, Université de Pékin
Philosopher, president of Chinese Culture College, director of Chinese Philosophy and Culture Institute, Peking University

刘小枫　古典学家、中国人民大学教授
Liu Xiaofeng
Philologue, professeur de l'Université du Peuple
Culturalist, professor of Renmin University

吴志攀 法学家，北京大学副校长

Wu Zhipan

Juriaste, vice-president de l'Université de Pékin

Jurist, vicepresident of Pekin University

张异宾 哲学家、南京大学教授

Zhang Yibin

Philosophe, professeur de l'Université de Nanjing

Philosopher, professor of Nanjing University

杜维明 历史学家、哈佛大学教授、北京大学高等人文研究院院长

Du Weiming

historien, professeur de l'Université Harvard, directeur de l'Institut supérieur des Sciences humaines de l'Université de Pékin

Historian, professor of Harvard University, Dean of Institute of Advanced Humanistic Studies, Peking University

陈 骏 中科院院士、南京大学前校长

Chen Jun

Académicien de l'Académie des Science de Chine, ancien president de l'Université de Nanjing

Academician of the Chinese Academy of Sciences, former president of Nanjing University

庞 朴（1928—2015） 历史学家、中国社会科学院研究员

Pang Pu

Historien, chercheur à l'Académie des Sciences Sociales de Chine

Historian, research fellow of Chinese Academy of Social Sciences

赵汀阳 哲学家、中国社会科学院研究员

Zhao Tingyang

Philosophe, chercheur á l'Académie des Sciences sociales de Chine

Philosopher, research fellow of Chinese Academy of Social Sciences

欧洲 / Europe/Europe（par ordre alphabétique du nom）

皮埃尔·卡蓝默 夏尔－雷奥波·梅耶人类进步基金会执行主席，瑞士－法国
Pierre Calame
Président de la Fondation Charles Léopold Mayer pour le Progrès de l'Homme, Suisse-France
President of the Charles Leopold Mayer Foundation for Human Progress, Switzerland-France

安东·唐善 生物学家、巴斯德学院基因与遗传研究部主任，法国
Antoine Danchin
Biologiste, directeur du Département Génomes et Génétique, Institut Pasteur, France
Biologist, director of the Department Genomes and Genetics, Pasteur Institute, France

恩贝托·埃柯（1932—2016） 符号学家、作家、文学批评家、欧洲跨文化研究院学术委员会主席，意大利
Umberto Eco
Sémioticien, écrivain, essayiste, président du Conseil Scientifique de l'Institut International Transcultura, Italie
Semiotician, writer, literary critic, president of the Academic Committee of Transcultura International Institute, Italy

克萨维·李比雄 地质动力学家、法国科学院院士、法兰西学院教授，法国
Xavier Le Pichon
Géodynamicien, membre de l'Académie des Sciences, Institut de France, professeur au Collège de France, France
Geodynamician, member of the Academy of Sciences, Institute of France, professor at the Collège de France, France

利大英 中国学家、法国里昂三大第一副校长、研究部主任，法国
Gregory B. Lee
Sinologue, 1er vice-président chargé de la recherche, Université Lyon 3, France
Sinologist, 1st vice-president for research, University Lyon 3, France

卡梅罗·利松–托罗萨纳　人类学家、西班牙皇家学院院士、康普鲁登塞大学人类学系教授，西班牙

Carmelo Lison Tolosana

Anthropologue, membre de l'Académie Royale d'Espagne, professeur au Département d'Anthropologie, Université Complutense de Madrid, Espagne

Anthropologist, member of Spanish Royal Academy, professor of Department of Anthropology, Complutense University of Madrid, Spain

阿兰·海伊　语言学家、词典学家、国际词典学联合会主席，法国

Alain Rey

Linguiste, lexicographe, président de l'Association Internationale de Lexicographie, France

Linguist, lexicographer, president of the International Lexicography Association, France

《跨文化对话》编辑委员会成员
Membres du Comité de rédaction/Members of the Editorial Committee

主编　乐黛云教授（北京大学）

Yue Daiyun (Rédactrice en chef/Editor-in-chief)

Professeur à l'Université de Pékin/Professor of Peking University

通讯地址：中国北京 100871，北京大学跨文化研究中心

Adresse: Centre de Recherche Transculturelle, Université de Pékin, Beijing 100871, Chine

Tel/fax: 86-10-62758596, Email: tyjydy@pku.edu.cn

主编　李比雄教授（欧洲跨文化研究院）

Alain Le Pichon (Rédacteur en chef/Editor-in-chief)

Président de l'Institut International Transcultura/President of Transcultura International Institute

通讯地址：123, rue Saint Jacques, 75005 Paris, France

Adresse: 123, rue Saint Jacques, 75005 Paris, France

Tel: 33-1475349262, Fax: 33-134256267, Email: lepichon@wanadoo.fr

副主编　金丝燕教授（法国阿尔多瓦大学）

Jin Siyan (Rédactrice en chef adjointe/Associate editor-in-chief)

Professeur à l'Université d'Artois/Professor of Artois University, France

通讯地址：15 Rue Victor Cousin, 75005 Paris, France

Adresse: 15 Rue Victor Cousin, 75005 Paris, France

Tel: 33-156240921, Email: jinsiyan@fph.fr

副主编　陈越光研究员（北京师范大学）

Chen Yueguang (Rédacteur en chef adjoint / Vice executive editor-in-chief)

Chercheur invité de l'Université Normale de Pékin / Scholer invited of Beijing Normal University

通讯地址：中国北京 100875，北京师范大学跨文化研究院

Adresse: Collège des Etudes transculturelles, Université Normale de Pékin, 100875, Pékin, Chine /

College of Transcultural Studies, Beijing Normal University, 100875, Beijing, China

Tel: 86-10-67172890, E-mail: cyg01@vip.sina.com

执行主编　钱林森教授（南京大学）

Qian Linsen (Rédacteur en chef exécutif/Executive editor-in-chief)

Professeur à l'Université de Nanjing/Professor of Nanjing University

通讯地址：中国南京 210093，南京大学比较文学与比较文化研究所

Adresse: Institut de Recherche en Littérature et Culture Comparées, Université de Nanjing, Nanjing 210093, Chine

Tel: 86-25-86206233, Fax: 86-25-83309703, Email: linsenqian@hotmail.com

执行副主编　赵白生教授（北京大学）

Zhao Baisheng (Rédacteur en chef exécutif adjoint/Executive associate editor-in-chief)

Professeur à l'Université de Beijing/Professor of Peking University

通讯地址：中国北京 100871，北京大学世界文学研究所

Adresse: Institut de Recherche en Littérature Mondiale, Université de Pékin, Beijing 100871, Chine

Tel: 86-10-62754160, Fax: 86-10-62765009, Email: bszhao@pku.edu.cn

执行副主编　余斌教授（南京大学）

Yu Bin (Rédacteur en chef exécutif adjoint /Executive associate editor-in-chief)

Professeur à l'Université de Nanjing/Professor of Nanjing University

通讯地址：中国南京 210093，南京大学比较文学与比较文化研究所

Adresse: Institut de Recherche en Littérature et Culture Comparées, Université de Nanjing, Nanjing 210093, Chine

Tel: 86-25-83730391, Email: yubing1960@126.com

网络版执行主编　董晓萍教授（北京师范大学）

Dong Xiaoping (Rédactrice en chef de l'édition de la version en ligne/ Executive editor-in-chief of the internet version)

Professeur à l'Université Normale de Pékin / Professor of Beijing Normal University

通讯地址：中国北京 100875，北京师范大学中国民间文化研究所

Adresse: Institut de recherche sur la culture populaire chinoise, Université Normale de Pékin, 100875, Pékin, Chine / Institute of Chinese Folk Culture Research, Beijing Normal University, 100875, Beijing, China

Tel: 0086-10-58807998 Email: dongxpzhh@hotmail.com

编辑部日常联络人　张锦副编审（中国社会科学院）

Zhang Jin (Correspondant/Editor and Liaison)

Vice-rédactrice à l'Académie chinoise des sciences sociales/Associate editor at the Chinese Academy of Social Sciences

通讯地址：中国北京 100732，中国社会科学院外国文学研究所

Adresse: l'Institut des Recherches de littératures étrangères à l'Academie chinoise des sciences sociales/Institute of Foreign Literature Studies, Chinese Academy of Social Sciences, Beijing 100732, China

Email: kuawenhuaduihua@163.com

编辑部日常联络人　刘超副教授（东南大学）

Liu Chao (Correspondant/Editor and Liaison)

Maître de conférences à l'Université du Sud-Est de Chine/Associate professor of Southeast University

通讯地址：中国南京 210096，东南大学外国语学院

Adresse: Faculté des langues étrangères à l'Université du Sud-Est de Chine/ School of Foreign Languages at Southeast University, Nanjing 210096, China

Email: kuawenhuaduihua@163.com

编辑部日常联络人　萧盈盈副教授（南京师范大学）

Xiao Yingying (Correspondant/Editor and Liaison)

Maître de conférences à l'Université normale de Nanjing/Associate professor of Nanjing Normal University

通讯地址：中国南京 210024，南京师范大学文学院

Adresse: Faculté de la littérature chinoise à l'Université normale de Nanjing/ School of Chinese Language and Literature at Nanjing Normal University, Nanjing 210024, China

Email: kuawenhuaduihua@163.com

目 录
Table of Contents

特稿：跨文化学导论之二

Focus: Introduction to Transcultural Studies (Part II)

论 稿

Articles

短 讯

Briefings

特稿：跨文化学导论之二

Focus: Introduction to Transcultural Studies (Part II)

跨文化研究与优化人文生态[*]

——以青海发展教育的人文生态为例

王 宁

摘 要： 我国西部青藏高原地区拥有长江、黄河的发源地，民族众多，是中华民族文化的摇篮。在高原地区发展教育事业，要吸收跨文化、跨学科的人文成果，优化人文生态建设；要吸收社会学关于消极因素向积极因素转化的研究成果，以便对人文生态的优化作出规划；要吸收历史学关于某地区、某民族发展的历史事实和规律的探讨，以便对现有人文生态要素存在的原因和发展的趋势有理性的认识，寻求人文生态向有利因素发展的正确途径；要从文艺作品中探查不同民族、不同地域、不同人群的追求和愿望，有效地激发生态环境中的人群奋起改变环境；也要从民俗学的研究中探讨破除不良积习的方法，同时寻找符合人们生活习惯的管理办法，建立必要的制度来维护人文环境的健康发展，等等。

关键词： 青海 高原科学 人文生态 跨文化与跨学科研究

我国西北地区经济与文化教育的发展，与东南沿海和中原地区相比，处于相对滞后的状态，这与高原自然生态环境有直接关系。例如青海，位居长江、黄河发源地，民族众多，是中华民族文化的摇

---

[*] 此文原为作者于 2019 年 7 月在青海师范大学举办的"首届高原科学与可持续发展高层论坛"上的特邀发言稿，曾由《陕西师范大学学报》以《高原的人文生态与教育发展》为题在 2020 年第 2 期发表。此次征得作者本人与《陕西师范大学学报》编辑部的同意重刊，并对标题略作修改。我们希望借助此文引起对西部高校跨文化、跨学科研究的关注，进一步提升对作者呼吁的问题的重视程度，在西部高校的高原与多民族地区优化人文生态建设，并加强这方面的教学研究与社会实践。

篮。在我国西部地区，它既具独特性，又有典型性。从实际情况出发，牢固树立"生态保护第一"的理念，护好源头，确保一江清水向东流，建好"三江源生态保护区"，扎扎实实推进生态环境保护，是从国家大局出发、也是从青海实际出发的战略决策。[1]由青海的发展引发出一个值得关注的问题，就是在生态环境中的人文生态的作用。

人文生态的概念及内涵

生态学作为一门自然科学，是以研究生物个体生存环境为主要目标的学问。生态环境一般是指与生物生存繁衍相关的各种自然要素的总和，所以"生态学"在严格的学科结构中属于生物学研究领域。20世纪80年代到21世纪初始，"生态"和"生态环境"的概念进入了普及领域，一部分有关水资源、土地资源、生物资源以及气候资源等知识，已经进入千家万户。之后，"生态"产生了一个重要话题，专门指向人类自身，从人类生存和发展的角度来理解生态，因而，生态环境就必然包括自然环境和人文环境两个方面。[2]广义的生态系统是直接影响人类生存和发展数量与质量的自然环境和人文环境的总称。

人们从海量的事实中认识到，影响人类生存和发展的"生态环境"在可见的江河、土地、生物、气候等自然要素之中，一定会融入人的习俗、观念、规范、准则所决定的行为方式和心理状态，这些潜在的人文因素与自然环境紧密地结合在一起，构成更为复杂的生态系统。基于这个认识，产生了"人文生态"的概念，有些地方也

---

[1] 习近平总书记视察青海时的重要讲话，对青海生态保护提出了如是要求。

[2] 曾繁仁《生态美学导论》（商务印书馆，2010 年）中所说的"生态美学"，资华筠、王宁著《舞蹈生态学》（文化艺术出版社，2012 年）等书中所说的"舞蹈生态"，其中的"生态"概念的含义，都出包括自然生态和人文生态两个方面的。

称作"生态文化"①。人文生态包括两方面的内容：一方面指的是生存在自然界的人群自身建构的、给予其他人的影响及这些影响的强度。另一方面指的是人群对自然界的影响以及这些影响所起作用的强度。从人文生态的内容看，自然生态与人文生态是相互作用很难截然分开的。

"人文生态"具有层次性：

它的表层表现为承载着人文生态内涵的物质实体。例如：绿色有机食品、绿色建材、生态建筑等。表层的人文生态以很高的速度影响了习俗与生存方式的外在变化：回归自然的休闲旅游、生态文化节庆活动，住宅向山中与水边的外迁，产业更新，市场转型，谋生方式增加新的内容等，它是人们对自然生态的直接要求，也使生态意识产生广泛的影响。所有这些表现引发大众传播、媒体宣传的介入，也引发新的故事和人生体验，使人文因素与自然因素无处不纠葛在一起。

它的中层表现为人所构成的社会环境带给人的影响，这些影响的因素包括政治环境、经济条件、人际关系等等。国家、地区、部门或经济实体制定的法律、法规、政策、制度、规定、纪律等管理体制。管理层面的工作，会马上辐射到其他生态环境中，成为优化或弱化甚至劣化人文生态和自然生态的特殊要素。这些人文生态环境直接对自然环境的保护和优化有制约作用，应当说，人文生态对人的生存和发展在某种意义上比自然生态更为重要。

人文生态的深层，表现为精神层面的内在价值观与使命感。自然灾害带来的人生悲剧、改造自然涌现的英雄事迹、观察各种现象的丰富联想、探索自然奥秘的无穷智慧，积淀了人的时代价值观和社会使

---

① "生态文化"的概念有一定局限，这个名称过于广泛，难以进入一定的术语关系。"人文生态"在构词上更为优化："人文生态"与"自然生态"构成并列关系，在内容上也有互补关系，可以把一些与人类生存直接相关的人文与社会因素直接纳入科学范围内，逐步发展为社会学或生态学的一个命题甚至一个分支。

命感。这种价值观和使命感又反馈到自然生态的保护和改造当中，形成一种循环的链条，人文生态与自然生态已经难以完全分割。有人认为，生态环境是外在的，而人的精神层面是内在的，不应当将这一部分要素称为"环境"。这个看法是从表面看问题，要知道，在同一个生存共同体中的人群，他们的精神状态和人文素养是互为环境的。对于自己来说，是内在的，对于他人和社会来说，是外在的。

优化人文生态的重要意义

对自然生态来说，主要是保护，让有利于人类发展的生态条件不要被破坏，保护自然生态当然包括改造大自然，但有些自然条件是不能随便改动的，人对自然不能不改造，但也不能不适应。保护自然生态、改造自然条件、适应自然环境，都需要优化人文生态。

优化人文生态需要吸收其他人文科学的成果。例如：它需要吸收社会学关于消极因素向积极因素转化的研究成果，以便对人文生态的优化作出规划。它需要吸收历史学关于某地区、某民族发展的历史事实和规律的探讨，以便对现有人文生态要素存在的原因和发展的趋势有理性的认识，寻求人文生态向有利因素发展的正确途径。它需要从文艺作品中探查不同民族、不同地域、不同人群的追求和愿望，有效地激发生态环境中的人群奋起改变环境。它也要从民俗学的研究中探讨破除不良积习的方法，同时寻找符合人们生活习惯的管理办法，建立必要的制度来维护人文环境的健康发展等等。这些年，人们根据自然生态与人文生态的密切关系，正在寻求一种用人文生态和自然生态任务和成就互相测算的方法来观察一个地区的总体发展速度和质量，这种研究还不是很成熟，但可以看出，改变自然环境与改变人文环境的相互关系，正在科学地被验证。

发展教育是优化人文生态的基础工作。要想让自然生态的保护与改造的质量和速度增长，必须使人文生态的建设加快速度、提高质量。

而人文生态的建设关键在人，表现为人的生态保护意识，改造环境的创造精神，在个人利益与社会利益之间产生矛盾时的抉择倾向，审美鉴赏力与是非分辨力，享受生活与回报社会的同步思考，克服困难的勇敢精神等等。这些素养的培养在短期内难以用数据和外在的形态衡量，所以是潜在的，是最容易被忽略的。

人文生态的建设主要是人的综合素养的养成和提升，基础教育是培养这种素养的基石。中国的基础教育正在适应新的时代加紧改革的步伐，从知识型、技能型的人才培养，发展为以综合素质带动知识、技能的人才培养。人才的竞争成为国际和国内不同地域竞争的软实力，在21世纪，中国能否真正变强，决定于教育能否真正适应这个瞬息万变的时代。

从青海教育的发展看人文生态的优化

怎样衡量教育发展的成果？怎样以教育发展来衡量人文生态的优化程度？的确存在一些片面的认识。简单地以学校的多少、学生的多少和升学率来看教育的发展，以教育发展的绝对量化值来看问题，这些指数是有一定片面性的。以更多的数据、立体化地测算教育发展的数量和质量，必须考虑自然生态与人文生态综合的优化程度。因为，很多潜在的因素，又是不能用绝对数量来估算的。我们常常把居于长江、黄河上游的高原地区算作教育落后的地区，甚至对这些地区的教育发展不再给予更多的关注，对这些地区发展教育的人文生态中的潜在因素更是视而不见，认为这些地区的自然生态是限制教育发展的主要原因。这些认识果然正确吗？

教育事业是在自然生态和人文生态综合的生态系统中发展起来的。以青海省普通高中和大学本科教育为例。根据2017年的统计，西北5省的普通高中及教师数，以及高考录取分数线的统计如下表：

表1 西北5省普通高中情况统计表

	高校本科	高校专科	普通高中	高中教师数	高考分数线（平均录取率）
陕西	57所	38所	473所	5.7万	518/468（13.69）
甘肃	22所	27所	381所	4.57万	519/366（7.6）
青海	4所	8所	101所	0.9万	488/407（17.23）
宁夏	8所	11所	65所	1.13万	538/457（17.90）
新疆	18所	36所	355所	4.45万	510/450（12.86）

　　从这个统计看，青海的录取分数线排在第五，而普通高中的数量排在第四。从数量的绝对值比较，我们可以认定青海教育赶不上陕甘宁新地区的发展。但是，如果从人文生态的角度来分析这些数据。可以得到一些新的认识。

　　青海处于西部高原的尽端，全省实际所辖的面积是1047749.2539平方千米，在西北地区面积居第2位，但地表表面积仅有729119.65平方千米。在这广袤的土地上，竟有五分之四以上的地区是山区。祁连山、巴颜喀拉山、阿尼玛卿山、唐古拉山等山脉横亘境内，平均海拔达到4058.40米。即使地处东部的省会西宁，海拔都达到2300米，由于地势高、气压低，与黄河中游平原地区比，缺氧24%。除多山外，峡谷、盆地遍布，湖泊众多，青海湖是中国最大的内陆咸水湖。[①] 以普通高中为例，仅以青海和宁夏相比。青海的普通高中101所，宁夏只有它的60%（101∶65）。青海的面积大约是宁夏的12倍（72∶6），人口则比宁夏约少80万人（603∶681），也就是说，在学生数量偏少的情况下，青海101所普通高中，分布在72.3万平方公里上，宁夏65所普通高中分布在6.5万平方公里上。这还不能说明青海高中平均的办学密度和规模是远远小于宁夏的。青海有较多地区不宜居住，人口相当分

---

① 以上数据见《中国统计年鉴2018》及青海地图。

散，每一个聚居地的人口数量大都偏少，聚居地与聚居地之间的距离也较大。再加上地势复杂，选择一个可以提供给周边的最佳校址，非常不易。一旦学校建成，学生的上学路程要比其他省区远得多，有些地方还要翻山越岭、涉河绕湖、穿过森林，想修一条可以行车的路都很困难。更不要说与陕、甘这些省份比较了。这就是说，不论是建校还是办学，自然生态对于青海的教育发展相当不利，而且有些条件是很难在短时间改变的。

如果仅仅从自然生态对教育发展的影响看，从那些绝对的量化数据看，青海的教育可谓"落后"，但是，从条件与成效的比价看，从发展教育的人文生态看，青海的教育却有它先进的一面，它并没有落后。除了国家给予的一些政策上的支持外。更重要的，是在深层的人文生态上，有些潜在的因素是必须考虑到的。

首先是普通民众对受教育的渴求。青海在改革开放以前，由于交通不便，各种信息比较闭塞，但民众对教育的渴求非常强烈。20世纪50—60年代国家展开全面扫盲期间，许多山区成人识字的普及工作一直深入到60岁以上的老人。最短的时间大约3个月认识500字可以基本脱盲。老人们早上坐在村口等报纸的场景，令人感动。那时的贫困大队，多半在几县交界的峡谷或山顶地区，由于人口太少，无法建校，凡是有识字的人去劳动，都会应家长的要求承担教孩子学文化的任务，家长们将稍微平坦的斜坡或山顶的土地磨平，削尖树枝写字、作算术。在农民收入极少的情况下，一个小队甚至大队凑钱送极少数大家认为有前途的孩子去县里上学，是很平常的事。现在我国进入脱贫阶段，这种对受教育的渴求，本身就是一种潜在的人文生态，更应当看作优化其他人文生态的动力，认真进行开发。

其次是青海教师高度的奉献精神。前面说到青海的自然生态环境，这种条件使青海的老师承负更多的工作量，有些工作是内地和平原地区难以想象的。直到20世纪70年代，很多山区的小学老师要在上学和放学时走十几里路来回接送学生。有些石坎坡度超过70度，需要两位老师将孩子一个一个递上递下。青海牧区有很短小的内陆河，干涸时如同平地，遇到暴雨或融雪季节，河道迅速形成，阻住学生上学的去路，老师们要背着学生蹚水而过，否则只能停课。海拔4000米以上的牧区，有些终年大雪覆盖，雪深两尺是常有的，步行一里路费时大约是走无雪平地5—7倍的时间，大雪封山时期，有些孩子是不能上学的。在这样的地区，老师们的教学仍要进行，会有多大的难度可想而知。随着改革开放及党和国家的有力政策，上述地区的问题局部得以克服，但与内地和平原地区的差距，很难一时改变。如果没有老师们坚定的意志、勇敢的精神、忠于教育的情怀，只顾让这样的省份用一些不合理的指标去排队、比拼，用一些绝对数字去确定"先进、落后"，人文生态中的那些潜在的因素必然会失去作用，甚至被遗忘，得不到发扬，这绝不是一种优化人文生态积极的态度。

历史的传统也是必须列入潜在的深层人文生态中的。青海高等师范教育，也是在极好的人文生态环境中发展的。1958年，全国各省支援青海。北京师范大学分配了81名本科优秀毕业生到青海支援教育，包括中文、数学、政教、历史、地理、物理、化学、生物、外语、教育10个专业。他们大都是第一志愿要求分到青海的。这个支援大军65%分配到州县普通中学任教，35%支援青海师专转型为青海师范学院。青海师专于1956年成立，原有中文、数学和政教三个专科，北师大的毕业生补齐了这3个专业原来师专所缺的本科课程，其他的7个专业也在3年间陆续建系。例如，当时的物理系就是仅仅由北师大4位毕业生创建的。1964年青海高校在停止发展后重新起步，1979年"文革"后青海师大第二次扩大办学，这批1958年分到州县中学的教师经过20年锻炼、积累丰厚，又大量从中学调至青海师大和教育管理部门工作。这批北师大毕业生对发展边疆教育具有使命感，不计名利、不畏艰苦，学术不断精进并敢于创新，教育水平不断提高。他们在青海工作的时间距今未远，培养的教师遍布全省，这种精神在青海教育界的影响延续到21世纪初。如果我们看不到这种教育情怀属于一种潜在的人文生态因素，不去发扬而渐渐被遗忘，对发展教育不能不说是一种损失。

从青海教育发展的情况看，保护人文生态，优化人文生态，就是看到人的作用，特别是看到人的精神作用。在建立评估制度和按量化绝对值排名的时候，更不可忘记这一点。

"中国笔墨"研究的一点体会

潘公凯

摘　要：中国书画的创作者和鉴赏者，作为知识精英，注重解决自身的精神安顿、人生修养与社会文化的关系等问题，并将书法和绘画发展成了一种以笔墨为形式语言的个性化精神追求表征系统，其中的要点是"解"与"悟"，"像"与"图"，"图"和"像"、"笔墨"与"人格"，"中西间距"和"两端深入"，尤以"体悟"为要。这种中国笔墨的文化结构在世界视觉文化宝库中独一无二。

关键词：中国书画　笔墨艺术　人格修养　精神追求　文化结构

我从事的专业领域是中国画创作和中国绘画史论研究。在国际学术交流中，一直有一个难解的困惑：欧美学者对中国绘画的研究，近数十年来，成绩斐然，尤其以图像学的方法、社会学的方法、考古学的方法，研究中国古典绘画，取得了许多细致深入的成果，有目共睹。但是，他们在中国书画领域中有一个独特区块进不去，往往不重视、不理解，鉴赏不了，也不好评论，这一个区块就是中国书画艺术中的核心概念——笔墨。两千年来，所有从事中国书画的人都知道笔墨非常重要，但到了20世纪中西文化交汇的语境下，要说明笔墨为什么重要，却成了一件十分困难的事情了。这与中医在世界医学领域中的处境很相似。在全世界的人类文明进程中，中华文化一直是一条独立的发展脉络，这一点是中外的汉学家们包括更大范围的文史哲学者们基本上公认的，而且这个文化发展脉络一直没有中断。也正因为中华文化是一个独立的脉络，与西方古希腊、罗马以来的欧洲文化，虽然互有一些交流，但总体环境而言仍是隔绝的。所以中国文化当中的一些核心的成果与遗产在面向中国以外的研究者的过程当中，都存在着文化背景的隔阂，存在着一个如何去研究对方、如何去深入理解对方的角度和方法的问题。显然，不同文化的大背景大结构是有很大不同的。

中国的书画，从世界范围来看，笼统地说，我们也可以把它看成是"视觉文化"，或者称之为"视觉艺术"，但是"视觉文化"和"视觉艺术"这个概念用到中国的书画艺术当中虽然有基本的共性，但是又有很大的结构性差异。这种差异，很多研究学者们都已经注意到，但没有充分地重视与深究，而是泛泛地相信西方当代的对于"视觉艺术"的解释角度和方法，应该也能适用于解释中国文脉中的视觉艺术的。这个观点现在看起来只是对了一半，虽有共通之处，但到目前为止我们对于这两个文化体系当中的"视觉艺术"进行比较时会发现，二者的文化结构差异相当大。由于中国传统文化中缺少上帝/真主的一神教崇拜，中国书画的创作者和鉴赏者作为知识精英，为了解决自身的精神安顿和人生修养问题，就将书法和绘画发展成了一种以笔墨为形式语言的人格化精神追求的表征系统。将书画艺术建构成了共同爱好者小圈子的人格修炼活动。而且对于笔墨，历来不作长篇大论的解释，而是强调"体悟"。正是这一特殊的文化结构，使得笔墨的现代阐释成为了困扰多年的难题。

具体些来说，在中国书画艺术的演进历史中，文字性的经验总结其实是开始得非常早，而且成果非常丰富。这种文字性的总结，就是书论或画论，虽然总量很大，但是对于一个中国文化环境以外的外国人，或者是对于当代的年轻学生来说，会觉得这些书论和画论大都是一小段一小段的简约文句，既不连贯也不具体，并非像现在世界通用的论述方式，重视分析和综合的逻辑推理、深入细致的论证过程，而是点到为止的感性总结。其中既有技术上的经验概括，也包括各种各样的画理画法。拿到当代的语境来看，往往只是些格言、比喻，或者评鉴纪要，缺乏深入系统地分析、研究和推论的完整性。连美术学院的中国学生要深入理解也有困难。所以，有必要把中国书画艺术当中的核心问题，即我们目前集中研究的笔墨问题，在当代学术语境中重新拿出来加以审视，而且重新对其进行反思和建构。要完成这个任务，首先对笔墨研究的传统方法必须有一个彻底的审思与改变，转而进入当代的阐释和建构。我的主张是：中国书画笔墨的研究，要"改变方法，还原结构"。我想强调的是：这种审思、梳理、阐释和建构，在今天必须放在一个全球化的共享的知识学平台上，也就是说，我们要在全球通用的学术平台上建立中国书画艺术领域中的笔墨研究的新的方法系统，或者说是要建立一个新的笔墨学方法理论。所以这个任务是非常艰巨的，虽然已经有人尝试在做，但是要真正做好，都觉得非常不容易。不妨举例来说：

1. "解"与"悟"

在传统的经验描述和文字概括当中，有一个重要的词叫作"悟"，中国古人不太强调思辨论证，但是非常重视"悟"。"悟"一直是中国文化在延续推进过程当中的非常重要的一种传承学习方法，或者说是一种特殊的心智、心理的运作贯通过程。"悟"这个词只在东方文化中占有特殊重要的地位，不仅在中国，在印度的宗教中，"悟"也是非常重要的。在中国传统的对于学术和艺术的最高理解当中，"悟"所起的作用十分巨大，尤其是受禅宗影响，可以"不立文字"，"直指顿悟"。但在当下的信息社会中，年轻人所受的教育已离"悟"越来越远。学生们越来越习惯于"解析论证"的方法。以往通过"悟"可以学到的东西，在现代教育系统中，却不得不借助于"解"。在我们重新提出"悟"的重要性的当下，我们也不得不求助于现代知识语境当中的拆解分析和实证，这个转折就是我们当下要做的课题的难度所在。例如，中国早期画论中的"写神"、"气韵"、"畅神"、"逸气"的等等概念，都是难以解析与论证的，以往只能靠学习者的"悟性"与实践中的感性体验。所谓"悟者自悟"，"悟"不了也只好怨自己。苏轼说的"观士人画，如阅天下马，取其意气所到"，董其昌分南北宗，主张"一超直入如来地"。这类议论，都是知识精英对艺术本质的透彻感悟。后人解析起来却很困难。然而，正是这些最难解释与论证的简洁语句，是中国绘画理论中最核心的东西。

而西方文化历来重逻辑演绎，通过理性的分析与推理去认知客观世界，解析和论证就是最基本的学术研究方法。再加上严谨的实验可以证伪。就形成了当今国际化的十分有效的方法论体系。这就是上面提到的当代知识学平台。近现代科技的迅猛发展，就是以此平台为基础的。人文学科的现代成果，也是以解析、推理、论证为基础方法的。此种与"悟"相对比的现代思路，我简称之为"解"。

"解"和"悟"这两种方法在我现在正进行中的"中国笔墨"的课题当中，我认为都是需要的，不能偏废任何一个。而且我认为还要找到一种结构，把这两种方法密切地结合起来。这种密切的结合是不容易的，因为它是两种方法、两种思路，是两种心理过程，或者说是两种心智的运作方式，其中许多地方是矛盾的，会打架。但即使如此，我们为了把中国传统书画的核心部分让年轻人更能够理解，让中国以外的学者更能体会，"解"和"悟"这两者又必须结合起来，才能适合于中国古典文化的重新审理和现代阐释。

感知是依靠人类的大脑神经网络产生的，"悟"是各种不同的感知之间的融会贯通。"悟"的过程，以往都是不可言说和不可分解的，很难用思辨的语言把它说清楚，也很难把一个统全的感悟分解成一个结构，或者分解成多个思辨的部分的组合，这种拆解非常困难。但是到了当代有一个全新的有利条件，就是现代科技的发展，尤其是大脑科学、认知研究和脑神经科学，包括由此而带动的视觉心理学的研究进展，都是突飞猛进的。这些进展对于把"感"和"悟"如何来分解并加以解释和论证，有非常重要的支撑作用。所以，以前不可言说、不可理解的这个"悟性"，如今在现代科技的面前也正在被解密，神秘感正在被揭开。比如说，近几十年来在美术学院的教学中，很少有人能讲清楚中国绘画不同于西欧绘画的本质性差异究竟何在，独特性的价值何在。对这个问题，学生们也基本上是"悟者自悟"。由此造成中国画专业的教学质量一直充满争议。这种情况逼迫我去寻找更为"科学"的解释方法与路径。在"中国笔墨"课题中，我从视觉心理学与脑神经科学切入，提出了"具细表象"与"概略表象"一对概念，试图将传统中国画与传统西洋画的心理基础解释清楚。我希望将"解"与"悟"结合起来，也算是洋为中用。我认为我们必须从古代单向度的感性经验当中走出来，走向对于感性的综合分析和把握，这当中是要包含拆解、实验、推理、论证的思辨性的研究的。只有这样才能在当代的知识学平台上，在当代年轻人的文化语境当中，去把握传统的感性的称之为"悟"的认知方式，将"悟"与"解"联合起来，结合起来，看看能否建构起新的方法论。

2. "像"与"图"

近百年来，我们只是在谈论：笔墨是中国绘画特有的技法讲究和鉴赏标准，在西方是没有笔墨这一说的。中国人似乎也没有希望让西方人看懂或搞明白。但当今时代不同了。我们中国的艺术家和学者应该有一个共识：中国画特有的笔墨语言，不仅是中国文化的珍贵遗产，更是全世界人类文化的共同遗产。而且这一遗产是可以服务于未来全人类的精神生活的。所以这种特有的地域性的文化成果如何放到全球化的语境当中，放到当今世界的共同的知识学背景、知识学平台上面来陈述、讨论和研究，这就成为我们当代人笔墨研究中遇到的挑战性难题。在这其中，中国书画艺术是以书法、绘画这两种视觉艺术形态紧密纠结在一起的，而西方艺术是绘画跟雕塑紧密结合在一起的。从当代全球视野的艺术研究角度来看，东西方艺术传统之间到底有什么共性，又有什么差异，两者的文化结构到底有什么不同？是我们这一代人应该深究的课题。举例说，我在进行中国笔墨研究时，为了对比二者在视觉语言表达上的深层差异，我借用了视知觉心理学的方法，提出了"像"与"图"这一对概念。

"像"是指的眼睛所看到的，真实的物像映入视网膜的映象，包括光线、色彩、形状、空间深度、动态结构等等。它是一个综合性的极为丰富、极为复杂的从眼睛到大脑的输入与统合过程。也是大脑所面对的，大脑所能够从外界接收到的客观世界，在大脑中所呈现出来的表象。这个"像"是跟照片很接近的。但是人眼在看客观世界的时候，其实没法如同照相那样，可以用迅速的、几十分之一秒的时间把镜头视域当中的所有可视信息都平均地记录下来。眼睛看到的这个像，第一它没有照相机那么快，第二，它不可能同时把视域当中的所有细节都扫描到。眼睛看东西是有一个集中注意点的，在视域中心比较清楚，周边比较模糊。这个注意点是在不断地迅速运动过程当中的，所以眼睛面对这个客观世界所看到的，跟照相还是有很大的不同。但是从"像"这个词的理解来说，"像"的特征跟照片很接近，可以做到具细不遗。

另一个词是"图"。"图"简单地说是用手工画出来的繁简不同的符号。当然并不是所有的"图"都是用手画出来的，电脑也可以生成。只是说"图"的最初的起源是用手工画出来的。手工画出来的东西是不可能一下子就具体到跟眼睛所看到的照片那样的"像"。要把这个"像"画出来，画到比较逼真需要非常高超的技巧，这种高超的技巧是西方艺术发展到文艺复兴达·芬奇那个时代才比较完备的。在此之前，都无法画得太像。也就是说，在很长的历史阶段，人类还不可能把这个复杂的客观世界完整地在一个画面上表达出来。那么"图"就不一样了，"图"跟照相不一样。"图"是手工画出来的简略形状，"图"是带有象征性、寓意性的一种"能指"，它的重点在于和"所指"之间的关系。"图"并不需要把眼睛所看到的"像"统统反映出来，"图"是对于客观对象的理解。图是关系的表述。人类画"图"，只是要把人们大脑中的理解能够通过图形表达出来就可以了，不需要逼真与肖似。一旦人类在大脑当中建立起一个"图"（图形）和客观对象之间的稳固关联，即建立一个稳固的"能指"和"所指"之间的脑神经关联，"图"的功能就建立起来了。比如说我们常看到的儿童画，3岁、4岁的小朋友就开始可以画"图"了，比如说画一个脑袋，不管是叔叔的脑袋还是阿姨的脑袋，还是小朋友的脑袋，都被他画成一个圆圈，还会画上两个眼睛，至于鼻子和嘴巴，只要能够画对相互的位置关系就可以了。只要把这几个简单符号画出来以后，几乎所有的小朋友都能知道，画的是一个人脸，连大人也能看懂。再比如说，画一个女孩子，就要穿上一件裙子，裙子被画成是一个很简单的三角形，但是这个很简单的三角形在所有的小朋友和大人的眼中，都能被认知为是小女孩穿着的一条裙子，这就叫"图"，它带有示意性。"图"是一种符号，"像"是一种映像的显现，这是两者的根本区别，"图"是关系的表达，是象征性的符号，可以非常简略，其本质是理解的结果。

　　"图"和"像"是视觉艺术的两种主要表达方式，或者是主要叙事方式。那么这两种主要的表达方式在西方的文脉当中，是不是都有呢？当然也都有的。最早的时候，西班牙洞穴岩画是"图"，但是也带有"像"的成分，因为它并不完全是用线条勾勒的，而是有一点颜色，有一点明暗，画得也相当准确，所以这个时候的岩画，实际上已经是非常有经验的原始人画的。但是其他地方的一些岩画，就仅仅是用线来表达的，简略的线。这些简略的线勾勒出的图形，"图"的成分是绝对主要的，几乎没有"像"的成分。所以在古代原始绘画当中，其实"图"仍是占了很大比重的。发展到后来，绘画技术提高了以后，尤其是罗马时代以后（罗马时代留下来的绘画作品非常少，主要是雕塑作品），一直到文艺复兴，这个"像"的表达，才真正达到了比较完备的技巧层次。从文艺复兴到19世纪末的四五百年中，整个西方的古典艺术，它主要的表达语言都是"像"。直到19世纪末20世纪初，西方绘画才发生了一个重大的转折，就是后期印象派以后的现代主义运动。西方现代主义运动有一个基本的取向：向原始艺术学习，即重新回到原始审美的某种状态。在这个现代性趋势当中，包含着一个最根本的变革，就是从文艺复兴以后的古典主义绘画的巨大成就和非常成熟的写实主义高峰期，突然转向了一种原始趣味或东方趣味的图式。也就是说，放弃对于"像"的再现，突然又回过头去接受符号性语言的启发，重新走上了"图"的象征性和寓意性的这么一条路。这就产生了一种非常有趣的现象，即现代主义发展的整个过程，可以说是在向原始艺术回归，向线描平涂的东方艺术倾斜。例子不胜枚举，比如毕加索如何去借鉴非洲雕刻，马蒂斯如何受到日本浮世绘的影响等等。回顾现代主义一百年的发展过程中，显然是重新回到了以"图"为主的视觉艺术状态。这是在西方文化脉络中，从"像"到"图"的回溯性现代变革。

中国最原始的绘画，我们现在能够看到的最早的就是汉墓的帛画，或者更早一点的，是彩陶或玉器雕刻的简单纹样等等，这些最早的视觉艺术表达都是"图"。这个"图"，跟世界各地的原始状态、早期状态有比较大的相似性。人类的原始绘画都是"图"，各地域都差不多。但是中华文脉中早期的"图"，是跟书法紧密联系在一起的，所以中国一直有一个说法叫作"书画同源"。所谓"书画同源"，同在哪里呢？同在"图"这种视觉符号上，即"图"这种表达观念上。中国文字的形成的一个来源是"象形"，所以称为"象形文字"。"象形"这个概念就是"图"，"图"的功能主要是象形，它是人们对客观对象的一个理解，是寓意符号，它与客观对象有点联想的关系，但又不是客观对象的"像"的模拟，它是带有指示功能的一种符号。中国的方块字最早的时候就是出自于象形，象形同时也是中国绘画的原始动机，所以这二者的原始出发点是一致的。正因为如此，书和画在两千多年的历史发展当中，一直是紧密地纠缠在一起的，是互生互动、互相影响地纠缠在一起的。中国文化在两千年的发展过程当中，"图"作为绘画的源头主要用于青铜器纹样，画像石、墓壁画等等。顾恺之画山画树还是很概念，还是简单程式。魏晋时期一直到唐代，绘画技巧不断进步。这个时期的发展过程是中国绘画从"图"向"像"演进的一段历史。魏晋时期基本上是"图"，"像"的成分比较少，无法画得很写实。发展到唐代，技巧经验不断积累，画得越来越逼真了。尤其到宋代，已经可以把客观事物画得很真实，写实的技术已经比较成熟。在中国，唐宋基本上被公认为是中国绘画写实能力的高峰。

但是中国绘画写实能力的高峰如果跟西方绘画写实能力的高峰，即文艺复兴之后的那一段时期的技术相比的话，中国绘画线描为基础的写实技巧，仍然不如西方绘画的色彩摹拟写实能力，作为"像"的精确性还是有一些差距的。中国绘画的写实能力长期在向平光勾线的方向发展，而西方绘画的写实能力主要表现在光线和色彩的运用以及解剖、透视上，取向不同。光线、色彩和透视，包括解剖这几个因素是西方写实绘画的技巧支柱。而中国的写实倾向，仍然在线的勾勒的基础上进行填色和渲染，色彩运用少，而且带有比较概略的倾向，古人称之为随类赋彩。它不是针对对象的个别特性赋彩，而是随对象的所属类型赋彩，这就与西方很不一样。所以，中国绘画在色彩明暗、透视、解剖这些方面都无法达到文艺复兴之后的西方古典学院派达到的那个摹拟自然的精准度。

但中国绘画在另外一个方面是达到了西方绘画所没有的高度：唐宋时期，虽然是以"像"的成分为主，但是这个"像"是以白描为基础的，用笔线勾勒来把握和展现形象的。西方绘画也用线，达·芬奇、米开朗琪罗之后的古典主义画家，都有铅笔或者是炭笔的素描，这些素描都是由线构成的，但是他们的线和中国绘画的线在本质上是有很大不同的。所以，在线的使用的技法多样性上，如何用线来表达客观对象和抒写主体情感这个思路上，中国绘画的两千年发展是走得最深入、成果丰富、最复杂最高深的。所以从这个角度来看，至中国唐宋时期，虽然中国绘画的写实技巧也是一个高峰，但是中国绘画的写实技巧是建立在线描的成就上，而不是建立在色彩明暗和透视、解剖的成就之上。总体上说，两大文明脉络当中，都有一个阶段是绘画从"图"向"像"的方向发展，在此方向上，由于"像"的再现和表达要求绘画者具备高超的技巧，所以，这是一个写实技巧逐步积累的发展过程。这个发展过程西方绘画有，东方绘画也有。但是西方绘画的历史中，这个发展过程的时间很长，一直到19世纪。而中国绘画的这个过程至唐宋，就已经到达了高峰，抵达高峰之后中国绘画就开始转向了：对形似的要求减弱，对笔墨的要求加强，笔墨成为独立的视觉语言。作品转向了以线为主，减少渲染和色彩，以墨为主，以"图"为程式语言的发展道路。而在西方绘画中，这个转向是在19世纪末到20世纪初的现代主义转折过程中才出现的。我曾在复旦大学的一个美学研讨会上有一个发言，名为《宋元之变与后印象之变的可比性》，谈的就是中国绘画从宋代到元代是经历了从"像"到"图"的转折，而西方绘画发展到19世纪末到20世纪初的后印象之后的现代主义的兴起，也正是经历了从"像"到"图"的转折，这两个转折发生的时间差距还是比较大的，中国转折更早，而西方转折比较晚。这二者之间的比较，其实是一个深层次的研究课题。这个转折研究不仅直接关系到如何理解和解释中国绘画发展的独特道路，而且是中国书画艺术当中的"笔墨"这个核心结构之复杂性的一个根源。

3. "笔墨"与"人格"

在中国绘画两千多年的发展历史中，书论与画论出现很早，从中可以看出中国的文化精英对于绘画、书法的实践与研究是很早就介入了的，中国书画早已成为文化精英的生活方式。在世界范围内比较，中国的书画是非常精英化的艺术，它的记载与理论非常丰富、复杂，而且着眼点很高。中国的书画理论是中国文士精英创造积累的文化遗产的宝库。这里面有一个非常重要的核心观念，就是书品和人品之间的关系，画品和人品之间的关系。准确来说，是书画笔墨和人格理想之间的表征关系。这个关系是中华艺术所特有的，是一个特殊的文化结构。泛泛的理解，可以说，精英化的艺术作品里面都有某种文化精神内涵，这在西方的整个脉络当中，不仅也有，而且也是主导性的。西方绘画的背后也是饱含着文化精神，但是西方绘画饱含的文化精神有一个统摄性的特征，即是以"一神教"的上帝为指引，或者说是以上帝的光辉，神性的光辉作为整个视觉艺术的统摄和引导，它的文化精神是导向外在的人格化的上帝这样一个彼岸的对象目标。上帝的存在在艺术中表现为一种光辉，表现为一种神性内涵，表现为对未来社会的美好想象，艺术的精神性都是以对上帝的信仰这样一个统摄性的背景为前提的。而中国由于整个文脉当中没有西方的唯一的上帝，中国是一个以儒学为主导的，泛神论的东亚文化结构。这种泛神论的文化结构，虽然也有神，却是多种神混合在一起的。除道教佛教之外，还有中国的古代家族观念中的祖宗祭拜，还有雷神、火神、河神、地藏菩萨之类的各种各样的祭拜对象，这些加起来显然是属于泛神论的偶像观念。在中国整个社会文化中，其实是处于比较次要的位置。

中国文化主要是以儒学为代表的对于现世的、伦理的、个体的人生理想为主轴的世俗化结构。这种文化结构的精神性导向，不是万能的上帝，而是贯穿两千年的文士阶层的人生理想。此种人生理想是代代相传的，文化精英们都普遍认可和崇拜的典范人物的人生榜样体现出来的。比如说魏晋时期的代表人物王羲之、顾恺之，唐代的王维、颜真卿，宋代的苏东坡、米芾，元代的黄公望、倪瓒，明代的徐渭，包括后来明末清初的八大山人等等。这些典范人物不是神性的偶像崇拜，也不是虚构的神话，他们就是生活在现实世界的人，是历史上确实存在过的。他们的一生不仅是要有重要的功绩，对于中华文化的发展，对于社会进步曾有重要的贡献，而且他们的人生还带有曲折的传奇性。他们的整个人生和多方面的成就被后来的中国知识阶层、文士阶层所敬仰和崇拜。这些代表性的典范人物，他们对于中国文化，尤其是中国书画的精神追求起到了在西方文脉当中的上帝的光辉所起到的那种引领性的作用。所以，中国的书画艺术，在文士们的参与主导下，精研笔线的复杂性、强化笔线的表征性，建构起"笔墨"这个语言核心，形成了一种特殊的能够表达中国文士阶层的人格理想和才情学养的一套"能指"和"所指"互动互成的语言结构。这个语言结构的核心，就是通过毛笔在纸面上的运动痕迹固定在纸面上以后，所形成的独特的视觉形态来抒发文士们的修养与情怀。这个视觉形态的背后是一个创作和鉴赏结合在一起的文化结构，这个文化结构把书画作品当中的笔迹墨痕，跟创作者内心所要表达的文士阶层的人格理想之间，在脑神经心理学层面，建立起了稳固的、复杂的关联。而对于当下学术语境中的笔墨研究课题而言，如何解释和论证这一稳固的大脑神经关联，自然就成了最大的难点。我在课题中用脑神经运作模式的"拓扑性同构"来解释论证其中的复杂联系，即是一种大胆的尝试。这个联系是中国绘画和中国书法的核心，是中国审美学的研究核心，也是绘画心理学的研究核心。所以，中国的书画笔墨在中国文士阶层的生活中，是一种行之有效的个人修炼的手段，是一种实现自我超越的途径，是在没有万能的上帝的文化语境中，知识精英的精神寄托之所在。这一点是在西方的，或者是全世界的其他地域文化当中都没有的值得特别关注的文化遗产。所以书画笔墨和人格之间的关系，是一个特别重要的课题。上述"像"与"图"、"笔墨与人格"两组案例，仅仅是举例。是想探讨如何在当代语境下建构一个适合于中国笔墨研究的新的方法论。

4. "中西间距"和"两端深入"

近些年，法国有一位重要的学者，弗朗索瓦·于连，他来过中国很多次，不仅是一位汉学家，而且是一位以研究古希腊哲学为主业的哲学家。在他和我的多次交谈中，他都强调了他的一个观点：他认为不同的文明、不同的文化脉络之间是有重大结构性差异的，不同的文化脉络各自形成了自己的复杂的文化结构，就像植物的枝干和根系，纵横交错。这些文化结构是各种不同因素互相嵌套在一起的，互为因果，互动生长，是很难被分拆的。所以，相距比较远的两种文脉互相发生碰撞的时候，于连主张不要简单地表面地去把两种文脉中单个的因素拿出来，想当然地捏合在一起，而应该是要把二者都看成独立的整体，要首先各自深入地研究，深入地去理解，然后才可以探讨能不能融合起来，变成一个新的东西。他认为不同文明之间首先应该保持互相之间的距离，用了一个他自创的词来称呼，他称之为"间距"，二者要保持"间距"。于连认为，两种文化之间的这个间距应该保持很长的时间。当然他也强调，这个间距并不是互相拒绝联系，或者互相不交流，而是应该相反：互相之间要不断地见面，不断地沟通，不断地理解，不断地互相做解释。这其中有一个重要的工作是翻译，强调二者之间要不断地互相翻译。因为两种文脉是两种文化结构，构造形态与语言表达都不一样，所以翻译从本质上讲是永远没法做到完美的，即使永远都可能做不好，也要永远做下去，仍然要一直不断地翻译，无数遍地翻译，只有这样才能够不断加深互相理解，这个翻译的过程，互相了解的过程，其实是最重要的。于连在这方面的观点我很赞成，看法很一致，我们都主张在当下，在艺术上，仍要强调二者之间的间距，而不要简单地去将两者嫁接，简单地去捏合或者凑合，这会造成结合的结果水平会下降，会把两种文化简单化与矮化，会掩盖两种文明的各自的成就。

于连这个思想跟我父亲潘天寿先生在半个世纪前的学术主张几乎是完全一致的。潘天寿先生在20世纪50年代各艺术院校都推崇苏式素描的时候就曾明确地提出，"中西绘画要拉开距离"。这个拉开距离不是说双方互不见面，互不沟通，而是要保持各自体系的完整性，在不断地沟通和互相了解的同时，要保持各自的独特性和体系自洽性。我自己，在20世纪80年代也提出过一个学术主张："中西绘画要互补并存、两端深入。"理解中西绘画的差异与共同点，应该从西方现代和中国传统两端去分别深入，两端要并存，要互补。我强调我们应该对中西绘画这两端都要进行深入研究，没有深入研究，就不知道对方艺术中最精华的东西在哪里。于连的观点、我父亲的观点和我的观点，三者在总体上是相当一致的，都已经感悟到了中西绘画之间互补关系的重要性，都充分地承认两大文化系统都具有巨大的文化深度，都是人类最值得珍视的文化遗产。也正是出于对这两大文化体系的高度的尊重和对于全人类文明成果的敬畏之心，我们一定不要把这二者曲解和庸俗化，我们一定要深入地去研究，互相启发。不管是"中西间距"的观点也好，还是"两端深入"的观点也好，其实都在表达对这两大文化系统所获得的成就的高度肯定，而且始终带着谦卑的崇敬之情。

越研究中国书画传统中的精粹部分，越觉得中国笔墨背后的文化结构在世界视觉文化宝库中独一无二。从全球艺术史的大格局来看，中国文士精英们的这项创造性成果，由于其出发点和目标都是为了解决在没有万能上帝的社会环境中，文化人在此岸此世的有限生命途程中的精神安顿问题，因此，笔墨背后的这个创造性文化结构，在经过适当的现代转型之后，是完全可以面向未来的，而且正是未来高科技信息化的异化社会中，所需要的返璞归真的审美超越之途。

涵养多元文化型中国学人

王一川

摘　要： 2020年全球重大疫情的突出特点就在于并非一国一家之事，而是全球之事，并牵扯起一连串多元文化问题，乃至尖锐激烈的争论。在这个过程中跨越非此即彼、非白即黑的简单化论争，坚持以中国本文化为主位，冷峻处理中国文化与世界文化之间、正文化与异文化之间、高雅文化与大众文化及民间文化等之间的诸多关系，提出独立思考的意见，正是在这种巨变时刻涵养多元文化型学人的一次教科书般的生动实验，这项工作在指向未来的中国学人培育体系改革中也具有示范意义。

关键词： 多元文化型　大育人理念　从游式传统　建设跨文化学

2020年春季以来一场百年未有之全球大疫情，与人们近来时常谈及的百年未有之全球大变局交接在一起，形成了异常的巨变时刻，令人的危机感成倍叠加。身处如此新一轮巨变时刻的中国学者，应当怎样生活才有意义？作为身处如此巨变时刻的中国高校教师，应当培育什么样的中国学人才算真正履行自己的使命？想必人们都在思考。广大年轻学子在特殊疫情期间如何认识和思考世界、人生和学问？这次也是一次严峻考验。近期出版的《非常跨文化对谈》正是为数不多的回答这一问题的学术成果①。

首先，吸引我的是危机时刻的大育人理念。这次大疫情或大瘟疫，一场全球大灾难，赶上百年未有之巨变，堪称学术界常说的"危

---

① 董晓萍等：《非常跨文化对谈》，北京：中国社会科学出版社，2020年。

机时刻"。大凡人类历史之"危机时刻"往往特别能激发仁人志士的异常的和伟大的创造力，育人也应如此：在危机时刻培育具有未来伟大创造力的伟大人物。这让我难免想到德国哲学家费希特（Johann Gottlieb Fichte，1762—1814）在19世纪初所作的14次演讲汇集《对德意志民族的演讲》，里面有着一整套富于远见卓识、令人荡气回肠的德意志民族危机时刻的"新教育"变革构想。为了化解德意志民族遭遇的危机，他提出"解救之道就在于培养一种全新的自我，这种自我至今也许作为例外在个别人中存在过，但从来没有作为普遍的、民族的自我存在过；就在于教育那个业已丧失往日生活的光辉，而变成一种外来生活的陪衬的民族，去过一种全新的生活"。而为了培育德意志民族的"全新的自我"，他把教育视为"维护德意志民族生存的唯一手段"，主张"完全改变迄今的教育制度"。[①]他随之提出的"新教育"及民族主义公民教育观等理念，在德国和世界上产生了深远的影响。他还认定"在大学学习是一种天职"，而"大学及其全部设置之所以存在，只是为了保障这种天职的履行"。[②]作者董晓萍教授显然就应当是在实施自己选定的大疫大育人理念，以此为年轻人在非常态时期继续履行其"天职"提供异常珍贵的帮助和指导。这一点可从作者为该书写的《导言》中读到："研究生在到达高级人才阶段之后，每人都可能成为成功者，因此每人都需要伟人做榜样。……高等教育不能没有伟人教育，伟人是地球文化孕育的最高精华。疫情总会过去，伟人指引前方。"要在这场大疫中实施"伟人教育"，以"伟人"的高规格模式去涵养走向未来的跨文化型中国学人，真是理念高远，师心可嘉！

其次，是跨文化育人方法。这场大疫情的突出特点就在于并非一

---

① 〔德〕费希特：《对德意志民族的演讲》，梁志学编译：《费希特文集》第5卷，北京：商务印书馆，2014年，第262—263页。

② 〔德〕费希特：《关于对学府自由唯一可能的干扰》，梁志学编译：《费希特文集》第5卷，第520页。

国一家之事，而是全球之事，牵扯起一连串的跨文化问题，乃至尖锐激烈的争论。这些争论既有国与国之间的，更有国内群与群之间、个人与个人之间的，甚至搅动起多年来未有的意识形态大撕裂，只不过现在是网络化的。作者跨越非此即彼、不白即黑的简单化论争，坚持以中国本文化为主位，冷峻处理中国文化与世界文化之间、正文化与异文化之间、高雅文化与大众文化和民间文化等之间的诸多关系，提出他们有关大疫情下人生、学术、中外关系等问题的独立思考。这等于是在理论上和在实践上同时履行她自己提出的跨文化学构想。此书可谓一次生动而深刻的跨文化学学科探索之旅。

再有就是"从游"式育人传统的当代实践。这本书的独特特色之一在于，紧紧跟随疫情进展而每日以手机微信对谈的方式展开，属于疫情情境下的师生问答，体现出孔子"从游"式育人传统的当代转化形态。当然，与孔子带领弟子们在周游列国旅途中根据不同情境下的问答而展开育人不同，这次是跟踪疫情持续情境中生发的新问题而在手机微信中展开对谈，是在物理隔离状态下的纯粹精神漫游、心灵对话，在网络时空中引领学子们思考与疫情情境相关的人生与学术问题，堪称古老的"从游"育人传统在互联网时代的光大形态。

最后，如上这样做的育人目标在哪里？我想到了有关"单文化人"、"双文化人"、"多元文化人"等不同说法。从书稿中我强烈地感受到作者从单一文化人到多元文化型中国人培育的自觉筹划和实践。跨文化交际学科开拓者之一的迈克尔·H.普罗瑟（Michael H.Prosser）曾在其《文化对话——跨文化传播导论》中论及"多元文化人"（multicultural person）问题。他把"多元文化人"视为一种"能相当轻松地在多种文化里出入的人"，他们"常常处在一种旧文化和新文化的边界上"，并且"能在相当实质性的意义上出入不同的文化，而不是在肤浅层次上出入了"。不过他同时又担忧这种新型人不得不时常遭遇一种烦恼："多种价值观在他们身上的张力常常是如影随形。"① 作者一方面有意识地追求这种"多元文化人"式人才结构的涵养，以便让学子们能够顺应当前世界的多元文化间对立而又对话的大趋势；另一方面又力求跨越这种来自多种价值观的张力的缠绕，形塑中国主体性或中国意识，凸显巨变时刻中国价值自觉，从而自觉地培育一种具备多元文化型素养而又富于中国意识的学人，不妨简称为多元文化型中国学人。这种学人拥有基于跨文化学眼光的多元文化素养，更有坚定的中国主体意识，善于从中国主体立场开放地容纳和批判地吸收世界多元文化资源，旨在形成世界多元文化中的中国品格。如果这种理解有一定合理性，那么，我生出了这样一种想法：这部书本身就是巨变时刻多元文化型中国学人涵养上的一次教科书般的生动实验！从某种意义上说，这样的多元文化型中国学人培育实验，在指向未来的中国学人培育体系改革中应具有一种示范性意义。

我相信并期待，《非常跨文化对话》的出版，不仅经历本次疫情的高校研究生的未来成长，而且对更多年轻学人的未来成长，还有，特别是对包括我在内的高校教师的育人实践，都会产生有力的启迪和"春风风人"、"夏雨雨人"般的感召作用。

---

① 〔美〕迈克尔·H.普罗瑟:《文化对话——跨文化传播导论》，何道宽译，北京：北京大学出版社，2013年，第230页。

跨文化学的对象论

——从对汪德迈中国学的研究切入 [*]

董晓萍

摘　要：跨文化学的对象论是一个概念群，包括从自我出发、从他者出发以及从多边文化的角度观察文化交流所提出的概念与问题。三者各有不同的学术史、社会史和语境，但只要存在文化多样性，并存在文化主体性，三者的差异就始终存在。三者又彼此联结成组网。这个组网可以促进呈现丰富多彩的特色文化，推动产生广泛共享的人文交流文化，达成多元社会的互相尊重和守望相助。跨文化学的这种对象论体现了跨文化学的本质。在研究跨文化学的对象论方面，汪德迈中国学是一个很好的个案。

关键词：跨文化学　对象论　汪德迈中国学　人类命运共同体

跨文化学侧重研究人类共同关心的文化交流问题。但由于跨文化学成立的前提是承认人类文化多样性，故跨文化学的对象论又不会是讨论某种单一的概念，而是一个概念群。这个群在结构上应该包括：从自我出发观察文化交流所提出的概念和问题，从他者出发观察文化交流所提出的概念和问题，以及从多边文化的角度观察文化交流所提出的概念与问题。三者各有不同的学术史、社会史和语境，在以往的研究中，有时将三者做先后高下的区分，但从跨文化学的角度看，只要存在文化多样性，并存在文化主体性，三者的差异就始终存在。但是，三者又是不能分开的，而是彼此连通，构成一个关系组合的网络。

---

[*]　本文是教育部人文社科重点研究基地重大项目"跨文化视野下的民俗文化研究"的阶段性成果，
　　项目批准号：19JJD7500003。

在网络的内部，各组的概念和问题各自承担着具体的对象和功能。将它们组合起来，协调运行，可以促进呈现丰富多彩的特色文化，提炼广泛共享的世界交流文化，推动多元社会的互相尊重和守望相助。这种跨文化学的对象论体现了跨文化学的本质。在全球化下各国文化交流日益频繁的今天，在2020年突发新冠疫情又暴露出种种文化冲突的当下，跨文化学的对象论聚焦人类共同关心的问题，呼吁加强研究，投入社会实践，抵制文化单边主义，反抗政治霸权，推动人类命运共同体文化的建设。

在跨文化学对象论的研究方面，汪德迈（Léon Vandermeersch）中国学是一个很好的个案。汪德迈中国学，顾名思义，由汪德迈创立，其主要特征是集法国汉学、日本汉学和中国国学的精华而"跨"出，在对中国甲骨文以来的表意文字系统进行精深研究的基础上，对中国古代社会史、中国文字学、中国儒学、中国思想史、中国文学史，与由跨文化现象本身形成的汉文化圈等，开展全面系统的综合性研究，构建了一套独立而博通的中国学理论体系和逻辑严整的方法论。近四十余年来中国扩大对外开放，已有数百年历史的海外汉学与中国自身庞大的学术系统首次近距离的相遇，发现了许多新问题。汪德迈中国学的特点是抓住各方关注的中国社会文化研究中的本质问题，进行冷静的、客观的分析；对中西文化的走势做出基于信任的、可以对话的解释；对不同社会的多元价值观寻求一种平衡的评价，让西方人增加对中国的了解，也让中国人能够反思中国优秀历史文明，以及那些尚未被外部充分理解之处。该学说将各方学术都纳入跨文化观察的思维中，辨识多元文化背景的思想概念的异同，归纳具有普遍价值的文化成分，让人们对建设美美与共的理想社会充满了期待。该学说在海外汉学研究中独树一帜，具有深远的国际影响，对跨文化学对象论的研究而言，也值得做专题考察。

本文拟从自我、他者和多边三种文化交流观的概念和问题切入，分析汪德迈中国学的形成历程、思想结构和研究目标，并以此为例，讨论在研究跨文化学对象论方面前人所做的工作、拓展空间和基本问题，也适当讨论相关的研究方法。

一、从自我文化出发观察文化交流
提出的概念与问题

汪德迈是法国人，无疑其自我文化是法国文化，然而正是这种自我文化，在汪德迈心中埋下了"跨"出去的种子。20世纪发生的"一战"和"二战"，无不涉及法国。法国在战争中既是被侵略者，也曾是侵略者。在汪德迈的童年和青少年时代的记忆中，就保留了对被侵略家乡的记忆。他热爱繁荣发达的法国文化，但也强烈地反对侵略战争。他对被侵略国家的人民和文化抱有强烈的渴求了解的愿望[①]。他在法国著名的索邦大学和巴黎东方语言文化学院接受了法国哲学、法律学和法国汉学的系统教育，也结识了来自越南、中国的同学和朋友，这让他对非欧洲国家的命运十分关注。他最后将研究兴趣转向中国，与他的这种"跨"的意识有关。

为汪德迈中国学研究提供强大支撑的是法国汉学。他是法国大汉学家沙畹(Edouard Chavannes)和戴密微（Paul Demiéville）一脉相传的后学，是戴密微的亲炙弟子。他走向甲骨文，正是戴密微醍醐灌顶的结果。1970年代，戴密微赴英国参加学术会议，在会上认识了饶宗颐，发现中国人在甲骨文研究上取得了长足的进步。他敏锐地意识到，对甲骨文的研究，欧洲人也要参与，于是在返回法国后，就安排汪德迈去香港，拜饶宗颐为师，从头学起。沙畹和戴密微都不会甲骨文，戴密微就把这个希望放到汪德迈身上。汪德迈回忆说：

当时欧洲没有人研究甲骨文，美国也没有人研究，饶宗颐先

---

① 〔法〕汪德迈：《中国思想文化研究》，北京：中国大百科全书出版社，2016年，第2—5页。

生已做了一些研究，在香港刚刚出版了两本，都是关于殷商卜辞的，曾还把很厚的一本书寄给戴密微先生。戴密微先生向我介绍了这本书，并说，希望过一段时间后，我能帮助欧洲人明白什么是甲骨文①。

汪德迈到达香港大学后，跟随饶宗颐读书，学会了甲骨文的知识。他把甲骨文当作一种中国文化现象，从现象切入，考察中国社会文化研究的本质问题。他的研究路径有二：一是不从中国人考证汉字释义入手，而且从汉字的占卜仪式入手；二是不从中国人考证汉字的形音义入手，而是从考证汉字作为表意文字与中国思维的关系入手，从中国古代字书、词书和经书等各种错综纷纭的表述中提取概念，再放到中西文化观察的大框架中开展讨论，提出新问题，构建他的中国文字学。

（一）中国文字学的核心概念：占卜与表意

汪德迈构建中国文字学的独立发现是，在汉字史的研究系统中，首次提取出"表意"与"占卜"两个基本概念，指出它们具有广泛的社会文化渗透力。文字与语言、文字与儒学、文字古代社会制度的关系一脉贯通，对中国思维体系多重覆盖。甲骨文是中国表意文字的肇始，又伴随《易经》高度成熟，成为中国理性思维的总孵化器。在世界其他表音文字系统中，文字与语言的功能却是分开存在的，与中国表意文字的发展走的不是一条路。

汪德迈发现，在汉字的表意系统中，有占卜化的仪式和仪式的文字化的实体工具，如龟壳、牛胛骨和蓍草，这使汉字的表意喻意可以被神与人所共同运用，拥有发起仪式的组织和解释仪式的精英主体，包括君主、巫师和军队，同时也在老百姓中形成文字信仰，这就构成了文字化的古老社会信息。这种表意文字系统能传达中国人的宇宙观、

---

① 〔法〕汪德迈：《中国思想文化研究》，第8页。

自然观、社会观、神话故事和信仰形态，还能创造理性的思维模式，产生具有高度抽象化、神谕哲理性和推演运算逻辑的《易经》。《易经》是表意文字占卜化达到历史最高阶段的标志，同时也是中国社会文化的显性符号系统。以下是汪德迈对这个观点的精彩表述：

> 这一表意文字专为一种国家行政工具，完全掌握在"史"之手中，后者负责占卜并掌管其从占卜发明的刻写工具。这一工具并非没有相当的演变。它的发明，是为了把占卜因式与结果书写成占卜方程式，渐渐地，它演化成真正的文言，完全适用于各种话语体的表述，并最终被私人化。我们看到，这一演化是如何自甲骨文本身开始的。我们还将看它如何先在金文而后在不同的丝竹文书上发展，最后成为作家文学。
>
> 在金文即青铜礼器上用表意文字，确切地说，在当时作为赐命与奖赏王公贵族之证物的青铜礼器上刻文……①。
>
> 在邹衍的思想里，占卜学第一次离开操作性的巫术成分，而《易经》中仍然有不少。思辨变得纯概念性了。它对中国思想的重大贡献是，从直至邹衍时代占卜各相关条件所揭示的多种相关性中，推断出任何其它文化所没有的宇宙而上学的基本概念（而《易经》对此只作了粗略阐释）：阴阳、五行概念。
>
> 我们首先要强调，它涉及的就是概念，而西方汉学界相当普遍的观点则是，中国思想不可能抽象化。中国语言单音节、无词形变化，这使得辨别抽象语义与具象语义变得不如有前后缀的印欧语言那么容易了②。

在汪德迈看来，中国表意文字是世界上唯一的、真正意义上的表

---

① 〔法〕汪德迈：《中国思想的两种理性：占卜与表意》，〔法〕金丝燕译，北京：北大大学出版社，2017年，第32页。

② 〔法〕汪德迈：《中国思想的两种理性：占卜与表意》，〔法〕金丝燕译，第75页。

意文字。他能在文字、思维和社会之间，找到一把开锁的钥匙，即文字占卜仪式，这需要对仪式理论和仪式运行的敏感度。而在仪式识别上，非宗教国家的学者与宗教国家的学者相比，宗教国家的学者要更为敏感。汪德迈是有法国宗教文化背景的，他又熟悉《圣经》经典的研究，故能迅速看出中国表意文字的仪式化是一个不寻常的特点。但是，中国又是非宗教国家，这样一来，研究汉字的仪式，就要掌握中国人本身理解甲骨文和《说文解字》工具书的内部知识，然后还需要汪德迈对汉字的仪式化研究进行符合中国社会文化实际的，而非套用西方宗教学理论的创造。要知道，这是一种区别于以往西方所有汉学研究结论的根本性创造。远的不说，明清利玛窦以来欧洲耶稣会士的汉学研究、沙畹、戴密微以来的法国汉学研究，无不从汉语汉字入手，但都有宗教理论背景，如基督教、佛教和道教。我们却并不费力地发现，汪德迈不做宗教研究。前面说过他熟悉基督教，他也多少谈到中国的佛教与道教，但这不等于他的专攻。他的学术取向是与西方前人反过来的，即强调在中国社会文化大于宗教，宗教要融入中国社会文化系统才能找到归宿。

他承认，对这个根本性问题的研究并不轻松，是他在法国索邦大学的老同学福柯（Michel Foucault）的知识考古学（注意不是宗教学），与他在法国埃克斯大学的同事吕西安·费弗尔（Lucien Febvre）的法国年鉴学派（注意不是西方社会学），给了他思想补给[①]。汪德迈采用福柯的"认知考古"和吕西安·费弗尔的"精神世界"研究法，再"跨"出他们三人共有的自我文化的边界，"跨"入更为宏观的空间里，构建中国文字学的阐释理论，解释为什么中国表意文字经由占卜仪式的运行，走向社会文化，而不是宗教。

汪德迈为此不大赞成葛兰言（Marcel Granet）和马克斯·韦伯（Max Weber）的中国学研究，认为他们还在使用西方宗教学研究的框

---

① 〔法〕汪德迈：《中国思想文化研究》，第1页。

架，这未必符合中国的社会实际。其实他并不回避讨论西方宗教学，但他始终清醒地把西方宗教学也当作宏观文化空间中的一种背景，而不是以之贴在中国社会文化的身后当背景。他反复强调说："中国文化的特点，就在于它的核心是文，不是宗教。"他还直接用"占卜"和"表意"两个概念回答西方同行的质疑："'文'在中国这么重要，这是为什么？因为中国的汉字十分特别。我的看法是，汉字的来源，是史前在中国已经产生的一种很特殊的占卜仪式。……人类应该先有文字、后有文化。研究文化，应该先了解文字，再了解文化。中国文字在中国文化史上占有非常特殊、非常重要的地位。中国历史上最重要的思想变化和社会变迁都一定关系到文字。"他还进一步指出，正是"孔子把宗教改成了礼仪，替代了宗教"[①]。

从中国学者的角度看，汪德迈还需要继续回答：既然中国表意文字占卜化不是宗教行为，而文字始终是中国社会文化变迁的权威叙事符号，那么什么是潜藏在文字之内的强力发动者？我们看到，汪德迈的研究已经走到这一步，他明确地告知，中国文字与中国社会文化的内部发动性精神关联是"部首"。一般西方人会迷恋于中国文字形似图画的状态，将之误解为概念尚未形成阶段的现象，汪德迈予以否定。他说，中国造字系统中的"部首"是解析中国表意文字拥有社会文化权威性的关节点。他有一句话十分重要：

　　字的偏旁(部首)要比词法的词性变化更有表现力[②]。

在汪德迈看来，汉字通过部首，建构中国社会文化的词根。在部首系统中，保存了中国人独立创造中国概念的基因。由部首生成的中

---

① 〔法〕汪德迈：《中国历史上两次文化革命与欧洲历史上两次宗教革命》，此为汪德迈于2017年9月2日在北京师范大学跨文化学研究生国际课程班上的讲义，董晓萍整理，打印稿，第2、11页。《民俗典籍文字研究》2020年第26辑，即出。

② 〔法〕汪德迈：《中国教给我们什么？》，〔法〕金丝燕译，〔法〕汪德迈：《汪德迈全集》，北京：中国大百科全书出版社，2020年，第1册，第131页。

国文字表意系统，获得中国历代社会制度和社会意识形态的支撑，成为中国汉字史的主体部分。部首的变化与西方表意文字的词性变化相比不多，但"更有表现力"。

　　研究传统汉字学的中国学者也许会说，许慎的《说文解字》已经讲了部首的知识和相关社会的、民俗的和历史的知识，今天这些知识都可以纳入中国传统语言文字学、社会学和民俗学的研究范畴，难道汪德迈会比许慎更高明吗？我们说，汪德迈学习和掌握许慎高明的知识，而不去用西方语言学套中国传统语言汉字学，这才是汪德迈的治学态度和研究思想的发展。汪德迈对部首不仅要知其然，还要知其所以然，而后跨文化。许慎有许慎的历史使命，许慎惊人地完成了自己的使命。汪德迈有汪德迈的学术使命，就是要向世界范围的其他表音语言文化，包括向他的法国自我文化，解释中国表意文字学可供普遍分享的价值。这些就不是许慎的工作，而要大为超出了。他提出，中国表意文字值得举世关注的最为独异之处，是让18世纪以来海外汉学的概念和问题都要改变。

　　　"表意文字"的概念，大概是从18世纪法国研究中国文化时开始使用的，这个概念的内涵是与现在我们所讲的中国文字本身的内涵是有区别的。

　　　先谈谈中国文字的重要性和特殊性。文字是不是都要由口语产生？一般语言学的答案是肯定的。语言学家认为，所有文字都要经过口语阶段才能产生和发展，文字是表述口语词汇的文字。不过他们使用这个概念应该是20世纪的事。在西方的语言学传统中，比较关注的两河流域古老的文字，如苏美尔的楔形文字、埃及的文字，等等，这两种文字也都被认为是表意文字。但我认为，这种看法未必准确。苏美尔文和埃及文都是用土话表述口语中的已有词语，如果说这就是"表意文字"，那么他们所谓的"表意文字"实际是未"表意文字"，用这个标准来衡量中国的文字，情况是完全不一样的。

　　在《说文解字》中，"字"是一个形声字，它有口语的声符"子"，也有没有经过口语所创造出来的形符字头，这就说明，中国的文字不都是从口语来的，中国文字的造字系统是被创造出来的。中国文字的造字系统，古称"六书"，十分重要，它是产生于中国传统文化自身的文字创造理念和一套方法。它的造字方法分为六类，在甲骨文中就早已存在。我认为，这种现象是必须受到重视的。在中国文字系统中，最有意思的、也最需要解释的，是六书中的两种造字法——会意字和形声字，它们代表了中国文字创造理念的本质特点[1]。

　　在这段话中，他再次提到部首的作用，并延伸到"六书"造字法，尤其是提到最具中国表意文字造字特点的"会意字和形声字，它们代表了中国文字创造理念的本质特点"。这个问题也是海外汉学家长期关注的问题，不过以往众说纷纭。汪德迈要做的工作是，分析产生这类中西差别的本质问题，在于中国表意文字系统与西方表音语言系统是两个完全不同的思维系统。他指出，汉字表意系统的基础是文字，印欧语系的表音系统的基础是口语；在创造概念上，文字与口语是两个路径。他概括说，中国表意文字与西方表音文字是在两个不同方向上构建了两种社会模式，建立了两种社会意识形态。

　　关于社会意识形态，它究竟是国家整体文化的一部分，还是仅仅是上层统治者的权力话语，汪德迈的看法是从整体文化出发的。他将中国表意文字研究与中国儒学史挂钩，分析在儒学支配中国主流社会意识形态的长期历史中，从孔子开始，改变文字使用群体的成分，由文人参与到文字书写经史的阶层中来，是重大文化改革。他的观点表述，我在这摘抄一段：

───────────────

[1] 〔法〕汪德迈：《中国思想文化研究》，第38—39页。

中国异托邦留存下来的强项是它的表意文字，后者影响了认知世界的所有领域里的思辨，它从一开始就成为特殊符号学的对象，发展成"小学"。"小学"是弱称，"小学"是文人官僚贵族青年所受的第一阶段文字教育，它左右了中国字法。中文的词语是没有词性变化的，字法所处的位置与印欧语言中形态变化的语法所处的位置相当。因此，中国思想很早就意识到社会权力与语言相连，而且字的偏旁部首要比语法的词性的变化更有表现力。孔子的门生子路问孔子"卫君待子而为政，子将奚先"，孔子回答说"必也正名乎"[1]！

他在上文中讲的最后一段话很重要。他指出，孔子将周代文书重编为"五经"，再通过"微言大义"阐释法，衍生形成儒学[2]。儒学的"微言大义"在后世的发展中，"改变了官方垄断文字的历史，引起了诸子百家的百花齐放"。孔子个人"担当天命，恢复王道"，奠定了中国礼制社会思想基础，这种有道文人和有道文字发展成儒士统治主义。在中国后世社会的发展中，"从汉朝时代一直到1911年的辛亥革命时期，都是儒士统治主义的国家。在这个国家中，以儒士思想支配行政，即用刑法补充礼仪……对这种中国社会模式的这种特点，只从生产方式考察是不容易弄明白的"[3]。汪德迈创造了"儒士思想"和"儒士统治主义"两个概念，用以说明中国社会意识形态的性质是与历史传统和文化传承密切相关的，现在我们能明白，在他的学说中，中国表意文字的演化，经过占卜仪式、儒学化、儒士思想支配意识和儒家文人辅政等阶段，最终被阐释为汉字的社会权力思维。

---

[1] 〔法〕汪德迈：《中国教给我们什么？》，〔法〕金丝燕译，〔法〕汪德迈：《汪德迈全集》，第1册，第130—131页。

[2] 本文作者注：汪德迈在这段话中引用的《论语》出处，作者原注：《论语》，子路第十三。

[3] 〔法〕汪德迈：《中国历史上两次文化革命与欧洲历史上两次宗教革命》，董晓萍整理，打印稿，第2、11页。《民俗典籍文字研究》2020年第26辑，即出。

（二）中国社会的结构划分："劳心"与"劳力"

汪德迈对中国社会权力的研究无法避开西方汉学中的焦点问题，即如何解释中国历史上的中央集权统治问题？解决了这个问题，才能界定中国古代社会性质究竟是专制主义社会，还是拥有独立历史文化形态的礼制社会。汪德迈在这方面做出了一个极为卓越的贡献，就是从中国历史经典中，提取了"劳心"和"劳力"两个中国独有的概念。

> 请注意两个重要的特点：一是废除世袭官位与废除井田的两种变化有互相关系，孟子说的"劳力"和"劳心"也有同样的关系，二是得到名田的军功与得到名田的农功也有同样的关系。为什么要注意这两个特点？因为后世中国历史文化的特点是这样的：劳力与劳心这两种参加社会生产的方式，通过商鞅变法，变成两种资本的基础。物质的资本，基于劳力的财产，劳力的财产可以成为物质基础，这是商鞅的变化。非物质的资本基于军功，军功等于劳心的资产。物质资产和孟子说的劳力者的工作有关系，非物质资产和孟子说的劳心者的工作有关系。汉朝以后，科目的衔爵替代军功的君爵，成为以劳心为基础的举察制度，即非物质的资本。这是我自己的看法。我认为，中国汉朝以后最重要的特点是儒士统治，儒士统治最早的起源，还是商鞅变法。虽然商鞅是反对儒家的，但他安排了一个特殊的制度，要求为建立军功的人提供重要职位，这样的社会制度是中国的特例，在西方完全没有[①]。

汪德迈特别赞赏孟子"劳心"与"劳力"的说法，认为以此划分中国社会生产关系的结构和分层治理方式，未曾见于世界上其他任何

---

① 〔法〕汪德迈：《所谓亚细亚生产方式与古代中国社会生产真正的特殊性》，此为汪德迈先生于2017年9月6日在北京师范大学跨文化学研究生国际课程班上的讲义，董晓萍整理，打印稿，第7页。《跨文化对话》第42辑。

思想流派的观点，是中国独有的精神财富。

他成功地论证了围绕两个核心概念所呈现的中国古代土地制、所有权制、刑法志和官职制的概念，如"井田"与"公益"、"文"与"法"、"世袭"与"科举"、"形而上"与"物而上"等，及其大量中国文献史料，经过谨慎而细密的研究，指出中国社会属于礼治社会的性质。中国古代思想家主张"劳心"为上的概念，在中国人思维结构中，养成对非物质文化的尊重；在中国社会治理中，形成以良性社会关系为准绳的文化传统。中国社会在长期发展中，注意发挥文化对社会运行的积极作用，全社会尚文不尚武，崇尚化干戈于玉帛的价值观，重视非物质的精神文化，凝聚中国精神，这与过分重视物质的社会相比，具有不可替代的优势。

对西方世界而言，或者说，对汪德迈的自我文化而言，汪德迈还要面临一个大问题，就是20世纪50年代魏特夫（Karl Wittfogel）提出的轰动一时的所谓中国"水利社会"和"专制主义"的问题。汪德迈持反对意见，并重新提出了极具说服力的新解释。他还十分"跨文化"地分析为什么中国社会性质不是专制主义而是集体主义，以及中国集体主义在什么样的条件下比西方个人主义具有优越性。

魏特夫根据马克思研究印度东方社会提出的"亚细亚生产方式"提出了自己的问题，认为，中国是农业国家，由于地理环境的限制，中国发展农业需要控制大型水资源。这种对水的大规模需求只有依靠中央集权制的组织才能得以实现，因此中国产生集权统治，形成农业官僚体系。魏特夫称这种中国社会形态为"水利社会"，称中国的社会管理方式是"东方专制主义"。在这种社会体制中，只有统治者的意志，没有法律[①]。20世纪90年代，曾有法国汉学家来华调查，希望通过搜集实际资料，由自下而上的角度，而不是向魏特夫那样由自上而下的角度，提出不同的问题，包括水利农业对社会有什么影响？水

---

① K.A.Wittfogel, "Chinese Society: A Historical Survey", *Journal of Asian Studies*, Vol. 16: 3, 1957, pp. 343-364.

利系统与社会结构和政治体系的关系什么？环境地理因素对水利社会有什么影响？我本人也参加了这次中法联合调查，研究的结论是倾向于采用中国华北基层水利村社活动和水利文字碑的解释，并未在中西视野下做研究，但汪德迈的研究是跨文化的，他将多年研究中国文字史、中国古代社会礼制社会、法家史和中国文学史所获真知灼见与宏观视野强力综合，回到中国社会性质的原初问题上，提出全新的解释：

1.汪德迈对魏特夫认为中国是"水利社会"的反驳

  魏特夫对中国和埃及的比较分析提出，在埃及和中国，要控制重要的大河（如尼罗河、黄河）的水资源，这种大河都是很难控制大型水资源，所以政府就不能不使用中央集权统治的办法。中国历代政府要发展农业，就要控制大河水源，就要建立中国封建集权社会。埃及历代政府要发展农业，也要控制尼罗河的大型水源，所以古代埃及也有集权政府。中国与埃及两国在这个问题上有共性。汪德迈指出，魏特夫在这个问题上完全搞错了，中国古代是皇权制度，埃及古代是法老制度，两者完全不同。当然两个国家对大型水资源的治理与利用是一样的，但两国的社会模式却并不相同。为什么魏特夫会出错？汪德迈指出，魏特夫没有注意文化的作用。中国和埃及有不同的文化。文化是社会意识形态的基础。魏特夫要提出历史观与经济观结合的大理论，但历史观不考察文化，不了解意识形态，只考察生产方式，这样的研究就无法真正了解一个国家社会的历史[①]。

汪德迈对中国古代生产方式的真正特殊性的解释是，中国社会治理注重社会关系。他分析先秦文字"井田"和中国自己的历史经典

---

① 〔法〕汪德迈：《所谓亚细亚生产方式与古代中国社会生产真正的特殊性》，董晓萍整理，打印稿，第2—3页。《跨文化对话》第42辑。

《孟子》的解释，指出，中国古代社会按礼治安排井田，"乡田同井"，生产合作，互助耕种，众农户先耕井田中的公田，再耕公田之外的私田。中国先秦时期的土地制度是理想化的小农所有制，农民耕其所种，拥其所有，这种社会制度绝不会是奴隶制。

2.汪德迈对中国社会模式的新解释

马克思曾提出，欧洲社会模式不适于分析印度社会史，但马克思并未研究古代中国史，也没有提到中国，魏特夫对中国社会的结论不是马克思主义的观点，是他的个人的观点。按照唯物主义的历史观，生产方式导致社会模式。生产方式不同，社会模式也会随之不同。马克思和恩格斯使用唯物史观分析欧洲社会的资料，提出欧洲模式的社会进化路线，即原始公社、奴隶制度、封建制度、资本主义、共产主义。但这个欧洲模式不适合东方社会分析，中国没有欧洲的古希腊城邦制的奴隶社会。

汪德迈认为，在此讨论中国先秦时期的农民与欧洲古希腊罗马时期的奴隶的身份和所有制形态，不等于说，中国古代社会的农民生活就比欧洲古代社会的农民生活要好；问题的实质不在于谁被剥削和谁被压迫，而在于中国古代社会性质与古希腊罗马的社会生产模式相比差别巨大，不能用欧洲社会模式解释中国社会模式。

3.汪德迈对中国"文"、"法"与"宗法"关系的解释

（孔子）改变了官方垄断文字的历史，引起了诸子百家的百花齐放，这是非常重要的，这就是中国文学的肇始标志。为什么会有这样一个变化？我在以前的讲课中提到过，语言有两种不同的功能，一种是交流，另一种是思维工具。在孔子之前，没有思维工具，只有日常交流用。思维工具是文字，但不是私用之物，是

官方的专利①。

汪德迈致力于儒学研究，但不排斥法家。他指出，法家的思想和改革也对中国古代社会进步有积极作用。但历史的走势是中国古代社会用法家思想补充儒家思想，用刑法制度强化儒士统治主义，因为科举制补充世袭制，逐步完善了中国的礼治社会制度。他指出："当时的统治者还是都意识到养士的重要性。所谓养士，就是储备而起用认识文字的士大夫，不储备和使用不识字的门客。商鞅建立了'军功'，所选择行赏的军官也必须学习和懂得文字。"②

汪德迈也强调"宗法"概念的地位，认为中国礼治社会以亲属关系为细胞，强调家庭至上、阴阳平衡和遵守自然秩序，宗法是礼治的重要内涵。他为此指出，葛兰言不懂中国"宗法"制的特点，只能回到西方理论那一边。而理解礼治正是中西学者研究的差异之一。

> 礼治思想的内核是，社会上最重要的关系是亲属关系，在中国，尤其是周朝，亲属关系是很受重视的，从宗法制度到祖先礼拜都贯穿着这个思想。在这方面，我不太同意一些西方汉学家的说法……（葛兰言）受法国社会学的影响，认为中国家庭的重要特点是婚姻。结婚就是交换女性，是社会中最重要的活动。但我认为，在中国社会里，最重要的活动是祖先崇拜，它是亲属关系的核心，可以使家庭的关系更为巩固③。

汪德迈的中国学研究范围很广，主要以中国文字学为支点做福柯所说的"认知考古"，但如此一来是否会对中国文字做过度阐释？是否

---

① 〔法〕汪德迈：《中国历史上两次文化革命与欧洲历史上两次宗教革命》，董晓萍整理，打印稿，第 3 页。《民俗典籍文字研究》2020 年第 26 辑，即出。
② 同上书，第 4 页。《民俗典籍文字研究》2020 年第 26 辑，即出。
③ 〔法〕汪德迈：《中国思想文化研究》，第 78 页。

会在研究方法上产生冒险性？关于这个问题的回答，在此需要引用中国学者王宁的看法。王宁是中国著名语言文字学家，曾为汪德迈《中国教给我们什么》一书撰写《序言》，她谈道："汉字的表意特性，往往不被西方学者所完全理解。本书对汉字的表意特性，汉字和汉语的关系，却阐释得十分清楚，和我们的认识完全切合。"王宁对汪德迈提出的"表意"与"占卜"，"文"与"法"和"宗法"等概念为汉字学研究的基本概念的观点表示赞同：

> 对汉语、汉字的认识和解释，与作者对中国古代社会史的长期研究紧密相关。他强调，与生产关系紧密联系的观念形态，在中国文化史中积淀很深，促进了中国古代社会的发展。在中国近世和现代社会文化中，这种影响仍然是十分重要的。作者多年前提出的"新汉字文化圈"的观点，在本书中也有发展，从中能看出，作者对中国历史文化的对外传播的阐释，以汉语汉字传播为基础，但又不限于汉语汉字早先的传播范围。
>
> 宗法制度的社会组织，虽然已经渐渐消亡，但在本书中，多次谈到宗法制对中国社会发展的巨大影响。他分析了从宗法社会的世袭到开科取士的发展中，知识阶层与制度的关系，以及知识阶层与典籍、文学发展的关系。而且，他还指出，在今天的中国社会里仍能看到最早的宗法社会观念和事实的遗存。这种观察，也是很独到的[1]。

此外，对于汪德迈使用中国文字学解释中国社会性质的方法和观点，王宁也给予肯定。汉语汉字是中国文化的核心部分，外来学者研究它的理论与方法是否得当？只靠汪德迈的自我文化的回答肯定是不够的。汪德迈博大精深的中西学问与精严的逻辑论证当然是保障，而

---

[1] 王宁《序》，收入〔法〕汪德迈：《中国教给我们什么？》，〔法〕金丝燕译，第2、8—9页。

来自中国文字学者的充分肯定和双方积极的交流与对话，也验证了汪德迈中国学的历史高度。

二、从他者文化出发观察文化交流
提出的概念与问题

汪德迈中国学有日本汉学的成分。日本汉学对汪德迈的影响有三：一是从他者出发观察中国，即从日本汉学的视角观察中日文化交流史，再研究汪德迈自己的问题；二是通过日本汉学系统补充中国学知识，扩大汪德迈中国学的知识范围。三是日本在地理上和文化交往上都比法国与中国的距离更近，日本在思维方式和学术传统上也比法国与中国的关系更密切。汪德迈在日本学习和工作期间，还正值日本传统汉学产生蜕变，向现代汉学转型。继日本著名汉学家狩野直喜、青木正儿、小川琢治和铃木虎雄等之后，又涌现了小川环树、内田智雄和吉川幸次郎等新杰，后者还都曾到北京大学留学，聆听当初北大最有名的学者授课，故能把20世纪初中日两国前人学术传承都加以吸收，再回去发展日本汉学。这与汪德迈从戴密微和饶宗颐那里接受法中两国前人学问传承的历程颇为相似。此外，日本汉学和法国汉学都将汉学纳入自我文化体系，在研究工作中对中国保持一定的学术距离，这种日本的距离感，与汪德迈的法国距离感，在性质上是相同的，或者说是治海外汉学的必要条件。事实上，汪德迈与小川环树和内田智雄等都有很深的交谊，他们与汪德迈同时代而年纪稍长，汪德迈与他们在情感上亦师亦友。这几位日本学者还都有通吃中国文史哲的本领，其中内田智雄在法学上卓有造诣，正好能满足汪德迈在香港得不到的学术需求，汪德迈返回法国后还与他保持了合作关系。

汪德迈到达日本时，小川环树已任京都大学文学院教授，兼任日本中国学会理事长。用西方古典语文学的说法，小川环树是当时日本汉学界这方面最好的学者。汪德迈向他学习中国古典文学和汉字学，但在这里也找到的一种"距离感",那就是在日本观察汉字和汉语的研究与使用,已与在香港看到的情形大有不同。日本是中国的邻国,与他曾工作过的中国的邻国越南一样,在历史上都接受了汉字。但在这些国家中仍然有自己的语言,汉字用于书写,口语用于日常交流,这对汪德迈观察中国文字本身的思维与口语的差距大有启发。他进一步发现,中国文言文很好地解决了思维语言的运用问题,并形成了自己的文学体裁和历史文献。他惊叹日本汉字工具书的发达,当时小川环树已出版了《新字源》、《汉文入门》、《中国的汉字》等著作,这对汪德迈的帮助很大,从此他把日本汉字工具书作为自己研究中国学的新参考书。但在小川环树用汉字解释中国文学的起源上,汪德迈则有个人的宇宙观看法。

汪德迈也经常到同志社大学听课,同志社大学是当时日本最好的大学之一,他在这里遇见了内田智雄。内田智雄届时已出版《刑法志》、《汉书刑法志》、《大唐六典》、《元史刑法志》、《中国历代刑法志(补注)》等代表作,是日本学界堪称一流的研究中国古代刑法的大家,汪德迈拜其为师,到内田的课堂上听讲,也参加内田的讨论课。正是从内田的学问中,汪德迈了解了日本学者研究中国历代刑法文献、法律史和社会学的进展;也正是内田激活了他在法国学到的哲学和法学理论基础,让他从法国和日本的外部研究中观察中国的古代法制史。他通过日本的窗口,对中国的"刑法"概念和"法家"与"儒家"的关系等相关问题更为注意,但汪德迈认为不能夸大法家的作用,在中国社会中,霸道最终让位与王道,刑法思想成为儒家思想的补充。

他在京都大学还结识了"京都学派"的代表人物吉川幸次郎,向他学习中国文学和诗学。吉川幸次郎师从狩野直喜,曾编辑《东方研究所汉籍目录及作者书名索引》和《毛诗正义》,汪德迈对此都有兴趣。吉川幸次郎认为,中国文学有七性(悠久和持续性、崇高性、日常性、精确性、修辞性、政治性和文学典型的重要性),所论极富创见。汪德迈借助他的思考,强化了对中国文学的社会地位的认识,看到这种"劳心"文化资源与中国社会意识形态的复杂联系。汪德迈还在吉川幸次郎切分中国文学艺术的最细处，找到了"文"字是中国人所独有理解的概念。他发现，中国在汉代儒学基本定型后，就把"文"的概念礼制化，通过建立博士制度和科举制度，以非物质至上观念为支配单元，创造了中国社会治理思维，从而文字的地位更高，这是西方社会从来没有的东西，英国人在殖民地时期学到了一点，但只是皮毛。汪德迈先生曾在法国驻华大使馆就此书演讲时，对此有相当精辟的概括，我也抄在下面。

> 中国文化有特殊性，又最具有普世价值。世人皆知古罗马法典的深远世界影响，但中国也对世界有广泛的影响。中国举世无双的影响力之一，是成功地通过科举制选取人才的方式，使全世界普遍建立了以此为基础的学校教育和选举制度。在中国文化传统中，文字优于体力劳作，精神优于物质，也是中国的文化特殊性。现在西方世界正在认识中国，但没有认识到中国文化特殊性的普遍意义，对此今天我们要加强了解。[1]

但汪德迈也不是全盘接受吉川幸次郎的思想。1927年郭沫若在日本出版《中国古代社会研究》，京都学派持赞同态度。郭沫若用唯物史观，使用甲骨文字，论证中国社会有奴隶制和封建制形态。吉川幸次郎也是追随者。汪德迈明确表示不同意郭沫若的直线进化论观点，这点我在后面还有做详细讨论。

现在我要回到日本汉学上来。有一种说法是日本汉学影响了欧洲汉学，从汪德迈的个案能可见，这种说法并不尽然。实际上，仅从法国看，法国汉学与中国国学早有直接交流，法国汉学也注意日本汉学的成绩，从日本汉学观察日本学者利用和解释中国资料的特点，然后

---

① 董晓萍：《中法著作：人文多元理念》，《跨文化对话》第 40 辑，第 307—310 页。

做法国汉学的问题研究。这是两条线。汪德迈中国学的概念和问题都是从这两条线提出的，而不是日本汉学一条线。

在汪德迈中国学所密切研究的中国学问本身，在中国自我学术体系的发展中，同样也有借助他者角度的问题，如北京大学著名学者、"哈佛三杰"之一汤用彤。汤一介曾说："用彤先生正是以儒学、印度哲学、中国佛教史、玄学、道教、西方哲学及其相互关系的全部研究为背景，通过中外文化所提供的历史经验和智慧来探寻一些规律性的认识，并用以指导现实的文化建设。"汤一介还指出汤用彤学说中的一些基本概念，如"中体西用"和"本位主义"[1]。

汤用彤与汪德迈同属于一个大时代，汤用彤属于中国五四新文化运动先锋团体的一员。他们这批人国学功力深厚，又留学欧美日，接触过他者文化，看待自我文化有了新视角。他们经过这番历练，再讨论中国文化。他们的研究与汪德迈的研究有哪些异同？是否在某些问题上与汪德迈的看法产生共鸣？或者差异很大？我们也需要稍加考察，如此才能对汪德迈中国学研究成绩的定位更为客观。

从汤用彤同时期的著作看，他所关注的问题也是20世纪初以来中西学界基于各自立场讨论的大问题，主要是中国明清社会所谓落后于欧洲的原因，包括科技史的对比、古希腊罗马哲学能否覆盖全球、中国礼治社会与文化传统的现代价值等。汤用彤并不同意使用欧洲科技的指标衡量中国社会的发展程度，认为中欧科技分类不同，中国更侧重于实用科技。而据白馥兰（Francesca Bray）的研究，这个观点李约瑟（Joseph Needham）也是后来才提出的[2]。关于古希腊罗马哲学，汤用彤也感到在中国没有可比性，这样中国就"几无哲学"。我们再接下去再看汪德迈关于中国属于另一种天人宇宙观的讨论和所获得的广泛认同，就能看出汤用彤早已走在一个正确的方向上。汤用彤并不同意当时国内全盘否定儒学和礼治的做法，而是从中国历史的角度客观分

---

① 汤用彤：《会通中西印》，汤一介、赵建永选编，上海：东方出版中心，2012年，第2页。

② 〔英〕白馥兰：《跨文化中国农学》，董晓萍译，北京：中国大百科全书出版社，2018年，第3—4页。

析礼治的本质为"首重孝悌。故教育之实，始自家庭；而道德之源，肇于孝悌"①，这种本质文化渗透到中国社会从精英到基层的各层面，就是中国社会本质。一口否定是肤浅的，有益的做法是"处今日之世，而欲行成周之学礼，狂人也。然其时学礼之特殊精神，所以陶铸我国之人民、国是者，学者不可不知。成周学礼之特殊精神有二：一曰，寓礼于教。……二曰，寓政于教"②。为什么会西风吹来会东风摇摆？从汤用彤的观点看，是中国人对他者文化的了解不够，于是未能广搜精求"中外文化之材料"目光狭窄，也有的会走向另一个极端，一厢情愿地盲目自大，认为"欧美文运将终，科学破产"，③结果同样做出错误的判断。

在对中国与世界文化交流的观察上，引入他者文化做中介是必要的。汤用彤接触他者文化是在美国，汪德迈接触他者文化是在日本。在20世纪世界大门打开后，自我文化碰见了他者文化，这时先了解他者文化的好处是能获得中性话语，中性话语把外来文化陌生化与预选化④，这是外来文化进入自我文化之前的一个过程。其实自我文化中的传统文化也在现代转型时期这个过程，汤用彤所处的五四运动时代，正是中国传统文化被陌生化的时代，这种陌生化的形态，表层是扬弃，深层是预选。在扬弃与预选之间有一个文化转场的过程。中国当时一批留学回国学者充任了文化转场者。汤用彤发表过《文化思想之冲突

---

① 汤用彤：《道德为立国之本议》，收入汤用彤：《会通中西印》，汤一介、赵建永选编，第15页。
② 汤用彤：《论成周学礼》，收入汤用彤《会通中西印》，汤一介、赵建永选编，第49、52页。
③ 汤用彤：《评近人之文化研究》，原载《学衡》第12期，1922年12月，收入汤用彤：《会通中西印》，汤一介、赵建永选编，第4、6页。
④ 我在这里借用了程正民讨论过的"陌生化"概念而在不同的方向上加以使用。程正民已经指出，"陌生化"是俄罗斯形式主义文学理论中的核心概念，它肯定艺术家的创作体验，揭示艺术创新作品的内在机制，对重建俄罗斯文艺学有积极作用，为巴赫金诗学理论所吸收，而其不足是缺乏对历史文化语境的考察，详见程正民：《历史地看待俄国形式主义》，《俄罗斯文艺》，2013年第1期，第29~33页。本文中吸收程正民的观点，但重新界定"陌生化"的概念，将之用于多元文化交流中自我文化、他者文化与外来文化都有预选形态和转场过程的分析。"陌生化"不止于揭示文艺精英的艺术体验与创作机制，也可以参与构建现代跨文化理论，并考察精英与民众都参与其中的文化体验与社会大众实践活动。

与调和》一文可视为此举之宣言。先说一句,文化转场,他在此文中称"文化移植",不过这并不影响我们观察他实际上在做文化转场的工作。

　　"文化的移植",这个名词是什么意义呢?这就是指着一种文化搬到另一国家和民族而使它生长。

　　关于文化移植问题,文化人类学本有三种不同的学说。第一演化说,是比较早的主张。第二播化说,是后来很为流行的主张。第三是批评派和功能派,都是反对播化说的主张。所以关于文化的移植我们赞成上面说的第三个学说。就是主张外来和本地文化的接触,其结果是双方的。照以上所说,因为本来文化有顽固性,所以发生冲突。因为外来文化也须和固有文化适合,必须经过冲突和调和两个过程。经过以后,外来思想乃在本地生了根,而可发挥很大的作用。

　　以外来思想之输入,常可以经过三个阶段:(一)因为看见表面的相同而调和。(二)因为看见不同而冲突。(三)因再发见真实的相合而调和。这三段虽是时间的先后次序,但是指着社会一般人说的。因为聪明的智者往往于外来文化思想之初来,就能知道两方同异合不合之点,而作一综合。在第一阶段内,外来文化思想并未深入。在第二阶段内,外来文化思想比较深入,社会上对于这个外来分子看作一严重的事件。在第三阶段内,外来文化思想已被吸收,加入本有文化血脉中了。不过在最后阶段内,不但本有文化发生变化,就是外来文化也发生变化。到这时候,外来的已被同化。[①]

他于1943年发表此文,那时汪德迈还在读高中,两年后进入法

---

① 汤用彤:《文化思想之冲突与调和》,原载《学术季刊》1卷2期文哲号,1943年1月,收入汤用彤:《会通中西印》,汤一介、赵建永选编,第8—9、11页。

国索邦大学攻读哲学和法律。但我们将两人的他者视角比较可见共性：第一，他者视角，帮助两人发现只从自我文化中不容易发现的文化陌生化的问题；第二，他们提出解决陌生化的方案都是预选多元文化成分，补充自我文化体系。第三，他们本人都是文化转场者，而这种转场离不开他们的深厚哲学功底。也许中国哲学界的学者会说，汤用彤和汪德迈都是哲学出身，都经过中西学术训练，所以在研究问题和方法论会有一些共同点，但我们要说也不尽然。考察汪德迈的中国学研究，汤用彤是我们不能不提到的一位中国哲学家。汪德迈没有提到的其他领域的中国学者，如从事印度学研究的留德学者季羡林，从事艺术学研究的留美学者闻一多，从事古典学研究的留法学者冯沅君夫妇，从事民俗学研究的留日学者钟敬文，都是从他者视角观察中外文化交流，而后承担文化转场的使命，最后维护中国学术传统并加以创新发展。他们都不是那种固守自我文化的人，也不是"跨"到他者文化中不回头的人，他们的自信心和创造力就在于文化转场。

20世纪出现了两次大的战争灾难，很多自然灾害，也出现了全球化，但世界发展的总趋势是逐渐开放。开放社会对文化传统的前途命运是双刃剑，它可以制造文化的陌生化，包括人们对外来文化和自我文化史的双陌生化；也可以制造对话化，即让他者文化成为镜方，让自我文化获得自我照见，了解崇洋媚外或喜新厌旧都很危险，而正确的途径是借助他者文化，找到可以共享的预选文化，完成文化转场，使自我文化获得提升，能在适应文化多样性对话的环境中获得发展。

三、从多边文化出发讨论共同关心的概念与问题

我在开头提到汪德迈的中国学从不回避问题，但他能始终抓住中国社会文化研究中的本质问题进行研究，对中国文化在世界文化中的

优越地位予以客观评价，同时也对其中尚未被西方人理解的关键点做出说明，并与中国学者进行对话，这使他的中国学研究不限于书斋，而在社会实践领域产生广泛的意义。在这里需要进一步讨论对话化，因为对话的特征是需要多边结构（至少要有对话的双方，加上翻译，再加上主持人），对话的内容是彼此共同关心的问题和明确的概念引导。在这个意义上说，对话的过程可视为微观的文化转场。下面我引用实例而不是空谈对此加以说明。这是 2011 年在北京大学举行的一场汪德迈与汤一介的对话会，会议由乐黛云主持，陈力川和金丝燕担任翻译。为了使读者容易把握要点，以下将汤一介简称为"汤"，将汪德迈简称为"汪"，对会议所讨论的问题增加了小标题。全部对话的记录整理稿很长，兹在保持各方原意的前提下引用要点，以集中体现题旨，包括如何使用多边视角开展对话，与如何将对话问题转化为跨研究的研究课题等。由于不是全文摘引，故以下未采用引文格式，而是使用正文格式，全文详见原著①。

（一）自我、他者与多边

汤：（中国古代文化中的）修身太强调自律而不重视他律，自律与他律的平衡是非常重要的，是非常不容易处理好的，很可能是这个问题，因为他律就是要有法。

汪：我觉得一个人在看待另一种文化时，会带有一定的倾向性，这种倾向性或许也是一种缺陷，即容易在他者的文化中注意那些稀奇古怪的东西，令人好奇的东西，而没有看到这种文化的真正价值，因此觉得自己的文化是最优越的。其实这是拿自己文化中优秀的东西与其他文化中稀奇古怪的东西进行比较得出的错误见解。是的，在任何一个国家，任何一个文化当中都有某些邪恶的行为，我反对任何邪恶的行为，但是我要谈的是一些文化本质性的东西，不能一提到他国文

---

① 〔法〕汪德迈：《中西文化的互补性——与汤一介在北京大学儒学院的对话》，收入〔法〕汪德迈：《跨文化中国学》，北京：中国大百科全书出版社，2018 年，第 1—49 页。本节所有引用汤一介与汪德迈对话均出自此文，为节省篇幅起见，以下恕不另注。

化，就只能去谈一些倒行逆施的事情。我们应当从其他文化中看到真正有价值的东西，以弥补自己文化中的不足之处。

（二）语言、思维与互补

汤：继续谈语言和文化与思维方式的关系问题。

汪：中国文字和苏美尔文字、埃及文字一样是表意文字，而我们是表音文字。中国文字与苏美尔文字和埃及文字有很大的不同。中国文字本身就是语言，为占卜者所创造，有发音系统。卦是从卜来的，这样可以理解《易经》非常深刻的道理，理解为什么中国的占卜学一直深入到整个医学、整个历史之中。西方的文化演变是完全不一样的，西方文化的演变是靠神学而不是占卜学。比较中西两种文化很有意思。现在我们占主导地位，因为西方科学发展很快，但将来如何？不知道，因为我看中国文化的想法也有道理。是否可以有另外一条新路，由中国文化来代表，其中包括文学、文字和医学。我认为，应该利用别的文化的优点，并保护自己的文化，但是将来会怎么样呢？希望中国文化能很好地保护自己的特点，很多古老的文化现在没有了。法国诗人瓦雷里说过，文化是可以消亡的。

（三）科技、翻译与文化

汤：中国学习西方的技术很快，但中国还没有出现震撼世界科学界的理论系统，像爱因斯坦（Albert.Einstein）、霍金（Stephen William Hawking）等人一样。

汪：爱因斯坦还有一个特点，就是他代表以赛亚的非常独特的历史，这个民族受到非常厉害的压迫，压迫的后果却使他们成为最聪明的人。

汤：我们的概念很多是从印度来的，比方说般若、涅槃、比丘尼等等。我们原来也有一些概念，比方说《周易》的"易"字。这些词不能译成英文，只能音译，因为你翻成哪个词都不相当，如"心"你翻成heart不行，翻成mind也不行，因为我们的"心"既是heart又是mind，这样非常复杂。

汪：我看，中国的思想和字是不分开的，在中国的文言中，词就是字，字是概念，所以要创造一个新概念词不容易。中国声旁是一个非常有意思，会意字不好造，形声字可以造很多，所谓声旁也是一种形旁，一种比较容易造的形旁，与埃及的完全不同。表音文字太容易造空洞的概念，但表意文字的问题是不太容易创造新概念。

（四）集体主义与个人主义

汤：中国有部书叫《大学》，它原来也是《礼记》中的一篇，它就讲"修身、齐家、治国、平天下"。在底下那一句话叫作"自天子以至于庶人，壹以修身为本"。所有的人都以修身为根本，既然它把修身，把人的情看作最重要的东西，那么在中国建立法治就很困难。

汪：这与中国的传统比较强调人情和自身的修养有关。我想补充的是，在西方的民主制度下，越来越多的人认为所有的问题都可以交给制度去解决。满足人的欲望也被视为一种人文主义价值，实际上这是对人文主义价值的误解，致使个人主义不断追求自我欲望的满足。这种现象的后果是什么呢？后果就是人没有自律了，一谈自律就好像说了粗话一样丢人。自我约束、洁身自好这些品质都被欲望代替了。这也是一个问题。在西方，平等和人权的原则助长了某种个人主义思想：个人高于集体，个人利益高于集体利益。个人主义的泛滥导致了西方社会普遍的危机，我认为。这是一种"社会性"的危机：每个人都赋予自己的自由以无限的空间，致使社会联系、社会精神受到破坏。每个文化的价值本身都是好的，都值得尊重，西方的个人主义价值观和东方的集体主义价值观都有其优秀的一面，都应该得到继承。但是价值不能被推向极端，不能被歪曲。再好的价值，如果被推向极端或被歪曲，也会产生很多副作用。

（五）人文与人权

汤：西方文化可以从中国的儒家文化中得到某种互补的意义？

汪：在中国的人文主义当中，有许多宝贵的财富，但中国的人文主义在西方的传播受到一些表述方式的限制，因为这种表述方式不符合西方的传统。中国人文主义的一个关键的概念是"仁"。这个"仁"字，由"亻"加"二"组成，反映了中国人对"仁"的基本看法。"仁"的概念，对西方人来说，非常陌生。西方的人文主义是建立在神学基础上的，即人的价值来源于神。在中国的人文主义中，人是自然的一部分，是宇宙的一部分，人跟自然一样，参与整个宇宙的运动。因此在中国的人文主义中，有"天人合一"这样的概念。人的价值观不同，对人的理解不同，这是中西文化的一个根本差异。

在西方的人文主义传统中，有一个"平等"的概念。按照西方神学的说法，人是按照上帝的形象创造的，在上帝面前人人平等。"平等"的概念是西方人文主义的一个重要概念。相比之下，中国的人文主义对人的理解是，人与人之间存在极大的差异，由于他们的天资不同，社会地位不同，每个人都处在一个不同的位置上。例如"父子"的概念，父与子处于不同的地位，他们之间是没有平等可言的。因此，父要慈，子要孝。这是界定父子关系的基础。同理，君王、臣子与普通人都处于不同的地位，所以他们的责任和义务是不同的。中国的这套社会等级观念在西方很容易引起误解，许多西方人认为中国的儒家思想否定人与人之间的平等。而对于一个中国人来说，西方"人人平等"的概念也很难理解，因为中国人不认为父和子是平等的，君和民是平等的，夫和妻是平等，因为每个人都有自己特殊的社会身份、地位和义务。因此，我认为"平等"这个概念是中西方互不理解的原因之一。

（六）主体性与多边主义

汤：我经常忧心忡忡，一方面怕失去我们文化的主体性，另一方面我也怕我们不能了解西方文化的基本精神。文化的问题从根源上讲不应该是功利性的，它应该是超功利性的。

汪：印度学专家斐利尤萨（Jean Filliozat）在会上大谈印度的佛教，法国汉学家戴密微（Paul Demiéville）站起来说，印度已经没有佛教了，印度佛教已经消失了，佛教是中国的。中国佛教的代表是禅宗，禅宗实际上是中国思想、中国哲学吸纳了佛教以后产生的一种思想。法国的诗人克洛岱尔（Paul Claudel），我认为他是法国最伟大的诗人之一，他有好几年在中国担任外交官，他吸收了中国和日本的戏剧艺术创造了他的剧作《缎子鞋》，从这个作品中我们可以看出一个深具法国传统的作家如何吸收中国和日本的戏剧艺术来创造自己的作品。这是一个文化融合成功的例子。

四、结论：跨文化学对象论的几个特点

汪德迈的中国学研究是从他的导师戴密微要求他学习甲骨文开始的，他是否完成这个任务呢？答案是肯定的。他还远远地超出了这个预期，不仅"帮助欧洲人明白什么是甲骨文"，而且还帮助西方社会了解什么是真正的中国社会文化。更重要的是，他以跨文化的冷静、客观心态和基于人类信任的视野开展研究，并为之付出长达七十余年的不懈努力，能够令人尊敬也令人信服地告诉世界，中国文化有特殊性，又最有普世价值。同时中国人也要保护好自己的历史文化，并增强对外部世界的解释能力等。以下就此简要总结几点。

第一，从本质上说，跨文化学的对象论并不否认传统人文科学的单一化对象研究，但在全球化和疫情时代出现新的社会隔阂和文化格局重组的局势下，在当代人文科学的多学科交叉研究与综合思考的背景下，提倡把各门学术所熟悉和习惯的对象研究，提升到跨文化学的高度，予以重新界定和深入思考。汪德迈中国学的每一步工作都是在这个方向上精审研判，步步为营，从不盲从也不零敲碎打，而是博大精深又极为逻辑严密地从事独立研究。这样的跨文化研究是十分重视自我文化的反应的，因为自我文化的历史基因和现代内核都是文化主体性，但要避免把主体性变成自我中心论和文化单边主义。跨文化学的对象论中也有他者文化的一席之地，因为他者文化的内涵是交往文化，人类文化正是在交往中生存和发展的，但要避免让他者文化走向

取代和扩张，因为它的价值就在于促成文化转场，也只有文化转场才能补充和更新自我文化，从而更加活跃他者文化。

　　跨文化学在研究文化转场上有独具优势，也有理论基础，但过去在中国学中很少使用，现在汪德迈和新一代法国汉学家已经提供了一批研究成果，这对我们是好消息。跨文化学对象论中的多边文化是带有研究目标的性质，因为跨文化学正是建设人类共同体文化的科学，但这种研究的成败与否，取决于在当代社会跨文化的能力和文化共赢战略。总之，跨文化学视野下的自我文化、他者文化和多边文化都不是各学科中的原意，而是经过跨文化学重新梳理、整合和提升后是概念组网，这正是汪德迈中国学教给我们的经验。

　　汪德迈的学说不仅是从法国的自我文化中看出的，也不仅是日本文化中悟到的，而是经过多边文化视角的长期研究和自觉跨越式研究建立的。这种研究不是比较研究的换个说法而已，也不是增加比较对象的数量就能提升档次。汪德迈在中国社会文化的内部结构与外部世界联系中，找到各种不同的内部文化要素和外来文化要素之间的链锁、路径、线索、连结点，最后指出可持续共享的价值文化形态与有机成分。他因此把汤一介引为亦师亦友的知音，曾谈道："（起初）我只知道中国哲学史家胡适和冯友兰。两位都是先驱，都曾试图在中国思想史上认同纯西方意义上的'哲学'①，但该范畴并不曾被中国诸子概念化。胡适和冯友兰都指出诸子们各有其'哲学'，尽管没有被分门别类，这是很有道理的。不幸的是，他们认定中国诸子毫无疑问与古希腊思想家一样哲学，因此走得过远了，甚至依照希腊哲学的色彩给中国哲学重新上色。例如胡适把中国名家等同于古希腊的'诡辩家'（sophistes），而冯友兰把孔子装扮成中国的苏格拉底，似乎中国思想非有古希腊模式的哲学价值不可。但是，我发现汤一介质疑这种对中国思想进行西方化的扭曲，相反，他强调中国思想特殊性。例如，他

---

① 这里原有汪德迈注：西方哲学概念不存在，但在中国思想中，哲学含义是存在的，如孔子的思想，庄子的思想，但没有哲学这个概念，哲学概念是西方文化的东西，在诸子百家里，都包含在文学里。

强调孔子哲学的基础是三个'主义'：'亲亲、尊尊、长长'，'礼治'和'仁'，而这与希腊哲学毫不相干。我与他结识之后，他多次请我去他家，向他讲述我关于中国思想的占卜性起源，他对我的数次讲述很感兴趣，这就是为什么尽管我不曾听过他的课但我自认为是他的学生之理由。"[①]我说吸收汪德迈的治学经验，就是说从这种跨文化学对象论的角度能看到的好东西，就是可以共享的东西；要本国人看着好，外国人也要看着好，大家从不同角度都愿意欣赏、愿意了解，愿意取长补短，那就达到了跨文化学的研究目标[②]。

第二，在理论上，汪德迈的中国学研究不是将中国社会只放在"经济社会"的框架下研究，而是也放在"文化社会"的框架下研究；不是只放在"社会意识形态"的框架下研究，而是也放在"整体文化"的框架下研究；不是只放在中、西、印的框架中研究，而是也放在中、日、韩、越汉文化圈的环境中研究，这使他的中国学研究与此前法国汉学研究有十分不相同的特点：一是从中国文化传统与农业社会传统的联系阐释中国社会，深入到中国社会形态的内部，指出其自然观与社会观并未剥离，而是以宇宙观为最高形态结合发展的独自轨迹；二是从中国文化传统与政府管理的联系观察中国社会，指出中国社会行政系统是"文"模式，而不是"武"模式或"商"模式，相关的正统文学艺术获得较高的历史地位，其文献也得到较完整的保存；三是从中国文化传统与人文传统的联系阐释中国社会，指出儒家思想支配中国以家庭单元为基础的社会结构的内在依据，儒家思想与道家、佛教思想结合，完善思想等体系。中国社会更强调集体公平，而不是个体利益，始终保

---

① 〔法〕汪德迈：《在北京大学纪念汤一介先生辞世五周年学术会议上的讲》，〔法〕金丝燕译，2020 年 9 月 6 日，打印稿，第 2 页。

② 汪德迈此观点的原文是："向别国人民、别国文化介绍中国自己创造的文化形态和社会模型，不是容易的事。这里有一个条件：就是中国化的外来模型，如果是值得看的，那么别的国家也会佩服。如果只是中国内部化的外来制造，就不会引起外界的兴趣，也可能中国人自己认为有意思，但不可能是对世界的文化贡献。如果要对人类文化做出贡献，就应该提供让别人感到值得注意的东西。"详见〔法〕汪德迈：《中国历史上两次文化革命与欧洲历史上两次宗教革命》，董晓萍整理，打印稿，第 12 页，《民俗典籍文字研究》，2020 年第 26 辑，即出。

持集体性的社会形态，塑造中国人的思维方式和集体力量。

  第三，在方法上，汪德迈将西方学术逻辑转向构建中国学术逻辑，参考日本汉学的学术逻辑，形成多视角的中国学方法论新体系。首先，转变西方神学哲学的逻辑，借助中国礼治制度，向中国的集体主义人文价值思想体系转移。其次，转变西方语言学的逻辑，借助中国表意文字，向中国的自然宇宙观思想体系转移。再次，转变西方社会学的逻辑，借助文学和艺术研究，向中国的非物质文化体系转移。汪德迈的中国学是在这个框架下建立中国学与人类文化史相吸引总趋势的学说体系。汪德迈用这个体系分析中国集体主义文化的优势和西方自由化社会的弊病。2020年春季一场猝不及防的全球新冠疫情大流行打破了世界的平衡，中西社会应对疫情的效果对比鲜明，中国集体性文化对于战胜大型灾难优势与西方个人自由化国家应对灾难的劣势不言自明，此时我们回头看汪德迈的学说，即便以最平和的心态，也不能不报以敬意。

论 稿

Articles

关于内藤文库所藏钞本《章氏遗书》来历之考证

摘　要：钞本《章氏遗书》十八册是关西大学图书馆内藤文库的镇库之宝。内藤湖南1902年初读《文史通义》，1919年购入此善本后据以做成《章实斋先生年谱》，次年发表于京都《支那学》杂志，不仅刺激了北京大学胡适撰成同名年谱赠与内藤，也获得了张尔田的激赏。清华大学姚名达更两次致函内藤，希望其念及与去世不久的王国维的情谊而允诺借阅，以便对照校勘以实现纂成新编《章氏遗书》的宏愿。本文对此精钞本的来龙去脉及其引起的一连串文化交涉做了详细考证。

关键词：钞本　《章氏遗书》　内藤湖南　胡适　文化交涉

　　关西大学的前身为1886年（明治19年）创立于大阪市内的"关西法律学校"。1986年百年校庆时，作为纪念事业的主要举措，在兴建庄严雄伟的百年纪念会馆和综合图书馆的同时，购入了价值连城的内藤文库与内藤晚年居住的恭仁山庄，而钞本《章氏遗书》可以说是其中的镇库之宝。[①]

---

① 长期以来，校方、图书馆长、司书和文学部教授致力于引进珍贵文献，形成了一个颇有特色的文库群，其中与儒学和中国相关的文库还有泊园文库（1825年至1948年存立于大阪市内的泊园书院的藏书。泊园是关西大学文科的前身，现任泊园纪念会会长是以朱子学和礼学研究著称的吾妻重二教授），玄武洞文库（师从幕末大阪诸儒并自成一家的田结庄金治收集的数百种孝经版本及相关书籍）、长泽文库（日本的目录学泰斗长泽规矩也的中国文学及书志学相关藏书）、中村幸彦文库（近世日本文学大家的宝库。晚年从九州岛大学退休后执教于关西大学）和增田文库（近现代中国研究者增田涉的藏书。1931年在鲁迅家中单独受业中国文学史达十个月之久，之后又屡获鲁迅赠新著。晚年从大阪市立大学转来关西大学执教，1977年在其至交竹内好的追悼会上致完吊辞后即不省人事而逝世，成为日本鲁迅研究界连丧双璧的一段痛楚而难忘的记忆）等。关西大学内藤文库主要为内藤湖南及其长子内藤干吉的藏书和家族信件。内藤原来收藏中的几件国宝级文物，如《唐写本说文残卷》等，为武田制药公司所属的杏雨书屋所藏，还有部分书籍为京都大学人文科学研究所收藏。最近，内藤湖南三子、已故爱知大学教授内藤戊申的藏书也进入该所收藏。关于关西大学文库群的详情，请参见网页 http://opac.lib.kansai-u.ac.jp/index.php?page_id=17216。

近年来，关西大学文化交涉学教育研究中心（2007年创立、2012年改称文化交涉学研究中心）倡导的东亚文化交涉学，伴随着与台湾大学人文社会高等研究院、复旦大学文史研究院、北京外国语大学海外汉学中心、香港城市大学中国文化中心和高丽大学日本研究中心等共同创立东亚文化交涉学会（Society for Cultural Interaction in East Asia，简称SCIEA），并每年易地轮番召开年会而名闻遐迩。而钞本《章氏遗书》的流传和利用，则可谓近代中日文化交涉史的一段佳话。①

前年以91岁高龄去世、有通儒全才之称的斯坦福大学名誉教授倪德卫（David S. Nivison 1923—2014）在50年前出版的大作《章学诚的生平及其思想》一书导言的开头部分，曾对这段佳话作过如下叙述。"自从内藤虎次郎（1866—1934）在1902年首次阅读了流传最广的文集《文史通义》和《校雠通义》以后，章已经开始引起中国和日本学者越来越多的兴趣。内藤让他在日本的朋友留意这些作品，并在此后不久得到了一种更完整的章氏作品的手稿，以此为依据，他为章学诚编纂了一个简要的年谱。这发生在1920年。此后，章开始在他的故土引起越来越多的关注。1922年，由胡适编纂的一部更为详尽的章学诚年谱以成书的形式出版，同年还出版了第一部基本上完整的章氏遗文集。从那时起，中国和日本的研究者开始发表文章讨论章的著作和思想的方方面面，或者在有关中国历史和学术的著作中详尽地研究他。"②

当时《内藤湖南全集》十四卷（筑摩书房，1969年至1976年）尚

---

① 有关东亚文化交涉学会的历届年会和英文年刊，详见网页 http://www.sciea.org/。

② *The Life and Thought of Chang Hsueh-Ch'eng (1738—1801)* (Palo Alto: Stanford University Press, 1966). 倪氏在哈佛师从的中国教员之一洪业先生为之作封面题词"学际天人　才兼文史"以赞颂章学诚。该书荣获同年即1966年的儒莲奖。转引自杨立华的中译本，江苏人民出版社"海外中国研究丛书"系列，2007年10月，第2页。引文中画线部分的英语原文为："Naito called these works to the attention of his friends in Japan and later obtained a manuscript of a larger part of Chang's writings, from which he prepared a brief chronological biography of the author." 英文原书也为第二页。

未出版，这段叙述所依据的是内藤的《研几小录》（弘文堂，1928年4月）和《支那史学史》（弘文堂，1949年5月），前者收录了1920年11月和12月连载于京都《支那学》杂志第一卷第三、第四号的《章实斋先生年谱》和1922年5月发表于同一杂志第二卷第九号的《读胡适之的章实斋年谱》，后者收入了内藤1928年10月6日在大阪怀德堂所作的讲演《章学诚的史学》。由于这是倪氏大作中的第一个注释，特别引人瞩目，显示了冷战初期欧美学者利用战前日本积累的研究成果进行中国研究的时代特征。[①] 细读这段叙述，可知其对来龙去脉的介绍较为清晰，不过其中"在此后不久得到了一种更完整的章氏作品的手稿"一句，不仅在关于从初读《文史通义》到购入钞本《章氏遗书》相距时间的交代上，而且在对于该钞本性质的理解上，显然是有误解和误译的。

首先，从1902年初读《文史通义》到1919年购入钞本《章氏遗书》，相距时间达17年之久，然而因译者将"later"一词译作"不久"而产生极大误差。据内藤本人上述数文中的记叙，特别是内藤文库所藏该钞本的附属信件，此钞本是1919年4月16日由上海英租界的日系会社"乐善堂书药房"担任中国书籍贩卖的岸田太郎以邮包寄给时在京都帝国大学执教的内藤，信中告知"遵命买下的钞本章学诚遗书"的目次乃是依照王宗炎（晚年的章氏委托其代为校订编辑自己书稿的友人）原定编次，但是故意未将已经刊刻的《文史通义》中之各编抄存其中。太郎在信中要价"二百伍拾圆"，说是"以今日之困难行情，这已是竭力加以讨价还价的结果，如果您万一不要的话，敬请寄回以

---

① 倪氏于1940年考入哈佛本科后不久即应征入伍，在陆军日语学校学习后从事日军密电码的破译工作，据云在情报部门期间为赖肖尔属下。战后回到哈佛大学也继续接受赖氏以及费正清和杨联升的指导，直至1953年完成关于章学诚的博士论文，1954年马上由富布莱特基金会资助访问京都大学一年，其日文水平应该不错。而众所周知，赖氏作为传教士之子出生于东京，并在日本念完高中才去美国读大学。"二战"期间应征入伍为情报官员，战后回到哈佛，1960年前期出任肯尼迪政府的驻日大使。

便让与他处"①。

这17年之久的相距时间，意味着内藤对人物研究所持的谨慎态度，即不以其代表作轻易评判，而是耐心收集相关史料以知人论世，务求立论公允而详实。与内藤的章学诚论相仿的是他的富永仲基论，两者皆经过十几年乃至二十几年的上下求索，等到关键史料出现并把握全体概况，水到渠成之后才作出盖棺定论。②

其次，此钞本乃是孙问清以厚酬聘请的秀才们精心抄校的章氏遗书，而不宜以"一种更完整的章氏作品的手稿"相称。先是作者倪德卫用manuscript（手稿）而未用copy（抄本或钞本）一词加以形容，导致包括译者在内的读者有可能误解其或是章氏本人的亲笔手稿。因为手稿一般表明某稿件用手写而成，唯抄本才能确然表明其非章氏手书，而是拷贝。又由于译者没有充分理解（manuscript）之前所加的不定冠

① 见内藤文库所藏钞本《章氏遗书》附属物中的该信件，解读时得到了杉村邦彦先生的指教，谨此志谢。据柴田清继的调查："岸田太郎は岸田吟香の二番目の弟万三郎の長男である。吟香は1877（明治10）年、精奇水という目薬を販売する楽善堂を東京銀座に開店し、翌年には上海に、さらに1887（明治20）年には汉口にそれぞれ支店を開設した。万三郎の五男完五の息子である岸田準一の回顧するところ（"上海楽善堂の思い出"。《浄世夫彦記念会々誌》6所載）によれば、楽善堂上海店の経営は完五が当たり、太郎は中国書籍の取り次ぎに当たっていた。"《神戸発行〈日華新報〉の基礎的考察—明治大正期の日中両国語新聞—》，http://mkcr.jp/archive/041014.html。

第一次世界大战后的"二百五拾圆"可谓价格不菲，可以由当时书画古董市场的行情推知。例如，旧拓颜真卿《争座位帖》值三百金，张照（1691—1745）《论律法疏草册》值三百六十金、王文治（1730—1802）《临二王书册》值百三十五金，姚姬传（1731—1815）《秋夜七绝草书》值二百金。据东京国立博物馆研究员富田淳：《槐安居コレクションと聽冰閣コレクション—高島菊次郎氏と三井高堅氏—》，收入关西中国書畫コレクション研究会：《關西中國書畫コレクションの過去と未來》，2012年3月。我也在这次国际研讨会上作了报告，收入该报告书的论文题为《大正期中国書画蒐集の指南役としての内藤湖南—その眼識と実践—》。

② 陶德民：《从中日近世学术寻求〈与西欧神理相似者〉——内藤湖南的章学诚论对张尔田和胡适等的影响》，台湾大学人文社会高等研究院"东亚视域中中国人文学术的传统与近代国际学术"研讨会报告，2016年8月24日。相关论文参见《内藤湖南の章實斎顕彰に刺激された中国の学者——胡適、姚名達および張爾田との交流について》，收入陶德民：《日本における近代中国学の始まり—汉字の革新と同時代—》，关西大学出版部，预定2017年3月出版；《内藤湖南的仲基研究》，收入陶德民：《日本漢学思想史論考—徂徠・仲基および近代—》，関西大学東西学術研究所研究叢刊十一，大阪：関西大学出版部，1999年。

词（a）的妙处，而将误解铸成了误译。因为倪氏使用这个不定冠词，原本是想达到将"是否章氏亲笔手稿"的问题加以模糊化的目的，从而在没有充分把握的情况下避免做出确定判断。

内藤湖南1919年从上海乐善堂书药房购入的钞本章氏遗书十八册的由来，可以从参与抄写的金兴祥的以下感言得知。金氏是在中日之间从事文物买卖的古董商，曾数次造访京都市内的内藤家。为投其所好，1921年曾将自己和友人抄写的章学诚未刊稿三十一篇汇成两册进呈内藤，扉页上有其题词"辛酉重阳后十日寄赠湖南先生秀水金兴祥"。后来又当面赠送"小松司马书画合锦条幅"，卷轴上的题签为"湖南先生清赏金兴祥持赠"。[①]1922（壬戌）年3月，金氏在内藤家中看到成于二十余年前的这个钞本时，不由得情动于中，感慨万千。因内藤相劝，当场在其中自己负责抄写的第九册最后一页写下感言。

> 丙申年秋季　诸暨孙问清太史廷翰　以章实
> 斋先生文稿嘱钞录一册　今年春三月
> 内藤湖南先生出以见视　始知此全书
> 归于　先生邺架　时隔二十五年不胜沧桑
> 之感　特识　歲月壬戌三月　秀水金兴祥

该页栏外，还有内藤关于当时谈话的亲笔记录："孙问清为诂经精舍高材生金颂清云。"之前的一页有"是册托秀水金吉石之世兄颂清所抄丁酉八日校"一行，为总管全书抄校事宜者所写，其中"颂清"二字处原为空格，以淡墨补书此二字的似为内藤笔迹。空格之原因，估计是总其事者书写时未能记起金兴祥的名号。与其他各册末尾中的类似注记联系起来，可见该书十八册抄写校对完毕，是在1897（丁酉）

---

① 陶德民：《内藤湖南と清人書画——関西大学内藤文庫所蔵品集》，大阪：関西大学出版部，2009年，91页。合锦条幅中的画上有"邹县孟庙外两槐甚古嘉庆元季十一月图之钱塘黄易"之落款。小松为章学诚的同时代人黄易（1744—1802）的号，司马之称乃是因其曾任山东运河同知之故。

年2月。

金兴祥（1878—1941），名颂清，金尔珍（吉石）之子，浙江秀水（今嘉兴）人。少习儒学，清光绪二十五年（1899）补博士弟子员。后致力于经史之学，对图书文物的研究有较高造诣，善鉴真伪。^①"丙申"为1896年，当时金氏19岁。其父金尔珍以从事毛晋"汲古阁"古籍善本的影印而闻名遐迩，金氏本人自小受到良好熏陶和教育，虽然3年后的1899年才补博士弟子员，此时已开始崭露头角，所以会受邀参与此书的抄写和校订，总其事者称之为"金吉石之世兄"，可见周围士人对他的器重。而金氏也不负众望，在科举制度废除后的动荡岁月中转而经商，1920年代在上海开办中国书店，1936年曾在东京开办古董展览，现今日本收藏的不少书画精品均是所谓"金氏携来品"或"金颂清氏将来品"。而金氏也有孝心，于1924年将其亡父金尔珍的墨迹汇集出版了《梅花草堂临书》。^②

感言中提及"以章实斋先生文稿嘱钞录一册"的"孙问清太史"为浙江诸暨人，生于1861年11月12日，卒于1918年2月27日。其谱名为起焕，更名廷翰。号文卿，又号问清。廪膳生，光绪乙酉（1885）科本省乡试举人，己丑（1889）进士。钦点翰林院庶吉士，授职翰林院检讨、国史馆纂修、编书处纂修和文渊阁校理。据《诸暨民报五周纪念册·人物小志》记载，孙氏"沈潜好学，未尝骛声气、事标榜。日购求善本，前后费万数千金，购古人书画费三万余金。沪上书贾，尽出其门，廷翰日夕披览无倦色。庚子英法联军攻北京，图籍彝器多毁，其中《二十四史》尤称善本。廷翰时方在馆，百计谋之部，得版权，影印1000册，捐入北京大学20册，其余图书馆、学校复若干

---

^① 据百度百科。http://baike.baidu.com/item/%E9%87%91%E9%A2%82%E6%B8%85/5043879?fr=aladdin。

^② 金尔珍（1840—1917），浙江秀水（今嘉兴）人。字吉石，号少芝（之），又号苏盦，室名梅花草堂（有《梅花草堂诗》），例贡生。工书画，精鉴赏。书法锺王，尤喜学苏，画山水有宋元风格。亦嗜金石，善刻印。据陈玉堂编：《中国近现代人物名号大辞典》。关于"金氏携来品"，参见前注的富田淳论文。

册，竟以是耗其产。汤寿潜总办沪杭甬铁道，廷翰为董事，其后浙江旅沪公学复推为校长，率以循谨称。楼黎然（号蔷庵）创设诸暨图书馆，廷翰先捐书数千卷"。《诸暨民报五周纪念册·诸暨社会现象》还有"孙问清太史寓居沪上，购求古书数万卷。太史既殁，书随散佚"一段。[①]可见孙氏1918年去世以后，其藏书通过其家人之手流入市场。其中一些贵重古籍为嘉业堂主人刘承幹（1881—1963，号翰怡。即倪氏所说在胡适《章实斋先生年谱》问世同年出版了"第一部基本上完整的章氏遗文集"的刘氏）等收购，而钞本章氏遗书十八册则为上海乐善堂书药房岸田太郎买下，之后又为内藤湖南于1919年春天购入，在时间顺序上是完全吻合的。

在时间顺序上完全吻合的另一个重要事实，是孙问清之所以在1896"丙申年秋季""以章实斋先生文稿嘱钞录一册"，是因为家居沪上的他于五年前的1891（光绪17）年12月31日（阴历12月1日），在章学诚族裔章小雅的上海寓所见过其所藏的《章实斋先生遗书》抄本34册。当时孙氏31岁，两年前中了进士，可谓新贵。陪同他造访章小雅府上的晚清文献学家萧穆（1834—1904）比他大27岁，是海上闻人。幸而萧氏在其《敬孚类稿》卷九《记章氏遗书》留下了这次私家访书的记录，使我们得以了解孙问清与《章实斋先生遗书》的因缘。

> 光绪十七年辛卯冬，晤章氏族裔章小雅处士善庆于上海寓所，小雅好古，藏书颇多。十二月朔日，同诸暨孙问清太史廷翰往访小雅，观所藏各古书善本。中有旧钞章实斋先生遗书三十四册，云为其乡人沈霞西家藏本。沈氏藏书数万卷，约直四万金，后其人亡家落，多散之扬州等处。此遗书乃留落绍兴本城某书坊，以

---

① 1980年代任诸暨市图书馆长并参与编辑《诸暨县志》的杨士安先生，于2012年撰有《孙廷翰简介》一文，见 http://blog.sina.com.cn/s/blog_a4731674010143j4.html。

洋银百元得之。①

　　文中的沈霞西（1779—1850），名复粲，号鸣野山房主人，是章
小雅的绍兴同乡和前辈，闻名遐迩的大藏书家。又据沈霞西族裔沈知
方（1882—1940）《粹芬阁珍藏善本书目》"子部·杂家·信摭"记
载，沈氏还从章学诚长子章柽思处借抄过章氏所著《信摭》，书末有
其跋语，曰："此册实斋先生57岁以后所记。起乾隆甲寅至乙卯冬竟。
复粲于道光戊子夏从其嗣子柽思处借钞。"②因而可以推知，孙问清嘱
抄的章氏遗书的底本，可能就是他所见过的章小雅购得的沈霞西原藏
本。因博学多识的萧穆称之为"旧钞"本，可见也不是章学诚的手稿
本。不过，因为章学诚去世时，沈霞西已有23岁，且与章氏长子有借
抄章氏遗文等交往经历，他的钞本应该是比较接近章学诚手稿原貌的
善本。③

　　上文提到的刘承幹所刻嘉业堂本《章氏遗书》（1922年），出版以
后好评如潮，其底本则是1917年从德高望重的沈曾植（1850—1922）
处借来的。刘承幹《求恕斋日记》1917年8月22日（阳历十月七日）
关于当天午后的造访有如下记载：

---

① 《萧穆论章氏遗书》，《章学诚遗书》，北京：文物出版社，1985年，624—625页。参见潘建国：
　《沈复粲鸣野山房藏书考略》，《文献季刊》，2008年10月第4期。

② 转引自潘建国：《沈复粲鸣野山房藏书考略》。关于近代出版界的名人沈知方，近有安徽大学
　硕士论文《沈知方时期世界书局出版活动特色探析》（2009年）加以探讨，作者殷航经与沈氏
　侄子沈嘉华联系，得以推定其卒年。从该论文所引沈知方《粹芬阁珍藏善本书目》序言来看，
　鸣野山房之称似乎并非始自沈霞西，只是在沈霞西时达到巅峰而已。所谓"家本世儒，有声士林；
　先世鸣野山房所藏，在嘉道关已流誉东南；霞西公三昆季，藏书之富，尤冠吴越"。

③ 据《萧穆论章氏遗书》即《敬孚类稿》卷九《记章氏遗书》，两人访书后，萧穆曾借阅该钞本
　并录其要者四、五册。而章小雅于次年即壬辰（1892）年9月21日便逝世了，其所购旧钞章实
　斋先生遗书归于其兄章石卿（寿康）。寿康因缺用曾将该旧钞本和托人录下的副本质于书肆醉
　六堂。因听闻醉六堂主人吴申甫将出售其书，萧穆费尽周折，从友人周莱仙处借款将副本赎出，
　并从吴申甫借得旧钞本，从而完成了校对作业，并拟募资速刊，但是终未实现。不过，其保护
　和彰显章学诚遗书的功劳极大，令人起敬。因此，孙问清嘱钞的底本为章小雅、萧穆这一系统
　的版本，可能性极大。

与孙益庵同至沈子培处，谈至晚而归。伊藏有《章实斋全集》稿本，较《文史通义》多出数倍，向未刻过。实斋著述此为最足，益庵劝予刻以行世，予允之。今见子培，伊谓："此书予向极宝贵，从不假人，今阁下可刊，尽可取去，予不禁为实斋庆也。"①

将珍藏的《章实斋全集》稿本借给刘承幹的沈曾植，字子培，浙江嘉兴人，与金兴祥是同乡，与金氏之父金尔珍是同时代人。光绪六年（1880）进士，历任刑部主事、总理衙门章京以及上海南洋公学监督。一生藏书颇富，先后积书达30万卷，精本亦多，宋椠元刊近百种，方志和乡邦文献百余种，康熙、乾隆刻本为最富，藏书库有"海日楼"等数处。俄国哲学家卡伊萨林、法国汉学家伯希和以及内藤湖南与之长谈后均为其折服，卡氏更著《中国大儒沈子培》一书加以颂扬。沈氏1922年去世后，王国维（1877—1927，字静安）在其挽联中称之为"是大诗人，是大学人，是更大哲人；为家孝子，为国纯臣，为世界先觉"②。笔者曾在相关论文中提到，内藤于1899年初次访华时已闻得沈曾植大名，1902年11月15日与沈氏作竟日长谈后，一再向沈氏请求其《蒙古源流笺证》的抄本，并推测内藤之购入《文史通义》并加以精读可能与沈氏的推荐有关。

陪同刘承幹求借沈曾植藏《章实斋全集》稿本并极力怂恿其刊行之的孙益庵（1869—1935），名德谦，晚号隘堪居士，江苏吴县人。张尔田（1874—1945）晚年的燕京大学国学院同事及至交邓之诚在所撰《张君孟劬别传》曾提及，张尔田"居上海时，与海宁王国维、吴孙德谦齐名交好，时人目为海上三子。国维颇有创见，然好趋时；德谦只辞碎义，篇幅自窘，二子者博雅皆不如君"。1915年前后，沈曾植主

---

① 许全胜：《沈曾植年谱长编》，北京：中华书局，2007年，455页。

② 沈曾植，参见百度百科网页 http://baike.baidu.com/item/%E6%B2%88%E6%9B%BE%E6%A4%8D/119017?fr=aladdin。王国维挽联引自许全胜：《沈曾植年谱长编》之自序。

持编纂《浙江通志》时，邀请王国维、张尔田等为分纂者。沈曾植于1922年逝世后，张尔田哀其身后遗书零落，便发愤为其校补《蒙古源流笺证》，积十年之功，订正百数十事，终于1932年将其刊行，并赠送内藤一本。内藤文库中至今保存着这部"沈曾植撰张尔田校补"的大作，当时张氏寄赠时的来信，以及经手者、中国银行大阪支店长戴克谐氏的书简。①

刘承幹在出版嘉业堂本《章氏遗书》（简称"刘刻"）时，孙益庵和张尔田都应邀撰写了序言，孙益庵还指导了校勘工作。梁启超的高足、对胡适《章实斋先生年谱》作了订补的姚名达在新版年谱中把"刘刻"和胡适所作章氏年谱的同年出版作为章氏研究史上的两件大事：

> 生平学术始显于世民国一十一春（一九二二）（卒后一百二十一年）
>
> 章氏遗书刘刻行世民国一十一秋（一九二二）（卒后一百二十一年）②

姚氏还对其订补工作所依据的数种《章氏遗书》刊本和杂志所载章氏文献作了如下交代和评论。

1.会稽徐氏钞本，即浙江图书馆排印本。这本的好处是目录下有注。

2.山阴何氏钞本，即杨见心先生藏本，即马夷初先生转钞本，即

---

① 邓之诚：《张君孟劬别传》，中国社会科学院近代史数据编辑部主编：《民国人物碑传集》，成都：四川人民出版社，1997年。参见陶德民：《内藤湖南における進步史観の形成——章学誠〈文史通義〉への共鳴》，《アジア游学》第93号，2006年11月。《关于张尔田的信函及〈临江仙〉词——内藤文库所收未刊书信考证（二）》，关西大学《中国文學會紀要》第二十八号，2007年3月。从遍布内藤手泽本《文史通义》、特别时其中的"言公"篇的朱色眉批看来，可以了解到他当初读此书时的欣喜心情和钻研精神。

② 胡适著，姚名达订补：《章实斋先生年谱》，北京：商务印书馆，1929年"大事索引"，第3页。其中括号中的公历年份，为笔者所补。

杭州日报中国学报印本。这本的好处是编次最有条理。

3.刘翰怡先生刻本，据说是据王宗炎所编，沈会植所藏的钞本，加上庚辛之间亡友列传、和州志、永清志、湖北志稿和几种札记，这本的好处是收罗得最丰富。

4.纪年经纬考。

5.此外散见于国粹学报、古学汇刊、禹域丛书、艺海珠尘及其他丛书或杂志的遗文，也曾参考，不必详举了。①

但是，当姚氏试图在补订年谱的同时校勘出一部最为可信的《章氏遗书》文本时，他终不免落入找不到一个钞本的窘境而有如下遗憾："刘刻虽博，亦不及广征别本。我随便拿别本来校，除了抄胥手民因形似音近而致误的文字以外，整段的多寡，整句的异同，两皆可通的文字，就不知有多少，几乎没有一篇全同的。因此我又化了好些工夫，去校勘章氏遗书，不管是单行本，丛书本，杂志本，只要在北京能找出的，我都找来校过了。北京虽是书籍集中的所在，但我所要找的章氏遗书钞本一本也不曾看到。（民国）十七年六月中我做章实斋著述考，考到了文史通义，便不能不搁笔。八九月里，所以远渡东海，浪游两浙，不恤金钱和时间，不畏危险和辛苦的缘故，只是要找几个钞本看。"②

其实，内藤文库中保存着姚氏写于1928年1月11日的信函，其中有如下感言和请求，可见他在半年多以前已经下定决心东渡日本，以便目睹内藤所藏的钞本章氏遗书十八册，并据以校勘章氏遗书。信的后半部分如下：

名达学习　大邦文字过迟　近始能读

大著　既感

先生治学之勤　益我之厚　又知

---

① 胡适著，姚名达订补：《章实斋先生年谱》"大事索引"，9页。

② 同上书，4页。

先生先我而作史学史也　佩仰之至　三年前立斯志　不
图遥与海东　先辈暗合　拟俟

大著出板　当迄翻之　即祈

阅校　以饷弊国后学　其功效当较拙著尤大

耳　名达校读章学诚先生之书于今三年　尚欲

敬求

宝藏章氏遗书抄本一校　并思得京都某店

朱少白自笔文稿一读　不知

先生能慨助之乎　抑俟四月来莅遂携示乎　近来

大著有关于章先生者否　拙著章实斋之史学正

在起草　敬祈

多赐教言　俾免误解　拙著之已成者甚愿寄呈

请教　在今日弊国　欲得一学精路同之先辈如

先生者　上天下地不可得也　故孺慕心仰于

先生为特深焉　临启神驰　伫候明教

内藤湖南先生玉案下　后学姚名达拜启

一九二八年一月十一日　北京清华学校研究院

　　姚氏结果是否看到内藤的"宝藏章氏遗书抄本",已难以核实。内藤文库中的这封信中又姚氏的名片,是随信附来的还是访问内藤时面交的,也无从了解。不过,他和胡适一样,把自己订补的胡适章氏年谱寄赠一本给了内藤。

　　钞本,特别是内藤所藏的这个钞本十八册之所以珍贵,如前所述,不仅是因为其底本是与章学诚长子有交往并借抄过章氏遗文的沈霞西原藏本(后为章小雅购得),而且是因为世居上海、家财万贯的孙问清以厚酬聘请的秀才们精心抄校他自己亲眼见过的这个钞本。据曾任诸暨市图书馆长并参与编辑《诸暨县志》的杨士安记述,"咸丰八年(1858)'粤匪'窜入浙境,诸暨被蹂躏,廷翰之大父鄂生(1812—

1886，即孙维棣）时方治沙船业，出入海上，遂移家上海居焉。父恕斋（1839—1911，即孙光圻）与仲兄子方（1837—1896，即孙光坊）相友爱，联屋而居，生五子，廷翰其长也。""问清既显贵（指其高中进士——笔者注），而恕斋益以商业致饶，给世俗所谓富与贵者，问清以年少兼之，宜无不自得者。"① 因此，为得一套精钞精校的《章氏遗书》，孙问清是不会在意多付一些酬金的。

遍观十八册中的相关注记，可知此钞本的抄写和校对作业大多是总其事者委托其所信任且有"茂才"（即秀才）身份的士人承担的，同时也包括金兴祥这样年龄未满二十的前途有望者（三年后"补博士弟子员"）。聘请他们来做，所付的酬金自然要多，但可以保证抄校的质量和可信度。与此相反，若雇用只识汉字而不谙儒学的"抄胥手民"来做的话，费用可以节省，但抄写时不免会"因形似音近而致误"。姚名达所言极是也。

姚氏的态度，可以说是继承了胡适做章氏年谱时的态度。他在序言中写道：

> 我做章实斋年谱的动机，起于民国九年冬天读日本内藤虎次郎编的章实斋先生年谱（支那学卷一，第三至第四号）。我那时正觉得，章实斋这一位专讲史学的人，不应该死了一百二十年还没有人给他做一篇详实的传。
>
> 最可使我们惭愧的，是第一次作章实斋年谱的乃是一位外国的学者。我读了内藤先生作的年谱，知道他藏有一部钞本章氏遗书十八册，又承我的朋友青木正儿先生替我把这部遗书的目录全钞了寄来。那时我本想设法借这部遗书，忽然听说浙江图书馆已把一部钞本的章氏遗书排印出来了。我把这部遗书读完之后，知道内藤先生用的年谱材料大概都在这书里面，我就随时在内藤谱

---

① 杨士安《孙廷翰简介》文中引用《光绪诸暨县志·坊宅志》："孙翰林故里，在北门街，光绪己丑进士翰林院检讨孙廷翰祖居。"

上注出每条的出处。有时偶然校出内藤谱得遗漏处，或错误处，我也随手注在上面。我那时不过想做一部内藤谱的"疏证"。后来我又在别处找出一些材料，我也附记在一处。批注太多了，原书竟写不下了，我不得不想一个法子，另作一本新年谱。这便是我作这部年谱的缘起。

可见在当时《章氏遗书》尚无刊本时，胡适也竭力想读到内藤所藏的这个钞本，不仅托人钞来目录，而且想目睹其书。好在年谱撰写途中，浙江图书馆出了排印本，才打消了借阅的念头。如前所述，在其年谱出版半年之后，刘承幹的吴兴南浔嘉业堂刻本也出版了。那时真是一个章氏研究成为显学的时代。

关于内藤和张尔田的交往，需要提到后者的成名作《史微》八卷。邓之诚对此曾作过如下评价，即"本章学诚之旨，求证于群经诸子，穷源竟委，合异析同，以推古作者之意，视学诚为通类，知方灿然有序，君由是显名。倭人至列为大学研文史者必读之书"[1]。而这一推介，乃出于内藤。内藤因激赏《史微》而屡屡向其弟子门生推奖张氏，内藤文库中至今保存有数种不同版本的《史微》。[2]吉川幸次郎记得内藤称张氏为自己的"平生第一知己"，神田喜一郎也回忆说，1926年内藤在与羽田亨编辑《内藤博士还历祝贺支那学论丛》时因疏忽而未向张尔田约稿，感到颇为遗憾。之后特意拜托，遂将其《真诰跋》一文收入1930年由西田直二郎编辑出版的《内藤博士颂寿记念史学论丛》。在收到此书后，张尔田在回函中写下如下谢辞。[3]

---

[1] 邓之诚：《张君孟劬别传》。

[2] 《史微内篇》四卷本，为《多伽罗香馆丛书第一种》，目录末尾有出版缘起，为"辛亥季春山阴平毅劼刚"所记，劼刚称张尔田为"姨丈"；八卷本，也为《多伽罗香馆丛书第一种》，目录末尾也有出版缘起，为"壬子先立夏三日东苏"所记，东苏称张尔田为"兄"。可见二者都是张尔田的亲戚。

[3] 《内藤湖南博士》、东方学会编：《東方學回想 I・先学を語る（1）》，东京：刀水书房，2000年，第96—97页。参见陶德民：《内藤湖南における進歩史観の形成——章学誠〈文史通義〉への共鳴》，《アジア遊学》，第93号，2006年11月。

湖南先生有道　一昨由弘文堂寄到承赐史学

论丛、华甲寿言各书，并书示嘉章，祗领感

谢。区々不腆之文。荷

先生奖纳，汗颜无地。惟益祝

先生神明湛固，永为吾党泰斗耳。田年二十余与

孙隘堪同学，得章实斋六经皆史之说，好之。彼时

国内学者颇无有人注意及之者，而岂知

先生于三十年前在海外已提唱此学，且于竹汀、东

原诸家，无不博采兼收。覃及域外，较诸实斋

更精更大。即以文艺论渊雅道逸，亦远在北宋之

上。此非田一人之私言，实天下之公言也。[①]

　　此处再录张尔田1934年所写的七律诗《敬挽内藤湖南先生》一首，以资纪念内藤诞辰一百五十年。诗中把内藤和八年前（实为七年又二十四天）逝世的王国维一并视为当代东方文献学的两大家而认为后来恐无来者，虽有过誉之处，确也是基于东亚视野的一个重要看法。

　　频年问讯到东邻，缟纻西洲有几人？君赠诗有"一时缟纻遍
西洲"句

　　耆旧凋零三岛尽，黄农绵邈百家陈。

　　论文久失方闻友，易箦惊传老病身。

　　莫怪襄翁双泪眼，观堂宿草墓门春。

　　静安殁已八年，君又继之，东方文献之寄无人矣，故末句及

---

① 参见陶德民：《关于张尔田的信函及〈临江仙〉词——内藤文库所收未刊书信考证（二）》，关西大学《中国文学会纪要》，第28号，2007年3月。又及，从遍布内藤手泽本《文史通义》、特别时其中的"言公"篇的朱色眉批来看，可以了解到他当初阅读此书时的欣喜心情和钻研精神。

焉，非独哭其私也。

　　　　敬挽　内藤湖南先生　　　　　张尔田稿奉①

　　又及，关于倪德卫在其大作中曾将其与德国哲学家黑格尔（G. W.
F. Hegel 1770—1831）和意大利哲学家维科（G. Vico 1668—1744）相
比的章学诚，战后的京都学派东亚史学者在研究方面又有新的推进。
1989年，即关西大学购入内藤文库后不久，京都大学人文科学研究所
便将堪称其镇库之宝的钞本章氏遗书十八册缩印了一套。②研究成果方
面，已经刊行的有山口久和《章学诚の知识论》（创文社，1998年），
井上进《明清学术变迁史》收录的《六经皆史说の系谱》（原载小野和
子编《明末清初の社会と文化》，京都大学人文科学研究所，1996年）
等。该所于2015年4月又启动了一项三年研究计划，课题名称为"《文
史通义》研究"，旨在通过会读，从文献学、史学、文学和思想史等方
面作深入探讨，并对其中的内篇加以详细译注，刊载于该所的《东方
学报》。研究班负责人为古胜隆一，成员有井波陵一（所长）、岩井茂
树、永田知之、藤井律之、土口史记和小林隆道等，可谓人才济济，
成果可期，令人鼓舞。③

　　　　　　　　　　　　　　　　　2016年12月31日定稿

　　[后记]　本文的草成，乃是因为台湾大学人文社会高等研究院院
长黄俊杰先生的好意。黄先生拟在近期内将内藤文库所藏钞本《章氏

① 钱婉约、陶德民编：《内藤湖南汉诗酬唱墨迹辑释——日本关西大学图书馆内藤文库藏品集》，
　　北京：国家图书馆出版社，2016年，第122—123页。内藤卒于1934年6月26日，王国维卒于
　　1927年6月2日，故曰实为七年又二十四天。
② 《章氏遗书三十卷》，索书号为京大人文研"東方叢－Ⅵ-6-25-A-1"。书志信息见日本全国
　　汉籍数据库 http://kanji.zinbun.kyoto-u.ac.jp/kanseki?record=data/FA019705/taggedCard/8706482.
　　dat&back=1。此影印本仅制作了一套，装订为六册。是以A4纸涵盖左右两页，尺寸较小。且是
　　黑白的，未将内藤的墨色评点和朱批以原样呈现。这些不足都将在本书中得到改善和克服，值
　　得庆贺。
③ 参见该所相关网页 http://www.zinbun.kyoto-u.ac.jp/kyodokenkyu/bunshitsugi.htm。

遗书》十八册加以套色景印，分作四卷，作为该院《东亚儒学资料丛
书》的一种。文章原来题为《钞本〈章氏遗书〉景印弁言》，加以修正
后，现改为《关于内藤文库所藏钞本〈章氏遗书〉来历之考证》。谨此
致谢。

2017年1月31日

在历史与文化的大视野中展开慈善研究

——《华人慈善：历史与文化》序[*]

陈越光

摘　要： 构建中国慈善研究理论，要有哲学的视角，否则就不能真正理解慈善行为及其由细资涓流构成的公益事业，过去的故事就不能在今天的人心中复活。要有历史学、社会学的支撑，否则就割裂了历史变迁和历史场景中的慈善与政治、经济、科学、文化等的全面互动。我们还可以继续思考：中华文化是否具有足以支撑慈善行为的精神？现代公益与传统慈善的分界点在哪里？等等。凡此种种学术努力都是我们所必须付出的。

关键词： 传统慈善　现代公益　哲学　历史学　社会学

我国的慈善事业，就发展规模来说，目前处于历史最好时期。但我一直说，它同时存在着"梯级滞后"的现象，即：从社会总体看，我国的慈善事业滞后于社会发展的需求；从慈善行业看，慈善文化滞后于慈善组织的发展；从慈善文化看，慈善研究、慈善教育滞后于慈善传播；而在慈善研究领域，其深层次的理论研究滞后于对慈善方法、手段的研究。

为什么在慈善研究领域理论与历史的研究会滞后于组织行为、项目手段的方法研究呢？从需求层面说，我国的公益组织绝大部分是改革开放后新建的社会组织，无论是面对社会问题还是自身生存问题，从解决问题的方法入手最为迫切；从研究层面说，也许和我国的慈善

---

[*] 朱建刚、武洹宇主编：《华人慈善：历史与文化》，北京：中国社会科学出版社，2020年。

研究往往局限在公共管理领域有关。但是，仅仅在管理学的框架中研究慈善，一方面，失去了哲学的视角，我们就不能真正理解慈善行为，过去的故事就不能在今天的人心中复活；另一方面，离开了历史学、社会学的支撑，慈善研究就割裂了历史和历史场景中慈善与政治、经济、科学、文化等的全面互动。

所以，我们需要在历史与文化的大视野中展开慈善研究。朱建刚、武洹宇主编的《华人慈善：历史与文化》是在这个方向的一个很好的尝试。读这本书，我们可以在两个点上多做思考：一是中华文化是否具有足以支撑慈善行为的精神？二是现代公益与传统慈善的分界点在哪里？

中华文化是否具有足以支撑慈善行为的内在精神？这本来不应该是一个问题。在历史实践中，中国古人家族一体、邻里互助的宗族慈善，舍粥赈灾、救苦救难的庙宇宗教慈善，源远流长巍巍壮观。在理论上讲，实现了轴心期超越突破的文明，就已如雅斯贝尔斯在《历史的起源与目标》所说，"将个人意识与他人意识联系起来，在同其他每一个人的基础的交流中，去思考历史的统一性"①，在这样的文明中，终极关怀必然已包含了对个体行为正当性的要求。而对永恒追求中利他性的人性升华的引导，被称为"外向超越"模式的希伯来拯救型宗教文明、古希腊认知哲学文明是这样，被称为"内向超越"模式的古印度解脱型宗教文明、以道德为终极关怀的古代中华文明，同样是这样。

那么，为什么会有这个问题呢？主要是19世纪中叶以后，西方来华的传教士带来对慈善的新观点：慈善不仅是做好事帮助人，而且必须是帮助陌生人。所以传统的宗族慈善被认为是血缘关系者之间互助，恰恰是不符合慈善精神的。大名鼎鼎的美国传教士明恩溥（Arthur Henderson Smith），因直接向美国总统提议而推动了美国政府以庚子赔款的半数作为资助中国留美学生的专款史册留名。他在中国传教、赈灾、办学二十多年，却认为慈善"这种精神是中国人完全缺乏的"。

---

① 〔德〕卡尔·西奥多·雅斯贝尔斯：《历史的起源与目标》，魏楚雄、俞新天译，北京：华夏出版社，1989年。

最早从理论上回应了此种质疑和指摘的，是一百年前我国留学生在西方的第一篇社会学博士论文——朱友渔1912年提交给美国哥伦比亚大学博士学位论文《中国慈善事业的精神 ——一项关于互助的研究》(*The Spirit of Chinese Philanthropy: A study in Mutual Aid*)。朱友渔的论文阐述了中国慈善的思想和实践：从中国经典文献中引出慈善精神支撑的思想资源；以社会形态、求助需求、施善主体和方式，阐述慈善实践；最后以对辛亥后新国家新人民的期许，展开慈善的新社会蓝图。可以说，朱友渔是我国慈善文化研究的先驱者，虽然这篇英文论文后来在中国慈善界的影响并不太大。一百年后，正是朱建刚的团队翻译出版了《中国慈善事业的精神》一书[①]，使更多的慈善事业从业者和研究者得望先贤。

本书以"朱友渔命题"开章，不仅思想上承接《中国慈善事业的精神》，谋篇布局上也颇受影响。这正好使读者可以在这本并非以哲学思考见长的书中，时时从慈善形态和个案介绍中，读到作者对于行为背后思想支撑的点睛之笔。我相信，通过《华人慈善：历史与文化》，我们可以更好地体会朱友渔先生的两句论断："中国慈善是中华民族智慧的产物"，"中国式慈善是中国民族文明的精神的表现"。

朱友渔在20世纪初，已经敏锐地注意到国家政治变革、社会变革对慈善事业的影响和促进，认为"民主基础是中国慈善的显著特征"，从社会学的角度触及到公益慈善的社会公共利益和公共空间命题。

传统慈善行为和现代公益行为都具有非营利性，在发生论上都有利他（至少是超越个人物质利益）的动机。但如果我们只是从"公共利益"的维度来理解，并不能真正把握现代公益的特征。洋洋10卷本的《简明不列颠百科全书》里收的"公益"条即是阿拉伯文的istislah，这是由伊本·罕百勒（Ibn Hanbal，780—855）创建的伊斯兰教辅助法律原则，指无法在经训明文中找到答案时，判决按照维护公共利益和

---

① 朱友渔：《中国慈善事业的精神》，中山大学中国公益慈善研究院翻译组译，北京：商务印书馆，2016年。

福利的原则,"认为适当"的顺序是首先考虑何者对整个社会最有利,其次考虑何者对地方社团有利,最后研究何者对个人有利。而且,伊斯兰教国家还有"宗教公产"(Waqf)的制度,寺院土地,包括国家或穆斯林捐献给清真寺的土地和其他资财,像学校、医院、养老院等等都属于宗教公产。它不得转让、抵押和买卖,不征收任何赋税,投"宗教公产"者,一经投入不得反悔和收回,逝世后家人不得继承或转让。此制度对阿拉伯世界的科技文化事业发展影响尤其重大,科学史上著名的13、14世纪马拉噶天文台和"马拉噶学派"就是受惠于宗教公产的。但是,在政教合一的体制背景下,何为慈善公益事业的文化资源,何为执政者的社会政策安排,是需要厘清的。离开民间属性,就很难简单归入我们所说的慈善或公益行业范畴了。

《华人慈善:历史与文化》把"志愿性、平等性、公共性、理性和合作性"为特征的公民慈善或曰公民公益在中国的实践溯源至清末民初,并揭示其与新型国家观念公民认同行动的互相塑造特点。这就很好地点出了传统慈善和现代公益的区别正在于现代性观念的产生。我们知道,在英文语境中,"慈善"一词,原是宗教义务的"爱上帝"意义引出的"charity",17世纪出现强调"爱人类"意义的"philanthropy"。17世纪,在政治史的视野里,那是从英国光荣革命的制高点上观望的"1688年的世界"[①];在科学史的视野里,那是培根、梅森、笛卡尔、伽利略、费马以至波义耳们的进军,最后是被爱因斯坦称为"大自然的神奇之子"的牛顿,以一部三卷本的《自然哲学的数学原理》[②],让后人足以用"牛顿革命"来称呼这场伟大的现代科学革命[③];而在社会学的视野里,那是启蒙运动、社会契约论思潮蓬勃兴起的时代。在所有这一切的背后,在思想史的视野里,是11世纪末至13世纪的教皇革命、14世纪的唯名论之争、16世纪的宗教改革这样一条

---

① 〔美〕小约翰·韦尔斯:《1688年的全球史》,文昊等译,北京:新世界出版社,2011年。
② 〔英〕牛顿:《自然哲学的数学原理》,赵振江译,北京:商务印书馆,2009年。
③ 陈方正:《继承与叛逆:现代科学为何出现于西方》,北京:生活·读书·新知三联书店,2009年。

"现代性的神学起源"之路①，最终形成工具理性、个人权利和立足于个人的民族认同现代性三大观念②。

现代科学的兴起，现代社会的建立，是和现代性观念的确立同步的，现代慈善的出现也必然如此。首先是有了现代观念的人，然后有了现代的公益慈善。"Philanthropy"一词的使用出现在培根的58篇《随笔》（拉丁文版书名《道德与政治论说集》）中③，培根是现代科学运动最早的旗手，他从人格独立拥有个人权利的现代性观念出发，赋予了"慈善"一词以新意。也正是在现代性观念下，康德才可以在《道德的形而上学的基础》排除行善动机中为利益、为荣誉、为同情等一切"有等价物的东西"，听凭于一个理性的诫命，具有唯一的尊严④。那么，为什么只有有了现代性才能这样要求呢？因为"一个理性存在者的意志惟有在自由的理念下才是一个自身的意志"。

因此，所谓传统慈善和现代公益的区别，从环境看，有一个公共空间命题；从主体看，是一个现代性观念命题，而并不是要在今天去人为区分如何做叫"慈善"，如何做可称"公益"。我们需要注重的是，这种独立判断、理性选择、志愿贡献、平等合作的现代精神，是否始终贯穿于我们的公益慈善行动中。

慈善研究应该超越公共管理的研究范式，在历史文化的大视野中展开，应该在更广阔的人文社科的研究范式中进行，应该扩展哲学、历史、社会学、人类文化学等等方式来深入。朱建刚、武洹宇等《华人慈善：历史与文化》是一个很好的尝试，成书后朱建刚命我作序，兹从命，并就教于读者。

2020年4月7日于北京

---

① 〔美〕米歇尔·艾伦·吉莱斯皮：《现代性的神学起源》，张卜天译，长沙：湖南科技出版社，2012年。
② 金观涛：《现代性及其面临的挑战：当代社会价值基础和问题思考》，香港：《二十一世纪》，2007年10月号，第70—82页。
③ 〔英〕弗兰西斯·培根：《培根随笔选》，何新译，上海：上海人民出版社，1985年。
④ 〔德〕康德：《道德形而上学的奠基（注释本）》，李秋零译注，北京：中国人民大学出版社，2013年。

走向灵魂之路

——法兰西院士程抱一《说灵魂、给友人的七封信》之译者序①

摘 要：法国汉学家程抱一的三个代表作《美的五次沉思》、《死亡的五次沉思》和《说灵魂》，以交谈和通信的方式，把自己的思想发展过程简捷清晰地展示给读者，即自己的"对话者"，表达自己对美和死亡的沉思，直至正面"说灵魂"。三部书构成了一个完整的走向灵魂的思想行进三部曲，并在融和中西文化上独树一帜。

关键词：程抱一 存在诗人 三部曲 对话者 中西交融

法兰西学院华裔院士程抱一先生著述丰厚②，涉及诗歌、小说、艺术、思想等多个领域。在谈到自己的创作生涯时，他认为自己首先是一个诗人，而且毫不犹豫地把自己列入通常被称作"存在诗人"的行列。他的诗简短而充满哲理。用他自己的话说，就是要探讨人类的命

---

① *De l'âme* (Paris: Albin Michel, 2016)。2018 年本书出版口袋版，文字有改动，以下引文页码标注以法文第一版为准。

② 程抱一，原名程纪贤，祖籍江西南昌，1929 年 8 月出生于山东济南。1947 年就读于南京金陵大学外文系英文专业。1948 年获得联合国教科文组织奖学金赴法国留学。1971 年入法国籍，取名 François Cheng。1977、1979 年在法国巴黎瑟伊出版社分别出版《中国诗语言研究》和《虚与实：中国画语言研究》，轰动法国乃至欧洲学界。曾长期执教于巴黎第七大学和东方语言学院。1989 年出版第一本法语诗集《树与石》。1998 年出版长篇小说《天一言》(*Le dit de Tianyi*, Paris: Albin Michel)，获得同年度法国费米娜文学奖。2002 年入选法兰西学院，成为该院第一位亚裔院士。2005 年，诗集《万有之东》(*À l'orient de tout*, Paris: Gallimard)，被收入法国诗界最权威的伽利马出版社的《诗丛》(*Œuvres poétiques*)。2009 年，获得世界诗坛最重要的莱里奇诗歌大奖。关于程抱一的生平与著作，参阅牛竞凡：《对话与融和，程抱一创作实践研究》，上海：上海社会科学出版社，2008 年。〔法〕马德莱纳·贝尔多：《程抱一，走向开放生命的旅程》，李佳颖译，上海：复旦大学出版社，2016 年。

运，提出一种"新的认知和存在的可能性"①。在法国当代文学界，程抱一被公认为最具哲理性的诗人之一。法国著名诗人安德烈·维尔特称程抱一是"来自异乡的奥菲"②，以此赞扬他融和了中西方两种文化而独树一帜的诗化哲理。诚然，要进入"奥菲"的语言，并非易事，更何况他"来自异乡"。有幸的是，程抱一在文学创作的同时，对自己的创作思想，作过许多直接的阐述。这些阐述，不仅可以帮助人们听懂这个"来自异乡的奥菲"，而且可以从思想的深层，了解他对人类存在本质的探索。其中最具代表性的著作无疑是《美的五次沉思》③、《死亡的五次沉思》④和《说灵魂》。通过这三部著作，程抱一以交谈和通信的方式，逐渐地把自己的思想过程简明清晰地展示给自己的"对话者"——读者。从灵魂问题的角度看，由对美和死亡的沉思，直至正面"说灵魂"，构成一个完整的走向灵魂的思想行进三部曲。

首先必须明确，这里所说的三部曲不是思辨哲学意义上的理论体系，更不是传统逻辑意义上的三段论。程抱一并非要站在一个形而上学的高度，关于灵魂问题给出一个黑格尔式的终极回答。相反，他是

---

① 参阅 Dialogue, une passion pour la langue française (Desclée de Brouwer-Presses littérature et artistiques de Shanghai, 2002), p.10。

② 奥菲（Orphée 或 Orpheus 俄耳甫斯）是古希腊神话中最杰出的诗人。色雷斯国王奥戈尔和一个缪斯女神的儿子。阿波罗把自己的竖琴送给他。众缪斯教他弹唱。他的歌声能使猛兽俯首、树木起舞、顽石点头。奥菲的妻子欧律狄刻不慎被毒蛇噬死。他不堪悲痛，勇闯阴世，用优美的歌声打动了阴间鬼神。冥王同意他把妻子带回人间，唯一的条件是：在见天光之前，不许看她。奥菲就在快回到人世的一瞬间，忍不住回头看了一眼妻子，从此欧律狄刻便永远消失在阴间。奥菲经此出生入死的磨砺，"给世间带回了新的知识和力量，那就是联系生和死，在可见事物之外去洞察永恒的、往返于生死之间的对应关系"。（参阅马德莱娜·贝尔多、裴程：《美是相遇：阅读程抱一的中西对话》，《跨文化对话》，第 28 辑，2011 年。）法国当代著名诗人安德烈·维尔特在《万有之东》的序中，赞誉程抱一为"来自异乡的奥菲"。程抱一本人也把自己的语言历程视为生存意义上的"再生"，并把"奥菲之道"和"禅"并列为自己创作的两大基石。

③ Cinq méditations sur la beauté (Paris: Albin Michel, 2006)。中译版，《美的五次沉思》，朱静、牛竞凡译，北京：人民文学出版社，2012 年。以下有关《美的五次沉思》引文皆参用中文版，作者个别处略加修改。页码出自中文版。

④ Cinq méditations sur la mort (Paris: Albin Michel, 2013)《死亡的五次沉思》，以下引注，皆出自该版。

从三个不同的观点出发，以沉思和对话的形式，逐渐地展示自己对灵魂问题的思考和见解，并由此提出一个关于人类命运的新的真理视野①。所以，阅读程抱一"三部曲"的关键与其说在于把握某一个"思想体系"，不如说是和他一起做思想漫步，跟着他逐渐走向灵魂，并沿着这个新的真理视野，继续行进。从这个意义上说，《说灵魂》既是这个思想旅程的一个终点，也是一个新起点。

灵魂问题在程抱一的文学创作中，无疑占有特殊的地位。这一点尤其突出地体现在小说《此情可待》、诗集《真光出自真夜》、长诗《莱里奇挽歌——悼雪莱》和最近一本四行诗集《归宿》等作品中。不过他第一次比较正式地作为思想观点提出灵魂问题，是在2005年和一位友人的访谈中："我想再使用一个人们几乎已经不敢谈及的字眼：灵魂。"②当时程抱一早已过了古稀之年，已经是法兰西学院院士，而且享誉法国乃至欧洲文坛。在这个时候郑重地提出灵魂问题，不能不说是经过深思熟虑的。走向灵魂三部曲的第一部，《美的五次沉思》就形成在这个时期。

程抱一首先肯定，美是一个存在的问题，而非一个占有的问题。一切把美作为一个占有的对象去追求的企图，其实都是背离了美的真正价值。这实际上就是把他对美的沉思建立在一个本体论的基础之上，从一开就超出了纯粹审美的认识论范畴。从这个本体论基础出发，程抱一提出的第一个观点就是：美来自生命存在的差异性。生命的根本在于差别，没有差别，一切都会是永恒的凝固，也就不可能有演变和进化。在一个万物一致的"机器人"世界里，没有生命，更无从谈美。

---

① "新的真理视野"的说法来自法国哲学家梅洛－庞蒂。程抱一深受其感知现象学思想的影响。在梅洛－庞蒂看来，任何文学或哲学的表述，不仅仅限于呈现一个现实，同时也开拓认识的视野，从而展示新的真理范围。从这个意义上说，"感知"不是经验主义所说的被动接受和反映，同时也参与创造感知对象。关于"新的真理视野"的观点，参阅 Maurice Merleau-Ponty, *Signes* (Paris: Gallimard, 1960), pp.119-120。

② Paul Sabourin, "D'une double culture à l'unité académique, entretien avec François Cheng", in *Travaux de littérature* par l'ADIREL, vol. XIX (2006). 参阅 Madeleine Bertaud, *Lire François Cheng - poète français, poète de l'être* (*Paris*: Hermann éditions, 2017), p.174。

由此，他提出，美来自生命的"独一性"①。在他看来，"有了独一性才开始有美的可能：每一个生命不再是无数同样的机器人之一，也不是众多形象之一"②。每一个存在都是独一无二的。然而，生命之独一性之所以有意义或者可能，是因为和其他独一性共存，这就决定了生命必然向外在的"其他独一性"开放。"一切真正的独一性都寻求其他的独一性；它只有在与其他独一性的交往中才能获得自我独一性的充分发展。"③一个孤芳自赏的自恋，不会产生美。程抱一曾经写道"美是相遇"④，非常诗化地表达了美的实质。他不止一次地强调，真正的美，产生于"二者之间"，并认为这是中国美学思想的最独特而深邃的贡献⑤。所以，在《美的五次沉思》开篇，程抱一实际上已经提出了主导他以后有关灵魂问题思考的两个基本命题：生命存在的独一性和开放性。

开放是每一个生命实现自身独一性的基本形式，程抱一称之为"显现"⑥。"作为显现，每一个生命都具有潜在的向美能力，尤其是'向美的欲求'。"⑦然而，开放并不仅仅限于独一的个体之间。深受中华道家思想影响的程抱一始终坚信，世间万有都依循着同一个大道，"人法地，地法天，天法道，道法自然"。开放的终极取向，就是超越独一的显现，实现和大道共鸣。这才是美的最高境界，即中国传统美学追求的"神韵"⑧。所以真正的美，是超越，是生命在实现自身存在的欲望中，向外在开放，从而朝向自然本真的升华。"每个生命存在的超越性

---

① Unicité。这里译作"独一性"，以突出每一个生命存在和其他生命存在的差异，同时并存，而非唯一的存在。

② 《美的五次沉思》，第 17 页。

③ 同上书，第 16 页。

④ 〔法〕程抱一，*A l'orient de tout* (Paris: Gallimard, 2005), p.279。参阅朱静译：《万有之东》，上海：同济大学出版社，2007 年版，第 331 页。

⑤ 参阅诗集《冲虚之书》引言。*Le livre du vide médiant* (Paris: Albin Michel, 2004)。

⑥ 程抱一用了 Présence 一词，其中包含"既在"和"展示"双重含意。生命的本质就是实现自身存在之本的不断显现，每一个"既在"同时也就是向"即在"的过渡。

⑦ 《美的五次沉思》，第 17 页。

⑧ 程抱一在第五篇沉思中，专门讨论了中国美学的三个境界：氤氲、气韵和神韵。参阅《美的五次沉思》，第 111—119 页。

是使它提升，使它在超越的关系中显现出来，也只有在那关系中才得以实现。真正的超越总不是单向的；它实现在两者之间：当每个生命存在与原生存在交会时，它们之间跃起的最高感应。"①

　　既然美是每个独一生命在向其他生命开放中实现的向"原生存在"——道——的超越，审美就不仅超出生命肉体的范畴，而且超出理性意识的范畴。所以，真正的、本体论意义上的美，不能单纯地用肉眼"看"，或凭理性来"认识"。如果借用庄子"大美不言"的说法，那么，"看"和"认识"都不足以进入"大美"。程抱一认为，在这个超越的层次，人类只有通过灵魂才能进入不言之"大美"。所以，他在《美的五次沉思》的最后，直接点出审美就是灵魂的感应和共鸣，真正的美是只有灵魂才能进入的神韵之意境。也正是在这个意义上，程抱一不止一次地说过：人类是宇宙睁开的眼睛，跳动的心脏。我们所看到的一切、感受的美，绝非主观的臆造和纯粹精神的陶醉。我们之所以"思考"大自然，那是因为，大自然"寄思"于我们。②

　　在《美的五次沉思》中，程抱一通过对美之本质以及对美的感应或共鸣的思考，展示了自己对灵魂问题的认识。灵魂不是沉思的直接对象，但是一直作为沉思的依托和坐标。从这里我们可以看到，灵魂在程抱一的思想里，不是一个抽象的哲学概念或命题，而是一把理解生命意义的钥匙。他所关注的是灵魂在生命中所应该占有的位置。他不止一次地引用友人雅克·德·波旁-比塞的一个比喻："灵魂"就像一段乐曲中的"通奏低音"③，它虽然不是主旋律，却无时不在。同样，灵魂一直伴随着美的沉思，却从未成为沉思的主题或中心。然而从程抱一得心应手地对"灵魂"二字呼之而来、隐之而去的使用中，我们可以看到，他每一次提及"灵魂"，都不是随意的。他对这个问题

① 《美的五次沉思》，第 18 页。

② 参阅《美的五次沉思》，第 41 页。这里的"思考"和"寄思"不是理性意义的意识或思想，而是灵魂层面的感应。程抱一在《说灵魂》中，又一次使用了同样的概念，参阅法文版第 94 页。

③ 参阅《美的五次沉思》，第 50 页。Jacques de Bourbon Busset（1912—2001），作家、外交官，法兰西学院院士。

已经有了深思熟虑。

　　程抱一走向灵魂之路，到此是一个转折点。他通过美的沉思，在每一个人生命最隐蔽和最个性化的、超越精神意识的层面，"触及了灵魂深处"。既然说灵魂，那么就不可能不谈死亡，二者自古在所有的文明中，都是密不可分的。所以，"死亡的沉思"似乎已经呼之欲出了。然而在这个顺理成章的三部曲的第二部出版之前，却有一个"小插曲"，那就是程抱一于2012出版的《游魂归来时》[①]。作者采用古典悲剧的体裁，以荆轲刺秦王的历史故事为蓝本，谱写了一曲"魂歌"。全篇共有五幕和一个尾声。每一幕由合唱开场，继之以剧中人独白。剧情很简单，作者在荆轲和高渐离之间，构思了春娘这个角色。通过三个主人翁的独白，展开了他们之间的友情、爱情和生离死别的悲剧。显然，作者的意图绝不是讲述一个中国古老的故事，而是要借助这一段惊心动魄的史实，经过艺术和语言的升华，通过那些活过极度悲剧的人物，向生命提出极限的质问：美与恶、生与死、爱情和友情等等。而在这些质问的背后，最终是灵魂之于生命的意义。这部作品出版后，许多读者自发地给他写信，倾吐心得和体会。其中一位读者在信中写道："您的笔锋触灵抚魂。在您的笔下，灵魂既飘逸又富于肉感。……衷心地感谢您，尊敬的院士先生，让我们读到这样一部令人升华的作品。您像但丁那样让我们在美的阶梯上又迈进了几步。"[②]

　　《游魂归来时》就像是一年以后出版的《死亡的五次沉思》的序曲。它以史诗般悲剧的形式向人们展示，灵魂在程抱一思想中的地位。显然，程抱一关于"死亡的沉思"的目的，并不是要解答"灵魂不死"或"死后有无来生"之类的宗教信仰问题。他注重的是生命的意义，即此时此刻每一个独一的存在之永恒价值的问题。所以他为《死亡的五次沉思》加了一个副标题"换言之：生命的沉思"，并在第一沉思的

[①] *Quand reviennent les âmes errantes* (Paris: Albin Michel, 2012)。《游魂归来时》，裴程译，北京：人民文学出版社，2015年。

[②] 受程抱一嘱托，译者收藏了有关《游魂归来时》的主要报刊书评剪辑和读者来信。

开篇就申明自己"坚信生命的法则"①。从生命的法则出发，程抱一明确指出："我要讨论的是死亡的意识，而非死亡事件。[……]我绝对不是赞美死亡。相反，要更清醒地接受生命，充分地生活。"②

在程抱一看来，"宇宙间只有一个历程，那就是生命"③，"思考死亡就是思考生命"④。通常人们总是习惯于把死亡作为生命的终极或界限，从生命的角度带着畏惧和好奇之心"揣度"死亡。而他在《沉思》的一开始就提出一个根本性的观点转折："与其站在生命的这一边……来揣度死亡，不如站在死亡的那一边来面对生命。"简言之："与其由生向死，不如由死向生。"⑤这个观点的转变，绝非一个抽象的文字游戏或概念转换，它让人们从一个新的视角跟随着作者考察死亡和生命的关系：死亡不再被认作是生命的终结，而是作为生命的一个阶段。沿着这个思路，程抱一提出两个问题：生命的运动性和生命的超越性。不难看到，这两个问题同《美的五次沉思》里提出的"生命存在的独一性和开放性"是相辅相成的。对这两个问题的沉思，最终把我们带到灵魂。

程抱一不止一次地强调，他关于生命运动的思考深受中国传统文化，尤其道家大道不息的思想的影响。《死亡的五次沉思》的封面印有

① 参阅《死亡的五次沉思》，第16页。
② 《死亡的五次沉思》，法文版第77页。程抱一在书中多次强调了"死亡意识"对生命意义的重要性。参阅第18、45、56、68等页。
③ 同上书，法文版第103页。
④ 同上书，法文版第77页。
⑤ 同上书，法文版第21—22页。程抱一在这一句话里使用了"dévisager"和"envisager"。这两个词的词根都是"visage"，即"面孔"。"dévisager"的字面意思是"注视"、"审视"，通常用于人，比如"注视某某人的面孔"。把"dévisager"和一个概念（死亡）联用，是程抱一的引申，含有"探究神秘"、"看个究竟"等等好奇而畏惧的心理含义。所以笔者译为"揣度"。"envisager"的字面含义包括"思量"、"打算"、"筹划"等，比如"打算外出旅行"。根据作者在书里阐述的思想，笔者译为"面对"。把这两个词连用，从而提出对"生"和"死"问题的两种态度，这是程抱一的创新。由于两个词中都有"visage"这个词根，所以不仅声韵和谐，而且含义对称。这种句法，不仅体现了程抱一遣词造句的诗化匠心，而且也让读者看到中文语境对他的影响：即在对仗和排列中赋予相关词"节外生枝"的寓意。笔者在序言中为行文方便，把这两句话简化为："与其由生向死，不如由死向生。"

他的书法"生生不息"。他之所以认为生命是宇宙间唯一的历程，是因为他坚信大道"周行而不殆"，"大曰逝，逝曰远，远曰反"。①必须明确，"由死向生"、把死亡包含在生命进程中的观点，虽然和通常生物学有关生命新陈代谢的观点不矛盾，但这不是程抱一所要讨论的问题。他所关注的是，死亡怎样把每一个独一的生命和宇宙的历程联系在一起，从而使每一个有限的生命成为一个"永恒的瞬间"。恰如法国哲学家杨科列维奇所说："生命是短暂的，但是生活过短暂的生命这一经历却是永恒的事实。"②从这个意义上说，不是死亡否定生命，而是生命限定死亡。换言之，死亡之所以可能，是因为它被包含在生命进程之中，是生命的结果。死亡的绝对性（每一个人终有一死）取决于生命的绝对性：每一个生命都属于宇宙历程的永恒。通过《美的五次沉思》，我们已经认识到，灵魂是每一个生命独一性的内向本质，同时也是使每一个"独一"向其他"独一"开放、并且和"大美"（"道"或"原生存在"）共鸣的外向条件，即开放。"由死向生"而非"由生向死"的转变，使生命走出了一个狭隘的个体生存的"此岸"，进入一个宇宙整体存在的"彼岸"，也即进入一个生的"双重王国"③，这就涉及生命的超越性。而这个超越性就是灵魂之本。

在此，我们沿着"由死向生"的思路跨进一步："死亡的意识让生命变得神圣，从而获得自身全部的价值。"④正如生命不是一个固定的状态一样，向大道之"彼岸"的超越也不是一个"死后的状态"或"另一个世界"。灵魂的内向和外向的双重性，使得每一个生命都在每一刻属于一个更大的历程，属于"双重王国"。正是在这个意义上，程抱一

①　《道德经》第二十五章。引于《死亡的五次沉思》，法文版第 27—28 页。

②　Vladimir Jankélévitch (1903—1985)，法国哲学家和音乐学家。这句话出自他的晚年著作《论死亡》。转引自《死亡的五次沉思》，法文版第 117 页。

③　双重王国这个概念是奥地利诗人里尔克吸收了荷尔德林的思想出来的。程抱一深受里尔克的影响，几乎在所有的论著中都引用了里尔克。他早年曾以书信形式发表过《与友人谈里尔克》，2012 年由人民文学出版社再版。参阅《死亡的五次沉思》，法文版第 30—34 页。

④　《死亡的五次沉思》，法文版第 77 页。

说:"生命不属于我们,我们属于生命。"①他认为,这个观点和中国的"天命"意识是相通的②。灵魂的超越性非但不贬低每一个存在的生命价值,相反,它赋予每一个生命以神性的意义:即"天命"。于是,程抱一提出了第二个根本性的观点转折:既然我们都有"天命"在身,那么,"与其总是站在造物主的对面以叛逆或祈求者的身份揣度造物主,不如站在造物主的立场上想象他能做什么"③。这是一个大胆而奇特的观点转变,它要求我们不是"自下向上"地仰视"造物主"或"神",而是"自上而下"地俯视生命,这实际上就是灵魂的最高境界。

一旦跟随程抱一的沉思站在"自上而下"的高度,我们会发现:造物主(或神)创世是一个巨大的、毫无保留的馈赠,也即圣爱。圣爱是完全彻底的,他不可能一点一滴地分配,然后再不断地修改补充。所以生命从一开始就获得了实现自身的一切活力和可能,程抱一称之为向生的欲望④。换言之,灵魂不仅是每一个生命最内在的动力,而且是自由的。灵魂的神性或"天命",丝毫不减少生命的责任,也就是伦理的价值取向。所以程抱一带着我们"自上而下"地看到:"造物主"付出圣爱之后,又是非常"脆弱"的。他既然给予了一切,那么就只能沉默,无法干预⑤。神啊,"不是我们需要你,而是你需要我们"⑥。因为宇宙的生命历程需要每一个独一的经历:善与恶、快乐与痛苦、幸福与悲哀、美与丑等等,这一切都属于生命。他说:"为了真生的法则,神需要所有人类在这个地球上的一切经历。"⑦从这个意义上说,灵魂向神性的超越、和宇宙大道的共鸣,不是在"彼岸"的"来世"或"超世",而是在"此岸"的每时每刻。这才是"双重王国"的真正意

① 《死亡的五次沉思》,法文版第68页。
② 同上书,法文版第43页。
③ 同上书,法文版第124页。
④ 参阅上书,法文版第126页。
⑤ 参阅上书,法文版第128页。
⑥ 原话出自荷兰籍犹太作家艾蒂·希勒申(EttyHillesum, 1914—1943)在奥斯维辛集中营写的日记。程抱一引用。参阅《死亡的五次沉思》,法文版第129页。
⑦ 参阅上书,法文版第33—34、122、130等页。

义。由此可见，程抱一并不否认灵魂的存在超出肉体、甚至精神意识的死亡。但是，这绝不是在同一生存层次的"灵魂不死"或"转世再生"。他明确指出，这不是他讨论的问题。他强调的是灵魂向另一个更高层次的、"真生"的超越和蜕变。

《死亡的五次沉思》的最后一篇是由一组诗构成的，其中有一首悼念雪莱的长诗《莱里奇挽歌》。"由死向生"走向灵魂的最后境界，超越"论说"形式。作为诗人，程抱一寄托于诗，希望通过诗歌进一步转达自己对灵魂的思考，从而引起读者的感应和共鸣。那么，走向灵魂的进程是否到此为止呢？当然不是。程抱一还"有话要说"。然而怎么"说"？就在这个时候，他收到一封多年未见面的女友的来信。他们四十年前在地铁邂逅而相识。这位女友"出奇的美丽"曾经让程抱一惊叹："这个美从何而来？"他还多少有些冒昧地问过她"怎样承担自己的美丽"①，而且直言不讳这个问题一直萦绕在自己心头②。三十多年后，这位已经成为艺术家的女友突然给程抱一来信，而且直截了当地请他"谈谈灵魂"。这个请求不仅同他关于灵魂的思考不谋而合，而且触发了用书信的形式来"说"这个超乎通常"不可说"的话题。于是便有了构成《说灵魂》的七封信，完成了走向灵魂三部曲的思想旅程。

如上所述，程抱一关于灵魂问题的思考不同于传统的哲学论述。在他看来，灵魂不能简单地被当作一个理性的对象来"论述"。他在不同场合多次用"灵魂和灵魂"的对话来表达这种特殊的交流方式。给女友的七封信就是属于这种"灵魂和灵魂"的对话。有理论却不冷漠；用推理但不断定；旁征博引意在开阔视野；最根本的是用诗化的优美语言，敞开自己积八十多年对生、死、美、恶、善等重大问题的亲身体验和感受，动之以情地感化读者。用他自己的话说，这些书信所期望的，不仅仅是思想之间的交流，而且更重要的是建立灵魂之间的共鸣。

然而在欧洲、尤其是法国思想界，"说灵魂"并不那么简单。在

---

① 《说灵魂》，法文版第14、15页。

② 参阅上书，法文版第16页。

《说灵魂》的第一封信开首，程抱一就坦言自己曾经面对灵魂问题的彷徨："灵魂这个东西是一个棘手的话题，人们通常不总是避而不谈吗？既不要谈，也不能谈。即便侥幸一试，我们很快会发现，就像时间、光和爱等话题一样，不知从何谈起。"[1]法国学者马德莱纳·贝尔多教授在谈到程抱一把灵魂问题作为思考对象时，用了"斗胆"二字，并赞佩他的勇气[2]。西方哲学自古希腊起就不乏有关灵魂问题的讨论，柏拉图和亚里士多德都有过专门论述。但是，这些论述的基本观点都是"灵肉二元论"。基督教传播的早期，神学家和教父们提出过人的"肉体-灵魂-精神"的三重性和神的三位一体对应。程抱一认为，"以三位一体的上帝为摹本"提出人类本质的三重性，使人性和神性相应，这是早期基督教文化最有创见性的观点之一。然而这个直觉后来在西方几乎被遗忘。尤其近一千年以来，它逐渐被肉体-精神二元论所取代[3]。笛卡尔明确地把"灵魂"划入以理性意识为本的精神范畴。随着理性主义的发展，灵魂逐渐地转化为精神的一个部分，而且通常被简单地归结为精神的初级阶段。精神的本质是理智或思想。久而久之，在法兰西这片经过启蒙运动荡涤的思想园地里，灵魂问题逐渐被遗弃。谁若"斗胆"谈论灵魂，则难免遭到"伏尔泰式的冷笑"，因为"俗气"而被知识界嗤之以鼻。所以"说灵魂"必须"鼓起勇气，逆水行舟"[4]。

　　程抱一重申自己的三元论立场，而且不止一次地明确指出，这

---

[1]　《说灵魂》，法文版第 10 页。

[2]　«Il a osé…»。Madeleine Bertaud, *Lire François Cheng-poète français, poète de l'être*, p.174. 马德莱纳·贝尔多教授是法国 17 世纪文学专家，曾长期任法国学术专刊《文学研究》杂志主编。20 世纪 90 年代末开始转向程抱一研究，发表大量论文和两本专著：《程抱一，走向开放生命的旅程》，《读程抱一》，巴黎 Hermann 出版社 2017 年出版。

[3]　参阅：《说灵魂》，法文版第 67 页。

[4]　参阅上书，法文版第 11 页。"伏尔泰式的冷笑"往往指在学术和文化领域某种居高临下、不屑一顾或嗤之以鼻的傲慢。伏尔泰被公认为启蒙运动旗手之一，法国文豪。卢梭曾赞誉他是"十八世纪最优美的一支笔"。但是他在学术上对异己之见颇苛刻。比如，对卢梭两本传世之作《论科学和艺术》和《论人类不平等的起源和基础》冷嘲热讽，认为他"只配被人类遗忘"。

是来自中国传统思想最精华的部分之一。人之存在包含了肉体、精神和灵魂三个因素。肉体是生命运动的"载体"，比较容易理解和区分。然而精神和灵魂之间的界限则比较模糊。在他看来，精神主宰理智，"人们借以思考、推理、构思、组织、实现、有意识地积累经验从而形成知识，尤其是精神赋予人们传播和交流的能力"①。所以，精神具有共性，其基本形式既是理智，是人与人之间对话和理解以达到共识的基础。离开精神就无思维、语言、交流可谈。所以，程抱一非但不否认精神的重要性，而且确认它是人类生存，尤其是社会生活的中心。

但是在精神层面以外，还有一个无法完全用理性解释的、丰富的内在世界：情感、欲望、共鸣、意愿、冲动等等。这些都属于"说灵魂"不可避免的生命现象。为了比较简明地区分精神和灵魂的在生命运动中的不同作用，程抱一不止一次地这样对比："精神推理，灵魂共鸣"，"精神运动，灵魂感动"，"精神交流，灵魂共体"。②忽略或者避而不谈灵魂，只能造成对人类存在认识的贫困化和简单化。也正因为如此，程抱一需要通过对"美"和"死亡"这些超越理性、触及生命根本问题的思考，来走向灵魂。他说："灵魂使我们有欲望、感受、感动、共鸣，可以保存各种记忆，哪怕是那些最隐蔽的，或者对经历过的往事的无意识记忆。不过灵魂最首要的特性还是让我们能够通过情感和爱来达到共体。"③

灵魂是每一个人之个性最隐蔽、最深层的那一部分，程抱一概括为：每一个生命区别于其他生命个体的独一性。我们在《美的五次沉

① 《说灵魂》，法文版第 40 页。

② 这个对比第一次出现在 2011 年写的一篇纪念拉康的文章："Le sourire de Lacan", *in.* numéro spécial de *La Cause freudienne*, paru pour le 30ᵉ anniversaire de la mort de Lacan, septembre 2011。程抱一在《说灵魂》又一次使用并阐发。参阅《说灵魂》第三封信，法文版第 41 页。

③ 《说灵魂》，法文版第 40 页。共体 Communion 在《新约》中是指基督受难前和十三使徒的最后共餐。在基督教，尤其是天主教传统中，参加"圣餐"仪式就是与主共体。程抱一在基督教的基础上引申这个术语，表示个体生命在更高层次上的共体，成为宇宙生命之大道的一个环节。"共体"这个概念是程抱一先生融合中国传统天道思想和基督教肉成道身教义的典范。

思》中已经看到，独一性是美之为美的本体论基础；《死亡的五次沉思》进一步"由死向生"、"自上而下"地展示了独一性向"双重王国"之超越的必然性和必要性。但是，这并不是说，灵魂"充满了美好"。灵魂的神性（或得自"天命"的禀赋）一点也不排除"恶"的存在。相反，在走向灵魂的思想旅程中，"恶"无时无刻不在程抱一的沉思范围之内。他非常明确地指出："我绝不是要把灵魂理想化。相反，应该承认，在存在的摇篮或深渊，灵魂承担了人类命运的所有悲剧。"① 既然造物主把一切都毫无保留地馈赠给生命，那么我们的灵魂从原初就获得了一切的可能性，也就是说，灵魂是自由的。所以，灵魂在经历一切痛苦之后不会忘记，"将要和比痛苦更可怕的东西斗争，那就是恶。一个深入人性的恶，也就是说，深入灵魂的恶"②。

　　程抱一在《美的五次沉思》里提出，自己的思想之旅"必须手执两端"，这就是"美"和"恶"③；他在《死亡的五次沉思》中又重申："美"和"恶"是两个根本性的生命之谜，不可回避④；在《说灵魂》中，程抱一更加明确地指出："美"与"恶"同属于灵魂最本质的属性，"所有人的灵魂都同时居住了一个天使和一个恶魔"⑤。人类灵魂不仅有迷失和堕落的可能，而且因为人类同时具有智慧和自由，可以把恶推向极致。正因为灵魂是自由的，所以它向崇高、向真生、向大道的超越，才具有美的价值。让灵魂不仅承担"美"，而且承担"恶"，这不仅不降低灵魂，相反，是灵魂向大道（神性）升华的真正价值所在。四十年前的那一句看似冒昧的提问，实际上包含了关于生命本质的思考。

　　走向灵魂之路漫长而曲折。程抱一不止一次地说过自己"直到中

---

① 《说灵魂》，法文版第 50 页。
② 同上书，法文版第 32 页。
③ 参阅《美的五次沉思》，第 11—12 页。
④ 参阅《死亡的五次沉思》，第 77—78 页。
⑤ 《说灵魂》，法文版第 51 页。

年以后才发现自己的灵魂"[1]。跟随程抱一从关于"美"和"死亡"的沉思直至"说灵魂"一路走来，我们看到，"发现灵魂"是一种思想的探索，更是一种生命的境界。它需要放弃固有的陈见，包括对精神的崇尚，撇开"许多不必要的累赘"[2]，谦卑地面对具体而现实的生命现象，像"世界的早晨"一样，重新睁开"宇宙的眼睛"，静听"自然的脉搏"。这也就是"奥菲之路"。程抱一毕其一生的体验总结出：真理不在于知识，而在于存在[3]。所以，走向灵魂就是走向存在之本，就是走向真理。

常年来，译者有幸多次和程抱一先生交谈，亲耳聆听他阐述自己对灵魂问题的思考，深有陪同老人一起"走向灵魂"之感。在《说灵魂》的翻译过程中，先生多次不吝赐教，尤其对某些关键词和概念作了细致的讲解，译者不仅获益于译文，更似置身于"灵魂与灵魂"的对话共鸣之中。本篇序言收笔之际，征得先生同意，将他口授的一段文字笔录如下，谨作结语：

　　人是具有理性的动物，同时又是感情甚至激情的动物。理性的功能使我们得以节制感情，调理感情。但是，理性绝不可做到全部抹杀感情的地步。全部抹杀感情，也就抹杀了个性，抹杀了从自我身心自身的感受、感动、感应，以及趋向倾爱，超越，升华的欲求。感情与理性均是人的至宝；二者兼具而不可缺。

　　自古以来，不管是东方或是西方都在精神领域里托出了与心灵有关的灵魂观念，以及与逻辑思考有关的理性观念。西方的希腊传统和犹太–基督教传统都一致将此二观念做了具体的区分。中国最早由道、儒组成的"道"包含了心、性、思、灵、魄这些概念。理的概念后来才出现。然而本能的，中国思想依照了心学和

---

① 参阅《说灵魂》，法文版第 11、23、44 页。

② 同上书，法文版第 9 页。

③ 参阅上书，法文版第 144 页。

理学这两条并进的路线。非常笼统地说，有战国时期的孟子与荀子，汉代的淮南子与杨雄，唐代的韩愈与柳宗元，宋代的陆九渊与张载，明代的王阳明与王夫之，清朝的戴震与顾炎武等等。

从二十世纪开始，科学思想与物质主义日益增长而达到独占上风的地步。灵魂观念则逐渐模糊而消退，变成仅仅存留在语言中的偶用之词。这是一个大欠缺，大贫乏。失去了与生命泉源相连接的灵魂，也就失去了幽深不可测的神性境界，失去了蜕变、转化、超升的可能。

2020年4月16日第一稿

2020年5月23日修改

于 Saint Maur des Fossés

从欧亚主义到马克思主义：米尔斯基文学批评的政治维度[*]

杨明明

摘　要：米尔斯基是20世纪俄侨界最优秀的文学批评家之一，同时也是欧亚主义运动的重要参与者。他的一生经历了从欧亚主义到马克思主义的思想演变，留下了丰厚的学术遗产，《俄国文学史》一书更是被纳博科夫赞誉为"用包括俄语在内的所有语言写成的俄国文学史中最好的一部"。在其文学批评活动中，欧亚主义作为一种意识、一种旨趣、一种范式或明或暗地显现于其各个时期的著作与论文当中，从而赋予了其文学批评以不同于其他俄侨批评家的历史感、现实性与跨界性。

关键词：米尔斯基　欧亚主义　马克思主义　俄国文学史

德米特里·彼得罗维奇·斯维亚托波尔克-米尔斯基（Дмитрий Петрович Святополк-Мирский，1890—1939）是20世纪俄侨界最为优秀的文学批评家之一，同时也是欧亚主义运动的重要参与者。长期以来，其丰厚的学术遗产在俄罗斯一直处于被遗忘的状态，直至其代表著作《俄国文学史》于20世纪末被译为俄语并于2001年在俄罗斯出版，才重又被学界所发现与关注。

米尔斯基一生命运多舛，成长于俄罗斯沙皇时期，成名于英国，最后选择回归苏联，从名门贵族、白军军官、俄侨精英到"红色公爵""公爵同志"，其思想呈现出从欧亚主义到马克思主义的演变轨迹。

---

* 本文是作者承担的2015年度国家社科基金一般项目"俄罗斯文学与欧亚主义研究"的阶段性成果，项目批准号：15BWW030。

在其各个时期的文学批评活动中，欧亚主义作为一种意识、一种旨趣、一种范式或明或暗地显现于其著作与论文中，从而赋予了其文学批评以不同于其他俄侨批评家的历史感、现实性与跨界性。

一、走上文学批评之路

米尔斯基出身古老的公爵世家，其父彼得·斯维亚托波尔克-米尔斯基公爵是著名的亲英派国务活动家，曾出任沙皇俄罗斯的内政部长。在亲英派父亲与以英语为家庭教育传统的母亲的影响下，米尔斯基自幼就能熟练地使用英语交际、阅读与写作，并对英国心生向往。中学时代他曾与日后蜚声苏联文艺界的日尔蒙斯基、普姆皮扬斯基等著名学者同窗。1908年他考入彼得堡大学东方语系学习汉语和日语，期间还曾旁听过温格罗夫教授的普希金专题讨论课。这段学习经历成为米尔斯基欧亚主义思想的重要来源之一。

1911年米尔斯基应征入伍，服役期间居住于皇村，结识了古米廖夫等诗人。同年出版的《诗集》一书是米尔斯基第一本也是唯一一本诗集，该书在体裁、形式与内容等方面都带有某种东方色彩与印迹，其中的《亚洲》一诗更是反映了作者对东方与西方、欧洲文化的衰老以及东方的觉醒等问题的思考，表现出某种"前欧亚主义"风格。退伍后他回到彼得堡大学，转入古典语文学专业继续学习，1914年毕业。复学期间他还加入了自由美学社，结识了曼德尔施塔姆、阿赫玛托娃等阿克梅派诗人，成为文学团体"诗人车间"的成员。第一次世界大战期间他再度入伍，因反战言论被流放高加索。后来据他本人回忆，他还借回家族领地之机于1918年获得了哈里科夫大学历史学系的毕业证书。国内战争时期他加入了白军，1920年随军进入波兰，后经雅典辗转来到英国，1921年开始在伦敦大学国王学院担任教授。

20世纪20年代英国民众对俄罗斯文学的了解还仅限于那些"一战"前被译成英语的19世纪俄罗斯经典小说，而对20世纪初俄罗斯诗歌的繁荣局面一无所知。在英国人眼中，俄罗斯只是一个"遥远的、异己的国度，在精神方面还保留着很多西方消失已久的原始自发性"①。这种误读与轻视无疑令米尔斯基痛心疾首，于是，向英国读者乃至西方介绍俄罗斯文学成为当务之急。他认为："西方人写的俄罗斯文学概要的开头习惯于这样告诉读者：俄罗斯文学有别于其他国家的文学，因为与其联系最密切的是社会史与政治史。其实完全不是这样。俄罗斯文学特别是1905年之后的文学，与政治疏离得惊人，而且是在空前的政治动荡并且文学还是其见证者这一背景之下的。即使在谈到政治话题时，当代俄罗斯作家实质上也与政治格格不入；即使像马雅科夫斯基那样写作宣传性的东西，也是把宣传当成手段而非目的。"②为此，他在讲授俄罗斯文学课程之余，还积极向欧洲介绍俄罗斯文学。为了让西方学界和读者了解俄罗斯文学的全貌及发展历程，他不仅编纂了《俄罗斯抒情诗：从罗蒙诺索夫到帕斯捷尔纳克的小型俄罗斯诗选》（1924），还用英语撰写了大量著作论文，如《现代俄罗斯文学》（1925）、《普希金》（1926）、2卷本《俄国文学史》（1926，1927）、《俄罗斯史》（1928）、《俄罗斯：社会史》（1931）等著作，其中《普希金》一书被公认为用英语写作的有关普希金的著作中最好的一部，《俄国文学史》更是被纳博科夫赞誉为"用包括俄语在内的所有语言写成的俄国文学史中最好的一部"，至今仍被西方学者奉为了解俄罗斯文学最好的教科书，甚至连伍尔夫、劳伦斯、海明威等作家也都是通过米尔斯基的著作文章了解俄罗斯文学的。不仅如此，他还用多种语言在法国、德国、美国、意大利等国的期刊上发表论文，从而引起了西方学界的广泛关注。随着《俄国文学史》等著作的问世，米尔斯基被公认为俄侨界乃至西方最为优秀的俄罗斯文学专家。"其分析思想贯穿于艺术文

---

① Джеральд Смит, "Параболы и парадоксы Д. Мирского", в кн. Дмитрий Мирский, *О литературе и искусстве: Статьи и рецензии 1922-1937* (М.: Новое литературное обозрение, 2014), с.13.

② Дмитрий Святополк-Мирский, *История русской литературы с древнейших времен по 1925 год*, пер. Р. Зерновой (1992; Новосибирск: Свиньин и сыновья, 2009), с. 455-456.

本或语文学研究，为了建立自己独特的俄罗斯文学标准而汲取此前未被系统描述与分析的材料。特别重要的是米尔斯基是在文学史而不仅仅是文学批评的范畴内把握当下文学"，其对"文学史与文学批评卓有成效的整合"，在当时的俄侨界是无人能及的。[①]

二、反欧洲中心主义

20世纪20年代是米尔斯基学术生涯的巅峰，同时也是其思想发展演变的重要阶段。来到英国后，米尔斯基越发感到西欧正在走向没落，而"与衰老的战后西欧文明相比，俄罗斯经历了革命与国内战争的巨大而空前的考验，走向了新生"[②]。对西欧文明由崇拜到批判的立场转换使其与欧亚主义者日益接近，并最终成为由俄侨文化精英组成的欧亚主义阵营的一员。其实早在1922年他就在英国的《俄罗斯生活》杂志上发表了一系列关于欧亚主义运动的简讯及其宣言，并于1925年在英国组建了欧亚主义小组。1926年他又与苏甫钦斯基一起创办了《里程碑》杂志，撰写并发表了一系列文笔犀利的有关俄罗斯与西欧的文学和文化的文章，对于推动欧亚主义运动的发展发挥了重要作用。

欧亚主义作为一个对20世纪俄罗斯影响最为深刻的政治思想与历史哲学流派，虽然诞生于俄侨思想精英对国家发展道路的思考，但却并未囿于单纯的理论建构，而是表现出强烈的实践诉求。欧亚主义的核心观点就是帝国理论，即俄罗斯是帝国，也只能是帝国，它不仅是基辅罗斯的继承者，也是金帐汗国的继承者。一直以来，欧洲传统和亚洲传统并存于俄罗斯文化传统之中，亚洲的新鲜血液注入停滞衰老的欧洲血液之中，也必将带来俄罗斯的复兴。欧亚主义者是坚定的反

---

① Михаил Ефимов, "Статьи и рецензии Д. П. Святополк-Мирскогов журнале «Slavische Rundschau» (1929–1932)", *Литературный факт*, 1–2 (2016), с. 85.

② Джеральд Смит, "Параболы и парадоксы Д. Мирского", в кн. Дмитрий Мирский, *О литературе и искусстве: Статьи и рецензии 1922–1937*, с.18.

欧洲中心主义者，他们坚决反对俄罗斯的欧化，认为俄罗斯不应盲目追随西方，而应该探寻一条适合自己的独特发展道路。从某种意义上说，俄侨精英们建构的欧亚主义是一种"革命的"或"后革命的"俄罗斯民族主义。米尔斯基将欧亚主义归入席卷欧洲的民族自觉运动，认为欧亚主义作为"民族历史哲学思想的表达"，是十月革命以来俄侨在"政治思想领域"取得的最高成就。在他看来，欧亚主义者是极端的民族主义者，他们认为俄罗斯是独立的文化世界，既不像欧洲，也不像亚洲。[1]

　　米尔斯基身兼文学批评家与欧亚主义思想家，这种跨界性就决定了其学术成果的独特性。反欧洲中心主义乃至欧亚主义的思想倾向在其20世纪20至30年代初的著作和论文中均有不同程度的体现，例如，他在《论当代英国文学（来自伦敦的信）》（1923）一文中指出，英国诗歌虽然曾经有过浪漫主义的辉煌，但当代英国诗歌却是"没落的、步履蹒跚的，本质上已经奄奄不堪"[2]；而与之形成鲜明对比的则是俄罗斯诗歌创作的繁荣局面。他甚至还在《俄罗斯小说的复兴》（1923）一文中宣称，即便是俄罗斯小说在契诃夫逝世后经历了一段低潮时期，但扎米亚金及其创立的、旨在培养青年作家的文学团体"谢拉皮翁兄弟"也正在将俄罗斯小说创作推向新的高潮。此外，他在《年轻的俄罗斯小说家们》（1925）一文中将当代俄罗斯小说划分为两个阵营，"一派是以情节取胜的西欧派作家，另一派则是文辞华美的欧亚派作家"，"只有后者才真正体现了俄罗斯文学生机勃勃的精神"，而"西欧派作家最大的不幸在于俄语在他们手中退化为丑陋的、粗制滥造的、

---

[1]　Ольга Казнина, "Князь Д. П. Святополк-Мирский: талант и судьба", 2017-09-12, http://russianpresence.org.uk/index.php/history/3045-князь-д.п.-святополк-мирский-талант-и-судьба.html, 2018-06-18.

[2]　Дмитрий Мирский, "О современной английской литературе(Письмо из Лондона)", в кн. Дмитрий Мирский, *О литературе и искусстве: Статьи и рецензии 1922-1937*, с. 38.

呆板乏味的东西，好像是从'外语'翻译过来似的"。①将同时代的俄苏作家划分为西欧派和欧亚派并在此基础上对其创作进行评价构成了米尔斯基这一时期文学批评的基础。他在《康斯坦丁·费定》（1925）一文中指出"谢拉皮翁兄弟"的成员、苏联作家费定的小说是"十月革命后小说领域最为引人注目的现象"，他的《城与年》"值得每个不拒绝苏维埃文学的人阅读"，但其不足之处在于"语言的西欧化"。②

在《俄国文学史》一书中，米尔斯基从欧亚主义的立场出发，对西欧与俄罗斯文学、文化关系问题进行了广泛而深入的思考。在评述《大司祭阿瓦库姆行传》时，米尔斯基特别提及《行传》曾严厉批评莫斯科公国引入德国圣像画法并告诫人们切勿膜拜此类不雅圣像。在论及彼得一世改革对俄罗斯文学的影响时，他指出俄罗斯文学虽然藉此"终于成为了一种现代文学和西方文学"，但这种"法国化的新文学仅仅面对上层阶级"，普通百姓则对其敬而远之。③在评价卡拉姆津的俄语改革时，他直言卡拉姆津弃用数百斯拉夫词汇，而引入大量法语词汇，目的是让标准俄语"与斯拉夫语和拉丁语等旧的教会语言拉开距离，变得更近似法语，一种有教养社会使用的、能够表达世俗知识的新语言"，这实际上不过是"用一种外国样板取代另一种外国样板"，导致了"文化阶层和民众之间"、"新旧俄罗斯之间的鸿沟"的加剧，其本质是"反民主的"，也是"反民族的"。④米尔斯基更是就拜伦对普希金的影响问题提出了全新的见解，认为二者之间"并无实质上的亲缘关系"，"普希金精确的、富有逻辑的风格，与拜伦凌乱的雄辩南辕北辙"。⑤米尔斯基还将列夫·托尔斯泰置于俄罗斯文学主宰者的崇高

---

① Дмитрий Мирский, "Молодые русские прозаики", в кн. Дмитрий Мирский, *О литературе и искусстве: Статьи и рецензии 1922–1937*, c. 104.

② Дмитрий Мирский, "Константин Федин", в кн. Дмитрий Мирский, *О литературе и искусстве: Статьи и рецензии 1922–1937*, c. 119.

③ 〔俄〕米尔斯基：《俄国文学史》（上卷），刘文飞译，北京：人民出版社，2013年，第52页。

④ 同上书，第81—82页。

⑤ 同上书，第119页。

地位，批评西方近年来将托尔斯泰赶下神坛而代之以陀思妥耶夫斯基完全是因为西方精英的"精神老化"。此外，他还指出托尔斯泰在《霍尔斯托梅尔》中采用马的视角"实质上是波斯风格、中国风格和18世纪此类写法的后裔，东方观察者在此类作品中现身"①。

米尔斯基还对有着"俄罗斯社会主义之父"之称的赫尔岑表现出特别的兴趣。这或许是缘于二人相同的人生经历，同样出身于贵族世家，受过良好的教育，身兼文学家、思想家、办报人数职，最主要的还是背井离乡、寄居异国却心系祖国这一共同命运。米尔斯基认为"赫尔岑的社会主义具有清晰的民族色彩"，对他来说，社会主义是"摧毁西方的陈腐文明，使欧洲社会衰老的肌体重新焕发生机"的"一种刺激，一种酵母"，作为"俄罗斯农业社会主义的第一人"，他"期望建立一个社会主义的俄罗斯，这种社会主义体制的基础与其说是欧洲的无产阶级传统，莫如说是俄罗斯农民的村社传统"。赫尔岑虽侨居西欧，却厌恶"自私自利的资产阶级文明"，对西方"持轻蔑或冷漠之态度"。他"具有真正的民族自豪感"，充满爱国主义激情，坚信"俄罗斯的活力"。②这些似乎也是米尔斯基本人思想特征的写照。

米尔斯基与其他俄侨批评家的不同之处在于他对苏联文学的承认与关注。他不仅在《里程碑》上大量刊发苏联作家的作品，还大力赞扬苏联文学的创新性，甚至在《俄罗斯诗歌现状》（1926）等文章中公开宣称俄侨文学根本无法与年轻的、生机勃勃的苏联文学抗衡。这些都从侧面反映出早在米尔斯基积极参与欧亚主义理论建构的时期，其思想就已经开始显现出某种对马克思主义与苏联的兼容化倾向。

三、转向马克思主义

20世纪20年代末30年代初对于米尔斯基来说无疑具有决定性意

---

① 〔俄〕米尔斯基：《俄国文学史》（上卷），刘文飞译，第348、352页。
② 同上书，第288—289页。

义，他开始逐步转向马克思主义。1928年1月由米尔斯基主编的《里程碑》第三期出版，这也是该杂志的最后一期。《里程碑》的停刊对米尔斯基等人来说意味着"建立某种包括本土文学（苏联）与俄侨文学在内的跨境俄罗斯文学"的尝试告一段落。[①]同月他在意大利索伦托拜访了高尔基，从某种意义上说，二人的会面标志着米尔斯基与苏维埃政权合作的开始。

1928年底，他积极参与创办《欧亚报》，《欧亚报》的亲苏倾向成为欧亚主义分裂为"左派"和"右派"的导火索，而两派的根本分歧就在于对待十月革命、苏联与马克思主义的态度。以苏甫钦斯基、米尔斯基、卡尔萨文为代表的左派主张承认十月革命与苏联，认为十月革命结束了俄罗斯的欧洲定位，为建立俄罗斯-欧亚国提供了可能性；苏联是俄罗斯帝国传统的延续，将带领俄罗斯-欧亚人民走上复兴之路；而马克思主义则是苏联文化的一种创造性的本土化表达，可以兼容于欧亚主义。基于这一立场，米尔斯基对苏联文学文化艺术的发展问题也越发关注。

1828—1832年间，米尔斯基所有用俄语写的文章都发表在《欧亚报》上，数量几乎占到该报发表文章总数的一半。这些文章不仅涉及政治、历史、意识形态等方面的问题，还有很大一部分是探讨文学、艺术与电影的。其中发表于1929年1月12日《欧亚报》上的《欧亚主义之路》一文充分表达了米尔斯基的欧亚主义思想。他在文中强调自己并没有背离早期欧亚主义的基本立场，即对与罗曼-日耳曼文化相对立的非欧洲文化的自在价值以及俄罗斯-欧亚文化普遍性与绝对性的认知与肯定；但同时他也指出欧亚主义自产生之日起，就一直存在着"美化莫斯科公国"、"将俄罗斯的未来描绘成一个东正教帝国"等右倾保守主义与民族主义倾向，这对欧亚主义的发展无疑是极为危险

---

① Михаил Ефимов, "Святополк-Мирский в газете «Евразия» (1928-1929 гг.): поиск синтеза «Авторского канона» русской литературы с евразийской и марксистской идеологиями", *Вестник ПСТГУ, Серия III: Филология*, 1-41 (2015), с. 40.

从欧亚主义到马克思主义：米尔斯基文学批评的政治维度　　107

的，他认为只有"用欧亚国的概念取代俄罗斯的概念才能使欧亚主义超越狭隘民族主义的樊篱"。此外，他认为十月革命是"俄罗斯人民开始反对彼得一世欧化改革的起义"，"开辟了新纪元"，对十月革命持赞成态度"预示着对苏维埃联邦制的接受"，只有这样才能"打开通向人类普遍主义的大门"。特别值得关注的是米尔斯基还在文中称马克思是"所有西方思想家中我们最亲近的"，其行动哲学"在欧亚主义未来的辩证发展中仍将是具有决定性意义的因素"。[①]文学批评类文章则主要涉及托尔斯泰、丘特切夫和契诃夫等俄罗斯经典作家、俄侨文学、苏联文学、文学与电影等内容，但在这些文章中米尔斯基却鲜少提及欧亚主义或使用欧亚主义的概念，仅在《丘特切夫》（1928）和《赫列勃尼科夫》（1929）这两篇文章中提到"彼得一世工业化时期的诗人罗蒙诺索夫的繁荣的欧亚主义不同于丘特切夫与普希金的西方主义"[②]，称赫列勃尼科夫"因地理原因天生就是欧亚主义者"[③]。

这一时期的米尔斯基与英国共产党的关系越来越密切，不仅于1931年加入了英共，还应其要求撰写了一部列宁传记——《列宁：现代缔造者》（1931），并且以马克思主义为指导对此前以欧亚主义立场写成的《俄罗斯史》进行了修改。同年，他更是公开发表了《我为什么成为了一名马克思主义者》一文，宣告自己的思想转变。1932年米尔斯基因宣传共产主义被学校解职，在高尔基的促成下回到苏联。出身贵族的米尔斯基内心深处也一直渴望可以像自己的祖先那样为国效力，回国后，他积极参与苏联的文学生活，继续从事文学批评与出版活动，不过与以往不同的是由向西方介绍俄罗斯文学转为向苏联读者介绍英国文学，特别是艾略特、乔伊斯、赫胥黎等西欧作家的作品。虽然他这一时期的文章难免受到庸俗社会学的影响，但其中仍不乏真

---

① Дмитрий Святополк-Мирский, "Путь евразийства", 2016-07-06, http://az.lib.ru/f/fedorow_n_f/text_1929_put_evraziisyva.shtml, 2018-06-18.

② Дмитрий Святополк-Мирский, "Тютчев", *Евразия*, 1928-12-29, 6, с. 5.

③ Дмитрий Святополк-Мирский, "Хлебников", *Евразия*, 1929-01-26 , 10, с. 6.

知卓见。他编纂的《英国新诗选》于1938年出版，更是受到了苏联读者的欢迎。

米尔斯基一生都游走于诗人、文学史家、文学批评家、政论家、历史学家、政治活动家等多重身份之间。进入20世纪30年代，他似乎对自己批评家的身份有所厌倦，开始有意向历史学家和政治评论家转型。从教育背景来看，先后毕业于彼得堡大学古典语文学专业和哈里科夫大学历史学专业的米尔斯基无疑是集语文学者与历史学者于一身。他本人也多次强调自己的专业是历史而非文学。从某种意义上说，列宁传、2部俄罗斯史及一系列探讨俄罗斯历史与现状的文章都是米尔斯基宣示自己历史学者身份的"投名状"。从其曾经加入欧亚主义这一政治历史流派的事实来看，他后期的学术兴趣转向似乎也并非不可理解。但是，米尔斯基并未就此停止自己的文学批评活动，30年代他依然撰写了不少有关苏联各民族文学的文章。纵观米尔斯基的文学批评思想与立场的演变历程，文学与历史的结合最终赋予了其宏阔纵深的历史视野与文学批评的客观趋向性。

特别值得一提的是，1928年之后的米尔斯基开始高调宣扬"伦理学方法的回归"，主张用伦理学方法取代美学方法。[1]如果说米尔斯基此前的文学批评呈现出反欧洲中心主义甚或欧亚主义倾向，那么，伦理学批评与其思想的马克思主义转向则存在着某种关联性，其批评活动的重点也转向了苏联无产阶级文学。例如，他在《尤里·奥列沙》（1934）一文中指出"奥列沙的独特之处在于他充当着一位秉持独特立场的理论家，并且坚信自己的立场是社会主义社会建设中必不可少的因素"[2]；在《构思与完成》（1934）中探讨了法捷耶夫的小说《毁灭》在苏联文学发展史上的重要意义；在《米哈伊尔·肖洛霍夫》（1934）中称赞《静静的顿河》是苏联文学中"一股崭新而强大的力量"，拓展

---

[1]　Дмитрий Святополк-Мирский, "Заметки о пролетарской литературе", *Евразия*, 1928-12-22, 5, с. 6.

[2]　Дмитрий Мирский, "Юрий Олеша", в кн. Дмитрий Мирский, *О литературе и искусстве: Статьи и рецензии 1922–1937*, с. 255.

了苏联现实主义文学的广度与深度。①他还在《社会主义心灵的伟大工程师》（1936）和《无产阶级第一艺术家》（1936）等文章中高度赞扬高尔基是"十月革命前俄罗斯最后一位伟大的经典作家，新的无产阶级文学与苏联各民族社会主义文学之父与奠基人"②，他继承了"以往的、19世纪伟大的俄罗斯现实主义流派的优良传统"，成为了"经典艺术与新的人类社会主义艺术之间充满强大生命力的一环"。③对于已经转向马克思主义的米尔斯基来说，将对俄罗斯国家繁荣昌盛与民族文化发展的希望寄托于苏联，与其早年的欧亚主义立场不仅并无相悖之处，甚至还有着某种渊源关系。

事实上，欧亚主义作为一种意识，仍旧隐现于米尔斯基晚期的文学批评实践当中。回到苏联后，中亚文学开始出现在他的批评视野之中。发表于30年代中期的《围绕塔吉克文学》（1935）、《苏联诗歌的花园：格鲁吉亚文学》（1936）、《格鲁吉亚诗歌》（1936）等文章和报告对塔吉克作家拉胡蒂和艾尼、格鲁吉亚中世纪诗人鲁斯塔维利等的创作、格鲁吉亚诗歌的特点及其对苏联诗人吉洪诺夫的影响问题进行了分析，并给予了高度评价。在米尔斯基看来，无论是俄罗斯文学，还是苏维埃塔吉克文学、苏维埃格鲁吉亚文学，都是苏联文学的有机组成部分，他对苏联文学版图的这种建构从本质上说与欧亚主义有关"俄罗斯-欧亚国"的构想也是一脉相承的。

米尔斯基不仅是其所处时代俄罗斯文学进程的参与者和见证者，还是一位卓越的文学史家与文学批评家。他精通俄罗斯文学，熟知欧洲文学，使用俄、英、法、德、意大利等多种欧洲语言撰写了7部专著和400篇文章，编纂了2部诗选，出版了多部译著，其著述对西方

---

① Дмитрий Мирский, "Михаил Шолохов", в кн. Дмитрий Мирский, *О литературе и искусстве: Статьи и рецензии 1922–1937*, c. 269.

② Дмитрий Мирский, "Великий инженер социалистических душ", в кн. Дмитрий Мирский, *О литературе и искусстве: Статьи и рецензии 1922–1937*, c. 338–339.

③ Дмитрий Мирский, "Первый художник пролетариата", в кн. Дмитрий Мирский, *О литературе и искусстве: Статьи и рецензии 1922–1937*, c. 339.

的俄罗斯文学研究产生了深远的影响。不仅如此，作为一名欧亚主义活动家，他还在20世纪20年代的俄侨政治生活与文化生活中发挥了重要作用，正如英国学者史密斯指出的那样："米尔斯基曾经是也仍将是'俄罗斯的欧洲'历史上的对话者、同行者与传播者，没有他'俄罗斯的欧洲'几乎令人难以想象。"[①]近年来，米尔斯基的学术遗产在俄罗斯引起了越来越广泛的关注，从文学、历史学和政治学等多个角度对其进行解读与研究可以帮助我们建构起其思想体系的整体图景；其中欧亚主义作为一个独特而新颖的分析视角，有利于我们准确把握其学术思想的发展演变脉络，揭示其学术遗产的跨学科特征、文化民族主义定位及反西方中心主义的价值取向。

[①] Джеральд Смит, "Параболы и парадоксы Д. Мирского", в кн. Дмитрий Мирский, *О литературе и искусстве: Статьи и рецензии 1922‒1937*, с.30.

以太，确有此物……

——欧洲对"以太"的论述史及"以太"对侨易学的影响

〔德〕旷思凡 撰 〔德〕旷思凡、董琳璐 译 杨宏芹 校

摘　要：自亚里士多德将"以太"引入欧洲的科学传统中以来，已在形而上学层面极大地影响着欧洲人对文化与科学的理解："以太"既是不变的、永恒的，同时又在不同时代有着新的术语代称如"媒介"；"以太"在本体层面又是非实质的，在现实中不存在实际对应物质，因此在电视媒体时代以来"媒介"以其多义、多功能而体现了"以太"的超验性。从东方的"以太"传统而言，老子之"道"建构了一种纯内在的转变层次，庄子之"气"以其先验、先概念代表了东方对纵穿时空的变化性的理解，两者虽可对应西方的"以太和媒介"二元之分，但其构建了中国传统上的整体结构认识而绝非狭隘的本体论认知。侨易学延续了这一思考路径，通过其反本体化努力首先为科学的新意义提出、继而为重新本体化扫清了道路，从而可重新恢复中国概念的一种内在性。

关键词：以太　媒介　道　气　侨易

"您终将看到，所有力量属于那些既坚硬又柔软之物，尤其是那种短暂易逝之物，它在快速穿过网络时未曾遇到任何抵抗：没有遇到媒体，它以令人信服的蛊惑力控制信息；没有遇到控制真相的科学；没有遇到属于实施范围的法律。"[①]

众所周知，以太的概念，并不是欧洲近现代借助其自然科学探索

---

① Michel Serres, *Altas* (Berlin: Merve Verlag, 2005).

和技术发明精神而创造出来的。它早在两千多年前，就已经在亚里士多德的《形而上学》的实体学说框架内，被引入到了科学传统中。当年，这位希腊哲学家和科学家以这种想法在欧洲的"文化和科学"理解结构——其相当一部分直到当代仍有效——的建构中起了决定性作用，他将以太（这位古希腊哲学家和科学家不仅以其"形而上学"概念极大地影响了欧洲人对文化与科学的理解（这一理解的相当一部分至今仍有效））作为"quinta essentia"（古希腊中神奇的第五元素，译者注），也就是第五种存在物，加入了火、水、土和空气四种基本元素之中。他通过创立这种新的术语，用一种其他的物质来反驳那四种以其变化能力而出众的元素。这种物质被看作是不变和永恒的。它以可穿透所有其他物质实体而见长，联结所有的存在物，并从而在一定意义上表现出一种媒介特性。

借助这种"quinta essentia"的输入，亚里士多德当年不仅引入了以太，而且为一个"媒介和沟通"概念创造了前提条件，各门科学直到现在都与该概念以这样或者那样的方式相关。借助本体中的核心定义，亚里士多德为包括以太在内的各种元素的区分创造了基础，从而在某种意义上，也已预计到了媒介的物质概念。在他的模型中，本体称物质为基础，总是只有经过理念、方式和形式才具有意义。因此，本体首先还不是被理解为不具有目的的物质，而是具有确切的相关参数。它在相互的关联中得到外界赋予的意义，该意义作为秩序原则总是同时也意味着文化和交际。由此，按照亚里士多德的观点，本体还没有被彻底物质性地加以定义。

以太在一定程度上是前概念性且在意识之内显而易见的。尽管如此，作为本体被引入的它，相对那四种在物质性上已被证明了其形而上学和文化意义，却又远远超越其本体自身的元素而言，与其说它是物质，还不如说是一种——被补充进来的——形式。如果跟随这种论证，并将其转移到古典文化和沟通理解上，那么，媒介就可以作为不仅仅是位于物质元素之间的联结物来领会。这更多的是指派给媒介那个形式，即理念，该形式赋予媒介及其所连接的元素价值，从而将其自身置入充满意义的实体中心去。这里的媒介，在希腊词汇"媒介"（Medium）最初的核心意义中作为中心，即"中央集市"，被加以定义，而所有意义皆是在与向其涌来的各种本体的互动之中以其本身为出发点的。

亚里士多德的古典本体学说只在一定的程度上是在媒介研究中自我描述的本体思想的榜样，在17和18世纪，笛卡尔[①]、康德[②]和其他人用这种思想宣告了现代的来临。他们将物质与经验最终分隔开来，以便将其在同样的面貌中规定为其先验，并从而建立了自然和文化科学之间直至今日都无法逾越的分割。在这种近代科学传统的基本秩序中，各类学科体系得以形成，其研究方法也被区分开来，而以太和媒介直到今日仍在协商讨论的过程中。从我们自身认识空间的视角来观察，在对以太的理解和对媒介概念确认的问题上所涉及到的，首先总是对在本体的核心概念理解中的延续性和变化的问题。于其而言，以太是作为一种假定的物理学的细微物质加以归类的，而媒介则是作为物质映像及知识和意义间中介的自我物质性定义的工具。此归类是以一种理性逻辑加以论证的，并只是与不具形式的物质及其映像相联结的科学，为基础的。这种科学在启蒙和工业化的条件下，将亚里士多德的论题中的主要部分排斥入超验的、不可证明的领域中去了。对此的前提是，为了有利于笛卡尔的神的证据的超验性，或者康德的那些虽然将物质作为经验的先验却不作为经验自身看待的范畴，亚里士多德《形而上学》的内在性被消解了。对于笛卡尔而言，本体成为了那存在着的，并仅仅以其自身为存在前提的事物。就此，这位17世纪早

---

① René Descartes, *Meditationen über die erste Philosophie* (Stuttgart: Reclam, 1986).

② Immanuel Kant, *Vorlesungen über die Metaphysik* (Darmstadt:Wissenschaftliche Buchgesellschaft,1988); Immanuel Kant, *Kritik der reinen Vernunft* (Darmstadt:Wissenschaftliche Buchgesellschaft,1998)。相关延伸作品参考 Stephan Philipp Forst, *Das Ding in seiner Verbundenheit von Substanz und Erscheinungen: Entwicklung eines deskriptiven Dingbegriffs auf der Basis von Aristoteles, Kant und Piaget* (München: Utz Verlag, 2001)。

期的法国自然科学家在自然和文化之间的差异之外又引入了精神和物质之间的差异，这种差异直到当今也通常被视为是有效的，并奠基了笛卡尔的二元论。而在笛卡尔之后的一个世纪，康德在物质世界里虽然无止境地认识到了许多本体，但是却将其从感知范畴及其外在（文化-沟通）意义归因中干净细致地分离出来，他偏爱一种仅具物质性并忽略感知范畴的本体概念。以太，作为细微物质的定义，也是以这种在欧洲的启蒙科学中，将本体作为在物质性的层次上总是不具形式的物质来确认的共识为基础，正如自然科学在19世纪社会和文化的工业化秩序下对其曾加以讨论的那样。在这种理解中，以太也就此被确认是只具物质性。它自身曾一度被视为不依赖于经验的，并作为范畴去表达相同的先验。在这种理解中，它不可避免地陷入对其物质性存在和可证明性的依赖，这对科学范例持续地产生影响，直到由笛卡尔参引以太而产生的、理性科学的神的证据。用媒介的理解在一定程度上可以说，这意味着离开那中心和"中央集市"的古典理解，就像它在亚里士多德的沟通理解中还曾有深刻影响，并且在欧洲之外的众多文化中，直到现在还能保存下来一般。当年在欧洲，以太被定义为中介和处于中间者。而它将中心注意力不可避免地从形式转移到本体上，即转移到那些媒介在其间沟通的元素上：通过以太和媒介彼此连接的讯息发送者和接收者。这种观念将媒介降格为自身意义空虚、只有通过其与本体的连接才能获得意义的工具，并和沟通所用的所有符号学模型一样，对信息理论产生了影响。它在麦克卢汉的媒介概念（"The medium is the message"）中也未能全然被克服。正如那借助秩序定位论（Dispositivtheorie）和效能分析法加以论证的让·路易·鲍德利（Jean Louis Baudry），以及众多在此传统中论证着的研究者们一样，麦克卢汉虽然认识到了媒介通过有条件的秩序，在意义生发中的角色。可他却仍拘泥于那种工具概念，并从而也停留于那种区别化思想。而该思想自身在解构理论中仍是清楚易见的。将差异问题推入其核心的逻辑理性中心主义批判，虽然直接涉及所有这类模型以及在其之前的认识系统的线性和二分化，但是它自身却从它们出发加以论证，而且不能用相应替代物对抗它们。①

如今我们大家都知道，对以太的一种假定本体的严肃研究，已经由早期的相对论和量子理论的代表们，尤其是爱因斯坦在他于1905年出版的关于"狭义相对论"的作品②中，于20世纪早期再次结束了。那时，以太鉴于其在当时和现今自然科学表现方式的运用中的不可定义性，被宣布为一种不存在的物质。它不再有实质性的对应物，而欧洲科学在此基础上才能将其物质论证逻辑继续扩展和合法化，并将以太融入现代化的本体理解中去。通过将以太从其先验物质性的确认中分离出来，同时也是为此创造了——直到今天仍几乎没有被使用过的——基础，从而在某种意义上将其重新连接上它原初的讨论，并在传统的、物质的本体概念之外提出其意义的问题。一种被唯物主义科学宣布为空想，并只作为纯粹的假设继续存在的媒介，最终也不再与其可能的物质性条件的科学理念相联结了。它将自身从本体的桎梏中解放出来，并如同在篇首引用过的米歇尔·赛雷斯的文章《阿特拉斯》（Atlas）中所描写的那样，在其占用性和社会文化性的功能结构中，永远"以其浅显表象在快速渗透进脉络时不会遇到任何反对"，以及针对特性的真正实现的纯粹讨论，如亚里士多德当初至少原初性的考虑了以太本体。回溯到其推理的存在上去，以太在事实上却成为了空虚和巨大虚无，我们认识的空间的本体论在其精确的二元对立中，准备好把它作为对逐渐丧失的实体的唯一替代物。对此，除了驳斥本体性以太之外还一直延续至今的对"细微物质性的物质"的自然科学观察，也不能有一些持续的改变。这种物质的不存在性无法借助现有的、只能在正面证据上加以解释的自然科学方法真正被证明，而一种不能加

---

① 可参见麦克卢汉、鲍德利和德里达的模型: 神奇的频道（"Die magischen Kanäle"），反向上（"Das Dispositiv"），书写和差异（"Die Schrift und die Differenz"），Jens Schröter, Simon Ruschmeyer, Elisabeth Walke (Hrsg.), *Handbuch Medienwissenschaft* (Stuttgart: Metzler Verlag, 2014), S.45.

② Albert Einstein, "Zur Elektrodynamik bewegter Körper", in *Annalen der Physik*, Jg. 17, 1905, S.891-921.

以确认的存在的背面，总是允许有一种——涉及方法论自身的——残余疑惑。从而，在不能验证的本体位置上，就总是出现推想和超验。在这种意义上，众多研究者像从前一样，没有放弃以太存在的可能，并为了对此加以阐述，而时常越过公认科学的边界。

对物理性以太的驳倒其实已经提出了放弃简单的物质和精神、自然和文化的差异建构，返回到其形式和结构的问题上，以便将以太作为社会-文化的意义赋予者来重新发现，并且将其如媒介一样作为内在的空间去理解。取而代之的是科学至今仍主要坚持纯粹的物质性实体和纯粹的精神之间的超验区分。如果在此，双方在必要时不会一再混杂交织为无区别，这当然也就不会发生。根据爱因斯坦的一种"相对论的以太"概念，海德堡的化学家福卡莫（Klaus Volkamer）至今还在提早就流传下来的科学神话，而那位物理学家（指爱因斯坦，译者注）借助这个概念，于1920年5月5日在莱顿进行的就职讲座上通过一种不仅在惯量上发生影响，而且自身也由其引起的以太的想法，来应对一种全然空虚的空间的思想①。福卡莫（Volkamer）在其2003年出版的著作《自然科学的细微物质性扩延》（*Feinstoffliche Erweiterung der Naturwissenschaft*）的序言中，将可以描写和表现的"粗糙物质性物质"，与一种按照本体性上存在的"细微物质性物质"的可能性形式相对立，而该物质，是恰恰至今仍然还不能被证明的："这种细微物质性的物质类型显得是场界型地、无所不在地穿透所有东西。尽管如此它至今还没有被现代物理学所发现。"②从而福卡莫（Volkamer）——以及众多和他一起在这种传统中研究的科学家——就此跃过了从唯物主义科学到奥秘的信仰观念的边界地标：

---

① Albert Einstein, *Äther und Relativitätstheorie*（Berlin: Springer, 1920）. 并参见 Christian Kassung, Marius Hug, "Der Raum des Äthers, Wissensarchitekturen-Wissenschaftsarchitekturen", in Albert Kümmel-Schnur, Jens Schröter (Hrsg.), *Äther: Ein Medium der Moderne* (Bielefeld: Transcript Verlag, 2015), S.99-129.

② Klaus Volkamer, *Feinstoffliche Erweiterung der Naturwissenschaften* (Berlin:Weißensee Verlag, 2004), S.7.

"一种至今未知的细微物质性物质的证据，越过一种扩展的空间和微粒概念，引向一种根本的物理学、化学和生物学的扩延。新发现的细微物质性的微观的、宏观的和宇宙的后果作为一种普遍、真实的物理学以太的基础，将会被加以讨论。"①

此间就显现出逻辑唯物主义科学的进退两难，正如在许多情况下一样，这类科学在此撞上了正面证明能力的边界，并且被束缚在认识系统的栅栏内，只能通过宣告所寻找物质的不存在（比如爱因斯坦的事例），或者被其超验（比如福卡莫［Volkamer］的事例，他尽管如此还引用爱因斯坦为证），击退到其二元秩序中去，然而却还不能将其本身放在它们的模型中去思考。自然科学在这里被当作对不可见物和遁离物的证明加以培养，而这些物质至少应当去解释世界和来源以及其组成部分的存在和形成。在此，以太在事实上却成为一种没有实体性对应物的纯粹语义学的量值，却也不具有远离其物质可证明性的对一种存在的认识。正是福卡莫（Volkamer）的理论，热衷于非物质的、自然科学不能证明的对象，同时又在无意中强调，以太是如何作为纯粹的语义学话语，还是能将一个促成意义的量值的功能权力拉到自己身边的。即使它不必去代表物质性可证明的真实性，并且在其总是烦劳自然科学的可行性形式和不充分性的论证形式中也不是确实可驳倒的，它还是成为了生成任意消息和真相的游戏方式以及关于在工业化的欧洲和北美社会中权力和反抗的社会文化主导讨论的必需相关领域，而这些社会在牵涉更广的程度上，也与对"大众媒介"的以社会学为导向、在意识形态上被决定的研究，以及该概念自身，联结在了一起。

正如以太一样，媒介及其在20世纪对大众媒介概念的详细化，在

---

① Klaus Volkamer, *Feinstoffliche Erweiterung der Naturwissenschaften*, S.7.

缺乏一种通过其可以将它们自身加以本体定义的、明显的、可确定的物质的情况下，也变成虚无，变成一种空虚的、在语义学上却可以随意造型的投影平面。可兹证明的是，全都是从一种讯息被动接受群体的封闭本体想像出发的意识形态的壕沟战斗，直到今天，在有关的科学、政治和通俗话语中，被作为促成意义的工具如民族教育，或者也被作为促进暴力和残忍的愚化机器使用，并同时给予第二种实体量值，即发送者们一种似乎不加限制的意义权力。在所有这儿进行的讨论的悖理处，其中还是显现出文化和社会的功能，借助这种功能，以太和媒介从其符号和名称的按照慎重判断可以补满的象征力量出发，产生它们自己的、针对其物质性存在的可能性（以及任意以谈话方式的可塑造性）的神话。我们大概发现，在20世纪中央化和高度标准化福特主义的制造和交流条件下，将大众媒体作为稳定民族和国民经济的驱动性霸权力量贯彻，而其事实效果及有效性却至今压根没有能够被证明。我们同样发现，当在具有同样名称的文化批判和批判性理论的特征中，在给大众媒体附加的"文化工业"标签下，一种反抗的神话产生于世，在其影响力之下最后变得无足轻重的是，无论是那首先思想上构思出的、却无本体性对应的大众概念，还是那个媒体概念，至今都根本不能真正被理解和被统一定义。正如米留提斯（Joe Milutis）在其最新著作的序言里对于以太讨论所写的，又如多数传媒学对其自身对象所持续重复的反思一样，就出现了一种全球普遍主义。[①]它不打算在其自身语义中保持原状。它更多地却是在殖民传统中努力借助其逻辑唯物主义的权威要求登录于其它认识空间，为了同时成为一种全球的解释范式，并在此道路上通过现代科学神话的后门，再次找到通往亚里士多德的世界解释模式的门径。米留提斯（Milutis）在其著作的首句中这样写道：

---

① Joe Milutis, *Ether, The Nothing that Connects Everything* (Minneapolis,MN/ London:University of Minnesota Press, 2006), S.9.

每种文化都有称呼其无形之物的名词。如灵量（kundalini）和灵上（de Anima），上帝原始力（Ein Sof）和无人格力量（Mana），生命能（orgone），青金石（lapis），虚空（akasha），气（chi）和生命给生力（Prana）。以太是天上的超级通量，它触发思想的丰富性，尽管这个词语原意是空洞。[①]

他放弃在媒介学和话语考古学中重建一种以太的超验作为有意义的最高者，而这种超验在相当程度上为19世纪的讨论所影响，为此获得一种不仅在以太讨论中而且在其秩序及其衍生上的认识批评性视角。他力求尝试将一种以太的全球普遍化从现在起作为全球性解释的语义学量值，通过这种方式，在这一或其他视角下，他总是只回到那些他自己讨论其对象的话语中。不采用一种外部视角，并由这种外部视角深入研究对他所引用的文化方案有所影响的各个认识系统，还将它们全部归纳到他和他的文化及其语义学所特有的"空虚"方案中，他因此错过了对这些文化的细微观察，而在这些文化中，以太以及他用来与以太相比或视为其对等物的那些概念和物质，都被讨论过。因此，他也几乎不能再去接近以太自身的概念了。

正如笛卡尔和康德传统下的哲学讨论一样，这些哲学讨论同时也影响了对媒体的感受以及现代和后现代的中介与居中者的媒介概念的建构，对以太的讨论，正如米留提斯（Milutis）对这一讨论的引用和继续所显示的，鉴于其在现代实体理解的观点下的无法继续性，也主要是在从此岸向彼岸世界跨越的超验角度下，由一种经验可证明的物质性被协商成了一种空洞的科学讨论。这种讨论，在19世纪的技术讨论中也正如福卡莫（Klaus Volkamer）的现今观察的情形一般，在同一时刻也总是负载着宗教和奥秘的特征，或者建立对其自身的替代神话。一种对文化上有特殊影响的话语内在性的前哲学、前概念性接近，在

---

① Joe Milutis, *Ether, The Nothing that Connects Everything*, S.9.

两种情形下都被避免了，这类话语至少被亚里士多德作为问题引入他对本体的思考中并也是所有由米留提斯（Milutis）引用的远东讨论的不可或缺的组成部分。虽然当年绝对已经有对本体性同一和差异的固定归因的怀疑，例如杜伯－曼科斯基（Astrid Deuber-Mankowsky）鉴于在18世纪晚期欧洲科学中的幻想概念解释的那样。[①] 从而，爱因斯坦在他关于狭义相对论的论文15年之后于莱顿大学就职讲座中表达的论点，即时空在物理事件中的直接参与，以及从中发展出来的对这些范畴的物质先验性的质疑，就不再能够仅仅借助笛卡尔和康德传统中的本体理解来加以理解了。而且，格奥尔格·齐美尔于1908年发表的现代理论，在其中这位社会学家放弃了将社会和个体的概念作为社会意义塑造的核心参变量，反而重视交际、相互影响、交流，对此是一个精确且影响深远的例子，即一种只联结在物质上的实体观察绝对没有普遍的特性，而是要直接与这一物质被协商的话语相联结。于是，人们那时也已经认识到，在其认识空间的彼端，对以太及媒介二分化秩序理解的另一些选择。若是要在其结构中去认识这些选择，不将其融入自身认识论系统，自然要以至少是想象出的对自身的背离、对一种异位位置的接受为前提，可是所提到的那些研究者们中没人敢做到这一点。[②]

爱因斯坦、齐美尔以及20世纪中所有学科众多其他学者的模型，从哲学家德勒兹（Gilles Deleuze）[③]到社会学家拉扎托（Maurizio

---

① 参见 Astrid Deuber-Mankowsky, *Praktiken der Illusion: Kant, Nietzsche, Cohen, Benjamin bis Donna J. Haraway*（Berlin:Verlag Vorwerk 8, 2007）。此外还可以参见另一篇文章：Astrid Deuber-Mankowsky, "Eine Aussicht auf die Zukunft, so wie in einem optischen Kasten. Transzendente Perspektive, optische Illusion und beständiger Schein bei Immanuel Kant und Johann Heinrich Lambert", in Daniel Gethmann, Christoph B.Schulz, (Hrsg.), *Apparaturen bewegter Bilder* (Münster:LITVerlag, 2006), S.19–35。

② 参见 Georg Simmel, *Soziologie, Untersuchungen über die Formen der Vergesellschaftung* (Frankfurt am Main: Suhrkamp, 1992)。

③ 参见 Gilles Deleuze, *Differenz und Wiederholung* (München:Wilhelm Fink Verlag, 1997)。

Lazzarato）^①，他们都曾致力于反二分化的、拒绝康德传统中本体教条的认识模型，其中首先是法国哲学家和诺贝尔文学奖得主柏格森（Henri Bergson）。他特别在著作《物质和记忆 *Matière et mémoire*》（1896）和《创造性发展 *L'Evolution créatrice*》（1907）及关于《形而上学导言》（1903）的纲领性文章中，德勒兹（Deleuze）和拉扎托（Lazzarato）都如爱因斯坦提到该导言，为之创造了认识理论的前提条件，即在我们自身的感知空间中及其条件下定义一种可选的时空概念，并从而也重新定位对本体的问题。^②柏格森特别是借助其关于绵延（durée）的想法以及在其中进行的对时空关系的重新观察，已经在当时就反对康德的范畴和自然科学直到今日仍有效的本体论。在将其固定作为平等的、基于物质性先验的直观形式的位置上，这些形式中时间确实只能通过其在空间中的运动，也就是说，通过添加这第二种物质性的范畴来加以度量，柏格森尝试着借助绵延（durée）使认识形式脱离其物质性先验。他将作为（通过客体可占据的）点的均质总量出现的空间的物质性留给理性分析的自然科学，并从而为一种认识批评的、直接涉及空间本体的时间感知腾出了位置。意义以及处于持续流动中的、永恒变化的存在，出现在绵延（durée）中，但是只作为一种意识范畴，该范畴不停地在时间（和直觉）中更新空间。借助他联结到绵延（durée）上的、一种来自于时间在空间上或者空间在时间上重新连接的生命冲动（élan vital）的想法，柏格森引进了一种别的意义范畴。它完全能去整合本体。它将本体从其先验的条件中解放出来。就此，这位诺贝尔奖得主在其哲学著作中，总算为避免本体教条，和在欧洲思想中重新发明非理性的方案，预备好了认识理论的前提。此

① 参见 Maurizio Lazzarato, *Videophilosophie: Zeitwahrnehmung im Postfordismus* (Berlin:B-Books Verlag, 2002)。

② 参见 Henri Bergson, *Materie und Gedächtnis: Eine Abhandlung über die Beziehung zwischen Körper und Geist* (Hamburg: Verlag Felix Meiner, 1991); Henri Bergson, *Schöpferische Entwicklung* (Verlag Felix Meiner: 2013);Henri Bergson, *Einführung in die Metaphysik* (Cuxhaven:Junghans Verlag, 1988)。

外，他还为一种以太和媒介的定义准备好了场地，如果该定义被持续追寻，它也许能避免其在本体和超验之间确认的问题，并能认识批判性地转向其对象的存在或者形成的内在性上去。

因而也就产生了由柏格森通过其理论在某种意义上对有关事项的提问，是否时间和空间，是否与此相似的理智和直觉，只有在如下条件中才能存在，即始终在空间中也有物质的存在。与之相关的问题是，是否以太和媒介只有在如下条件中才能存在，即当对其设想有物质性对应存在时。在讨论以太时，人们按照今天的认识状态必须从这点出发，即这样一种东西并不存在，这种情况比在媒体特别是大众媒体那里显得更加清晰，这些媒体作为将所有联结在一起的力量，在某种意义上在社会自我建构和神话建构中替代了以太。大众媒体研究的代表者们，一方面依此推测，存在着两种或者更多的本体，（即形成群众的个体和通过其机构代表的社会，以及政治或者经济上被加以定义的权力装置），媒体在它们之间沟通，并在其间占据自己的空间。另一方面他们通过承认电影、电视和其它文化技术作为执行工具的方式，给媒介自身添加了一种本质。后一种观点，过去是，现在也是，在一门在本体基础上论证的科学的、确定的本体论中是绝对必要的，为了在根本上能建立一种传媒学，并将其合法化。因为，一种没有对象的科学，到底算是什么呢？同时对每一个研究媒体的人，应该很清楚，这种对象可以是任意一件东西，依赖于其功能化，一个锤子也可以如同电影放映机或者电视机一样成为媒介，而空气同电话或者互联网一样，也是信息的载体。由此可见，其选择从不具有形式实体的出发视角来看，总是任意的，并与其各自的社会讨论秩序联结在一起。它只有在其运用中才能得到——语义学上被预期的——确定。

正如存在一种媒介性本体一样，它是媒介存在或变化的不可缺的前提条件，但它作为本体本身对后者只有很微小的影响，这种影响更多的是转让给意识、理智和直觉，或者转给其所占用空间的霸权性和抵抗性话语，因此社会和个人的范畴，尤其大众的范畴，也是中性的。

从特性和单个要点（个体）在时间中移动的意义制造中分离出来，该要点按照柏格森的观点似乎可以产生绵延（durée），从而让自身作为一种均质的实体被呈现出来，由此，大众同样成为现代科学话语的幻想怪物，和号称均质的媒介本质一样，其按照大众媒体研究理论，作为霸权性社会机构，获得从实践和直觉中解放出来的意义关联。除去柏格森虽具有开拓性的，但在科学中没有真正得到继续发展的理论，除少数例外，对以太和媒介的讨论在其设想之后的一个世纪，仍大多绝对必要地停留在对克服一种物质存在或其本体不存在的差异的描述或尝试中。

这一点恰恰对应了现代和当代关于媒体物质性的讨论，媒体在其臆想的角色中作为本体映像的工具，或者作为（总是将一种信息接受群体作为在一定程度上制造新本体的）在两种或者多种元素交流中的意义中介。与其之外相比，它不将任何东西，即那些彼岸和宗教的，视为超验。以太和媒介，通过自己表现其它事物的方法，经过其确定了本体，这种描述只在以下条件中有效，即它们应有一种本体性的确定，由此一再在各自社会的讨论秩序中，上升到超验的地位，并在其逻辑和概念范畴内加以规范。

当人们借助如此一种未能摆脱康德理解的门径，虽然可将以太放逐入神话国中，并鉴于媒介涉及直接和本质相连问题的讨论，仍无法引导我们更接近它的实质，即接近条理结构和秩序定位，在其中它们自己产生意义并援引回特殊的（文化）条理和秩序系统。关注以太和媒体，从我们的角度看显得充满意义，并使一种远离对中介和居中者的本体录入的对象的理解变为可能，可以联结上其最原初的、在某种意义上前概念性的理解。这里涉及的那种中间和中心市场的理解，正如在亚里士多德那里还很明显一样。所谓中间，在以太和媒介方面涉及的首先总是纯粹的内在。根据亚里士多德的形式思想及其在伯格森的绵延（durée）理论中的发展，那纯粹的内在产生出一种超越本体的新层次。从这种内在层出发，媒介在其各自的占用讨论中彼此区分：

一种这样的层次也许是一种极端的经验主义：它并不提供一种经验流，其为一个主体所固有，并在属于自我之中个体化。它只提供结果，这意味着，可能性世界作为概念，其他则作为可能世界或概念人物的表达。该结果并不是经历自我超验的主体——我，而是与此相反地涉及一种没有主体领域的内在飞越的存在；他者不能将超验还给另一个自我，而是将每个其他自我，带回到飞越区域的内在性上。经验主义只识得结果和他者，并由此成为一个伟大的概念创造者。其力量从此刻开始生效，即当它将主体加以定义时：一种行为方式，一种习惯，只不过是一种在内在领域中的习惯，习惯去说"自我"……①

一种对以太的可能的内在层次的观照，以及随之而来的，把媒体作为现代的实体-超验话语的另一选择，作为亚里士多德的形式思想的联结和延续，先将我们引回到，物质一直以来首先都不被作为实体和本质加以定义，而是优先被视为结构和能量的地方。对此米留提斯（Milutis）曾以上面引用过的、他的著作序言的字句无意中给予了推动。他把欧洲传统中对以太的唯物主义观照的方法，其中也包含由他引用的灵上（anima），也就是灵魂，或者青金石（lapis），也就是（智者的）石头等概念，等同于那些例如波利尼西亚自然哲学的无人格力量（Mana），佛教的灵量（Kundalini）、虚空（Akasha）或者生命给生力（Prana），以及道教的气等概念，以这种方式他错过了对被观照对象的那种明确的、内在的和前概念的、前哲学的目光，这种目光对于真正接近观察对象是必需的。

作为可能是最古老的、也是被最广泛记录的一种亚洲的"以太"建构方案，在中国哲学中的气的概念上的差异，也许能最生动直观地

---

① Gilles Deleuze, Félix Guattari, *Was ist Philosophie?* (Frankfurt am Main: Suhrkamp, 2000), S.56-57.

被表达出来。这一概念最初出现在道家哲学家庄子（约公元前365—前290）的著作中，并通常用能量、空气、气氛、宇宙，也用以太来加以翻译。在此间，气的概念直接指向同样由庄子首次提到的精的概念。[①]巴黎的汉学家儒莲（François Jullien）这样描写"精"的文化建构意义：

> 这里涉及到的，是我们首先用"本质"或者更好用"精华"来翻译的措辞——"兴旺"、"拣选"、"精英"、"能量"。它完全与躯体的性质互相关联，然而是以一种提纯的方式：它最初描述的是拣选出来的或者去皮的米粒，而且是在 *fine fleur de*（花朵或者其中最好）的意义上；它也用来描述男人的精液、酒的神灵和各种被深入精制和提纯，直到负载了能量，并以可交际的方式发挥其效能的物质。[②]

从一种唯物主义视角来观察的话，这种存在似乎恰好符合以太的现代欧洲理解，亦即作为从经验性可以证明的、粗糙物质中衬托凸显出来的细微物质，和作为将联结环节和对一切的中介和转达媒介加以表现的、被感知的空虚："连接万物的虚无（The nothing that connects everything）"，如米留提斯（Milutis）在其著作的副标题中所写道。事实上，一种直到当前统治着所有远东话语的气的方案，已经随着精一起被预先确定了，而气以众所周知的方式，通过超验的后门作为隐晦秘传话语，也在二元性安排布置的欧洲自我理解中，找到了入口。气不将媒介作为中介者，也不作为物质的空虚和遁离的其间来加以描述。它倾向于将媒介自身描写为虽然要去依靠物质的中心，但

---

① 可参见《南华经》，周苏平、高彦平注译，合肥：安徽人民出版社，2005年。德译本参见 DschuangDsi, *Das wahre Buch vom südlichen Blütenland*, Richard Wilhelm(Übersetzer),(München: Diederichs Verlag, 2006)。译者注：虽然在老子的《道德经》中也出现过气和精的字眼，但是按照本文作者的观点，这种具有以太特性的气和精的概念是在庄子那里才有了比较成熟的发展的。

② François Jullien, *Sein Leben nähren, Abseits vom Glück* (Berlin:Merve Verlag, 2006), 34ff.

是在其意义塑造中，却独立于其实体的各自结构（该结构是完全接近亚里士多德的形式概念的，同时却又放弃了其差异范畴）完成更新，并由此在交际中塑造意义。该意义总是前概念性的、内在的并避开各种超验的描写，正如避开一种唯物主义的可证实性或者可证伪性。

以类似的方式，如同其来自印度和波利尼西亚的、具有亲缘关系的那些概念一样，气将自身并不理解为实体。它更多地总是产生了完全自我的安排，并鉴于特殊的文化局势描述其来源。在此描述了一种内在性的（感知）世界，它同时援引到自身草案的媒介性特征，并将其自身以及最终将交际的媒介也置于中心、中央市场。这个市场绝对不是空虚和遁离的。它更多地，是借助其全部自身结构，预先确定一种位于其上或者其周边的实体的布置，它与该实体相联结，并通过其协助才能成就其布置，以及它的，当然可变化的、并在持续流动中去理解的，正是不以差异为基础的本体身份。

因此，并非实体通过其物质性，为处于中间的、自身空虚和中介开启空间，并从而将其决定性地加以确定的。更多的是，每种实体、每种作为整体的部分的要点元素，总是在从中央、从市场和媒介出发的整体的框架内，作为能量流（柏格森以其直觉和生命冲动［élan vital］的草案同样曾经铭记过该能量流）自身加以定义，并在其中取消了所有差异。从而气就为一种秩序系统承担责任，在此系统中，物质和感知表现了一种动态的、自身作为能量流不停息地更新的统一，而结构则总是从此出发，在时空中的运动中自我更新的。

这是远东对一种当然绝不能在时空中加以固定的存在以及对一切可确定的变化的理解（它替代了欧洲现代的实体化的理解）的目的所在。正如精一样，气作为结构，也是前概念性和前哲学性的。它直接援引到文化秩序理解的内在上，与其相关并为其担保：

"它们（灵魂和躯体）是——矩阵模型的——文化决定的果实，这些被固定得如此之深，以至于只有对别的决定的观照，才能使其陌生性重新显现。因为如果该中国思想没有从他那方面，在其关于人的属性的观念中，许可这样一种分裂的话，其原因就在于这建立在一种对世界、同时也对人的来源和建构的统一见解上，一般来说就是能量－气息的见解，也就是气。这个汉字按照其古老的书写法表现的，是在米饭上升起并令人想起其营养功能的元素水汽；或者是那些在火焰上升起，并从而代表发散放射和弥散循环功能的气。人类和事物的产生，因此是作为这种原初和持续的流动的凝聚或者凝结，来理解的。（……）正如同水凝结并‘固定成冰’，气也就‘凝结为人’；也正如冰在融化后又变为水，当人在死后消散时，人也（再度）和这种能量流融合在一起，这种能量流是不可见而且弥散的，因为它既不更新也不变得阴暗，而且不停止去穿越这个世界，并使其充满生气。"[1]

精和气的方案，在欧洲首先是被奥秘的信仰观念所拾起，并被整合进了自身的、实体性论证的认识系统中，就像米留提斯（Milutis）在他的序言中所写的一样。在对以太的物质性反驳的结果中，它从现在起，只描绘一个只是超验的、而在当前的科学话语中，事实上再也找不到位置的世界。此外，被培养出的气，及与其有亲缘关系的精的对比值，以及以相似的方法还有来自印度的方案，它们确实是直接援引到一种文化的转移草案。该草案并不建立在自然和文化或者实体和感知的区别观念上。与现代科学坚持其著名的二元建构不同，它并不直接地以文化主义出现，也无需将自身作为本体身份的量值，通过差异的产生来加以证明。物质需要各自通过中介，就是通过自身亦是实体的媒介，一再地在新的情况下去加以调和。从而应该让不可能的交际还是变得可能，正如我们从卢曼（Niklas Luhmann）之后始获知的：作为在两种或者多种系统之间的交际，或者作为一种出于霸权性意图、和在被霸权性地规定出的制度性和非强制性的条件下的、没有互

---

[1]　François Jullien, *Sein Leben nähren, Abseits vom Glück*, S.99-100.

动或缺乏互动的信息中介，正如大众媒介研究赋予其特权的那样。[①] 当这种差异总是实体性地加以论证的时候，也就是大约在物质和精神之间、在活跃的和不活跃的或者死亡的物质之间、在文化和自然之间加以区分，并将超验的模型建立在一种感知世界的二元差异化的理解上时，远东的世界解释模型并不知晓这些区别。取而代之地，它去援引走在所有在那里流行着的世界解释方案前面的道家方案，其先行思想家老子（李耳，约公元前6世纪）为其引入了道和德的概念。它们通常被译成"道路"和"德行"。这种我们认识系统中的意译却没有能触及该方案的核心。老子的最著名的德语译者，汉学家卫礼贤（Richard Wilhelm），就建议用概念"意义"和"生命"（力）去替换。

特别是通过将这个概念直接联系到伯格森的生命冲动（élan vital）方案，他从而相当程度上地、更加接近了道家的思想方法，在没有——正如他自己知道的——对此在语义学上确实加以正确评价的情况下，却还毕竟去寻找了，其联结到我们的认识系统和该系统的语义学上的可能性。这可能仅仅是相对成功的，这并不能去责备翻译者。因为如何才能让一种内在的系统去自我描述，而同时不让它去导向荒谬的地步呢？和其他译者在其转译过程中，通过不翻译老子核心命题的方式，对此加以顾及一样，实际上道作为内在的概念，只代表自己自身而已。正如老子自己所强调的，这概念不需要更多的解释，而且在其他层次上，也无法加以描写和翻译：

> 道冲而用之或不盈，渊兮似万物之宗。挫其锐，解其纷，和其光，同其尘。湛兮其若存，吾不知谁之子，象帝之先。[②]

作为"帝之先"的道是前概念性和前哲学性的。它缺乏各种物质

---

① 参见 Niklas Luhmann, "Die Gesellschaft der Gesellschaft", in Niklas Luhmann, (Hrsg.), *Was ist Kommunikation?* (Frankfurt am Main: Suhrkamp, 1997), S.113-127.

② 《道德经》，第四章，李正西评注，合肥：安徽文艺出版社，2003 年，第 10 页。

性以及各种超验的描述。它以同时"隐藏的湛兮"和"当前的若存"的方式，放弃了所有语义学上建构起来的以及同时联系到文化系统的差异性观照，这些观照似乎必须吸引其他的媒介至其调和的行为上。它更多的只是代表自己自身而已：

> 人法地，地法天，天法道，道法自然。①

　　道因而建构了一种纯内在的转变层次，这种内在在精和气的方案中，如同在德——亦即力量和生命力——的方案中一样，自我描绘，精和气作为力量和生命力，在老子最著名的道家继承人庄子（约公元前365—前290）的运用中，也许得到了最为合理可信的描写。
　　同时道的方案也为另一种媒介概念建构了基础。其安排不是基于被归为以太的一种（自身物质性的）桥梁的思想，它介于物质和超验、介于躯体性的和精神性的、介于符号和被描绘的以及介于实体和理智或者直觉之间，正如柏格森用其生命冲动（élan vital）的方案也不能真正对其加以克服一样。中国话语没有形成中介者的媒介概念，也没有形成那些作为被主要思考的实体之间的联结环节其间的概念。因为在那个不曾设想过有差异，也没有在两种，通过其差异和间隙才赢得意义的物质之间的，无意义的间隙之处，必然，像庄子所证实的那样，也没有这方面的思想被浪费，即为了生出意义而对此进行压制。② 取而代之的是，在其对一种内在的道的建构上，媒介将自身置于描述的中心。它是每种位于微观和宏观宇宙中的元素的部分，并又作为中心首先成为了"成为"（Werden）的中心的、构成意义的元素。它形成所有能量流的中心安排，该能量流在此并非区分物质和精神间的差异，而是视两者在一种"成为"的不可分解的统一体中彼此融合。同时它援引回到所有在这种特殊布局的微观宇宙中，正如在内在的道的宏观

---

① 《道德经》，第四章，李正西评注，第56页。
② 可参见《南华经·内篇·齐物论第二》，周苏平、高彦平注译，第19页。

宇宙中一样，可再次找到的元素，在道之中气化身为物质和精神的流动。

庄子借助一个厨师的故事来解释这个原理，这个厨师向文惠君解释了他在肢解牛时使用媒介工具刀子的技巧：

> 臣之所好者道也，进乎技矣。始臣之解牛之时，所见无非全牛者；三年之后，未尝见全牛也；方今之时，臣以神遇而不以目视，官知止而神欲行。依乎天理，批大郤，导大窾，因其固然。技经肯綮之未尝，而况大軱乎！良庖岁更刀，割也；族庖月更刀，折也；今臣之刀十九年矣，所解数千牛矣，而刀刃若新发于硎。彼节者有间而刀刃者无厚，以无厚入有间，恢恢乎其于游刃必有余地矣。[①]

精神替代了肉眼观察，结构替代了实体。刀在媒介科学观照的工具理解中建立了厨师和牛之间的联系，并在此作为厨师的身体和精神能力的延伸，即让牛可以食用，在这一视角里，与存在结构相比，刀的意义就丧失了。正是被柏格森一直当作优于理智和直观的直觉的这一结构，制造了中间的媒介性，并在此也将刀子、厨师的精神和手以及牛都一并包含在内。在这种意义上，媒介性不是作为这类元素的一种去理解的。它更多的是在结构中，在厨师的工作安排中显而易见，这种工作在媒介性那方面，作为微观宇宙的原理，被援引到文化意义的整体上。儒莲（François Jullien）以如下的字句解说了庄子的这种媒介定义：

> 工具不仅是一种手段，而且是有效性的矢量（屠夫的刀子或者画家的画笔——甚至绘画艺术在古代中国也受到这一情节的启

---

① 《南华经·内篇·养生主第三》，周苏平、高彦平注译，第29页。

发）。"按照结构"切割并非那么必须，而是该在其之间切割；并非是形成了结构的元素要被考虑到，而是实现了交际的间隙中的空虚。①

儒莲也援引了中国意义建构的核心术语：结构的术语。这种结构虽然在一方面处于一种持续的、某种程度上转喻的、与实体的交际关系中，另一方面则是处于与精神的交际关系中。同时它却又独立于它们，并且远离直观和理智，产生出自己的意义：

> 刀子的动作所跟随的步骤，使内在性的进程变得清晰了，该进程没有耗费也没有抵抗，与独一无二的自然结构相统一，并因此持续地找到了它的道路，道。②

早期中国关于气、精及其对宏观文化建构的讨论从一开始就避免将对于实体的问题置于其注意力的中心位置，并同时对物质和超验之间加以区分。它们更多的是保持着内在。它们在其对空间和时间、对物质和精神以及对被描述者和描述者的建构中，避免打算在其概念性重建的条件下去解释存在，这种重建一直就已经是这个解释的一部分。③取而代之的是，正如最终哲学家张东荪（1896—1973）在他对康德和早期中国学说的分析中所说明的那样，它们早就认识到了这种不合理性，欧洲科学在其对二元论建构的本体论确定中，尽管有着众多的疑惑，可是直到现今也不能真正克服这种不合理。④既不曾存在过一种实体性的以太，也不应该将媒介或者大众媒介作为物质来理解，并类似地转移到一个物质世界上去，虽然至今也没有能就媒介的物质性

---

① François Jullien, *Sein Leben nähren. Abseits vom Glück*, S.125.

② Ibid., S.123.

③ 参见 Stefan Kramer, *Das chinesische Fernsehpublikum: Zur Rezeption und Reproduktion eines neuen Mediums* (Bielefeld:Transcript Verlag, 2006), 111 ff.

④ 参见张东荪：《知识与文化》，长沙：岳麓书社，2011 年。

定义达成一种共识，但至少建立了一个完整的科学体系，而大众媒介却又添加了一个中性的词汇，并因而同时忙于多个体系。尽管如此，它们全都存在。它们作为结构存在着，并只远离其实体和语义，仅仅作为结构有意义地被谈论。对此还有一道投注在该问题上的内在目光，即实际上到底什么是媒介学研究的对象，正如庄子在两千多年前就已经认识到的，而且这有可能，成为交际的一种认识批评性哲学的范本：

> 有始也者，有未始有始也者，有未始有夫未始有始也者；有有也者，有无也者，有未始有无也者，有未始有夫未始有无也者。俄而有无矣，而未知有无之果孰有孰无也。今我则已有有谓矣，而未知吾所谓之其果有谓乎？其果无谓乎？（……）天地与我并生，而万物与我为一。既已为一矣，且得有言乎？既已谓之一矣，且得无言乎？一与言为二，二与一为三。自此以往，巧历不能得，而况其凡乎！故自无适有，以至于三，而况自有适有乎！无适焉，因是已！[①]

尚属年轻的侨易学感觉自己和其他科学一样面对类似的挑战，这些科学是在现代欧洲的关于物理的以太存在的初步自然科学问题的范围内形成，并在社会话语中广泛地起过作用。关于侨易的争论可以追溯到当时在哲学和媒介科学以及目前的科学和技术研究中的讨论，它们在一两百年前使欧洲走上了技术和科学的现代性之路。用投向在其来源的特定环境中对侨易–话语定位的必要性的目光，它们还可以追溯到中国关于一种独立的现代性的讨论，正如其从接近19世纪末期开始控制着政治、哲学和科学的讨论一般。此外它们还支配着后殖民研究、关于文化间和跨文化讨论、文化转向尤其是极端构成主义和解构主义的完整手段，通过其反本体化努力方才为科学的新意义提出和重

---

① 《南华经·内篇·齐物论第二》，周苏平、高彦平注译，第18—19页。

新本体化扫清了道路。侨易能使在这期间的剩余价值面对上文所提及的在中国发生的讨论和"西方"时生效，该剩余价值首先在于，侨易处于囊括了所有先前的讨论以及本体-认识论的设定，并正在将其组装成某些新东西的境况。这里证实了在面对仅仅与其自身有关，且将后殖民首先理解为对（欧洲）抵抗的欧洲科学形势时，这种中国话语的优点，该优点在欧洲被汉学不止一次地注意到。现在的科学形势的话语参与者虽然处于认识并占有未知事物的位置，然而这并不如同在中国上个世纪工业现代性、马克思主义和自然主义间常发生的那样，是为了衡量自身源出价值及附带获得了认识论这个"小礼物"。这门新兴的科学的标题同时也体现了它的纲要。"侨易"与"易"，"易"这个发展规律的总结，它自从《周易》之后就成为所有中国人的关键词以及一种不在于"存在"而在于遵循结构和变化的文化的表达，"侨"表达了中国人的另外一面，像华侨，即在国外的中国人，那样的情况早就被中国的独特性所认识，并在互相促进中与对方相融合。事实上，与当时在以太的问题上遇到的情况相同，即从一个双重的二元主义出发：在以太的案例上，一来曾涉及存在和不存在间的物质二元性时，这是先验定义了的文化的问题，这些文化要在自己的和陌生的或其它的事物之间进行区分。二来曾涉及关于作为工业现代性的社会技术进程基础的、以太的概念性的政治范畴的问题，以及在此基础上关于以太的文化方案的存在或者超验的问题时，这是对新的问题解决策略发展的一个概念基础的问题，或者是对一个分化的政治方案的问题。有些地方显示出，问题和策略在它们共同的概念性里的内在纠缠。概念上可理解的文化，如中国的或者欧洲的对其物质存在的先验发生的接受，已经包含对存在和超验的二元主义的选择中了，因此其对侨易有一种内在性的排除，这和它在对变化和持续时间的思考中的基准面有关。它或许会作为一个政治方案露出真相，该方案占有科学性的——"西方的"——模型，目的是尝试以其（西方的）方法对抗其自身（西方的理念）。如"侨易学"所言，这并不意味着一条在上述条件基础上的出路。在此期间可能意味着文化二元主义的消除和对取决于此的、关于（文化的）存在和不存在的、本体论问题的遏制，正如它决定性地影响了民族国家的欧洲现代性，并且也成为了以太讨论的一种元素，这在通过汉字"易"表现的前现代的中国思想中自然根本没有出现，该思想甚至完全无须建立"存在"或者"存在者"的概念。因此侨易话语的目的能如以太讨论的失败所证明的那样，不去克服刚刚确定下来的差异。相反它必须克服以差异为基础的本体论和（在"三"的角色中也一再只是得以加强的）认识论的二元论，重新恢复中国概念的一种内在性，其中与物质（比如文化）的存在分开，将目光投向其物质本身，不是在物质性中，而是在它们的结构中，在其元素的沟通脉络和根茎中被互相找到。在这个后理论的、甚至后科学的机会中，和至今本体论地禁止科学一样，侨易对新认识空间的产生的希望，远离受科学现代性影响的"物质的热爱"（A. Badiou）。然而如果有人注意到这两部宣告讨论开始的文集，那么在其中还部分显示出其对立面，即一个与一种属于欧洲科学的、拘泥于形式的现代话语的极端关联，那些科学从未能克服数学及其在数字放置上的一种自然或关联自然的错误的影响，而该影响在17世纪就已经发生作用了。这些努力表明，现在中国的侨易话语正试着重新参与到一个关于文化科学理论的全球讨论中。同时还参照了欧洲科学的所有在它们对被臆想为真实的自然科学经验论的模仿中的错误，这些错误已经不被作为一个政治决定了，这个决定把一切孤注一掷到逻辑学上，并将此确定为所有世界感知和现实的每个构想或者说代表的标准。相比较这个错误而言，侨易讨论似乎遵循如下内容：它恰恰接受了逻辑和本体论的先验，而这些原本是它应该克服的，目的在于取而代之地占据一个视差的位置，该位置会使它能够将一道有细微差别的目光，投到正好是这些模型和之后对其的克服上。在对其方法和认识论的出发点的应用之下，代替占据一个反对欧洲科学的对立位置，对它来说，更多地应该是关于在认识理论上，重新占据上述这些出发点；并由此与在科学中对政治的超越相关，其目前看来仍然领先于侨易。

这就清楚了：事实上是没有可能逃脱政治，并且对立是每个讨论中强制性固有的。另一方面，这正是那些对立和与之相关联的不确定，这些不确定取得新的认识，而明确性如它们用与现代欧洲科学完全相同的方法力求侨易话语一样，只取得对知识的巩固。也就是说取得其向一种巩固政策的转化，这是对世界真实的一种定义权力的巩固，正如该政策在三百多年前，将科学和欧洲现代的政治权力系统联系起来一般。

概念上的知识，虽然以新的方式通过侨易在旧的结构内争取得到其位置，但总是首先为政治，因为它被排除在外并因此根本性地出现。它是有区别的，虽然鉴于方法选择，它适应于同等的、逻辑的和存在的二元论中，但无关它对宗教的自我认识，其在它们那方面为自己要求，并用一切力量保护对概念以及由此对真实的权利，并在这个政治的要求中统一起来。如果知识不是科学的创造者，而是科学的对手，那我作为科学家还追求什么呢？通过侨易讨论，获得一门概念上被前定义的科学，不利之处在于它尽管固定在新的概念上，像在要克服的范例上完全一样，却自始至终不可避免地伴随着复杂性的减少，先验的决定大约包含着值得了解的，并且被允许为科学的可操作性牺牲掉的以及在其语言的安排下协商一切的东西。知识因而被各自从知识中制造出来，并停留在概念上。对此也没有任何事物用通过侨易引入新概念的方法做出改变。侨易同样展示了一个概念的共识，该共识虽然一直经历新的强化，但同时一直将其与新的约定弄错，这些约定在政治决定的基础上减少着复杂性。知识在这里也是政治——因此也一直是科学的对手，突破其限制将会是真正的挑战，一个中国的话语准备好了应战，它远远没有科学现代性及其本体论规定的负担，在由中国的自然语言和认识理论的前提条件所提供的丰富供给的基础上，显得完全是天生就合适的。侨易学的任务首先将是：克服复杂性减少的科学语言，而非接受。因此在此方向上的下一步可能是将侨易从目前占优势的、抽象的理论讨论中析取出来，在我们这个世界的具体问题上完全按照影响中国文化的体用——纲领的意愿试验它，欧洲科学几乎完全错过了该纲领。其中也可能存在一种科学的新本体论的未来，中国和中文在此会扮演一个全球的先驱角色。

勒克莱齐奥与日本文化

〔日〕中地义和　撰　陈嘉琨　译　高方　校

摘　要： 在日本，勒克莱齐奥是同时代的法国作家中较为知名的一位。从1963年的《诉讼笔录》到2014年的《风暴》，他的几乎所有作品都有日文译本，平均每隔三到四年就有一部译本问世。在作家超越半个世纪的写作生涯中，日本对其作品的翻译经历了几代译者，读者亦跨越数代。本文围绕日本电影和禅宗佛教这两大独特的主题，就日本文化对勒克莱齐奥的意义和影响作简要讨论。

关键词： 法国作家　日本电影　禅宗佛教　跨文化研究

一

我们知道，在童年时期，勒克莱齐奥对日本文化有过不少刺激而零散的探索。他了解《古事记》所讲述的创世神话①，在其父亲订阅的英国《地理杂志》（*Geographical*）上读过一个关于专事贝类（或珍珠）捕捞的日本（或韩国）渔妇的故事（谈及《风暴》时他曾提起这件轶事②），并且在一本名为《故事与传说》（*Contes et légendes*）的书中读到了神道③，即源自日本古代的泛灵多神信仰的统称。

---

① 〔法〕勒克莱齐奥：《超越愤怒的众神和人为灾难：我对日本的期待》（"Au-delà des dieux en colère et du désastre causé par l'homme : ce que j'attends du Japon"），由中地义和译为日文，日文原题为《荒ぶる神と人災を越えて——日本に寄せる期待》，载《昴》（《すばる》），2011年7月，第168—173页。

② 见2014年3月26日《解放报》（*Libération*）专访：《勒克莱齐奥："写作延长了我的生命"》（"J.M.G. Le Clézio : Écrire ajoute des jours à ma vie"）。

③ J.M.G. Le Clézio, *Ballaciner* (Paris: Gallimard, 2007), p. 68.

不过，勒克莱齐奥第一次在真正意义上涉及日本文化的艺术体验是沟口健二的电影《雨月物语》（1953；法语片名：*Le Conte de la lune vague après la pluie*）。十五六岁时，在尼斯的一家他经常光顾的电影俱乐部里，勒克莱齐奥第一次观看了这部电影。胶片很陈旧，难以看清位置过低的字幕，但电影奇特的美令他着迷而又不安，用他的话说，"就像做了一场梦"[①]。早在1967年，在与他的日文译者、如今已故的望月芳郎教授的一次谈话中[②]，勒克莱齐奥说自己当时已经看过一百来部日本电影了，并且认为《雨月物语》是"世界上最完美的电影"。42年后的2009年，勒克莱齐奥与我在东京大学举办了一次公开访谈[③]，他依然动情地谈起了这部影片："具有政治寓意的现实主义与志怪小说的虚构性的融合，是绝对的艺术。"他还说，这部电影达到了某种"超乎寻常的美"，"仿佛是对绝对的电影作品的寓指"。

不过，勒克莱齐奥对这部电影所作的最为详尽的思考，是在2007年的《电影漫步者》（*Ballaciner*，2012年被译为日文）中。在这部作品里，他细致地分析了影片的某些场景和片段，并据此作出了具体的和整体的评述。他首先提及了该电影在艺术上的完美，这令他在第一次观看时就为之着迷。例如，他用很长的篇幅分析了逃离战争的两对主角夫妇撑一条小船渡湖的场景，并将它形容为"电影艺术力量的象征"[④]。晨雾笼罩下，在朦胧的光线中，小船静静地在湖面上滑行，仿佛在自动滑行，尽管那是阿浜凭借身体的动作在船尾操控长杆。阿浜哼唱着一首歌曲，遥远而低沉的鼓声为之打着节拍。他们这般离去正是为了躲避战争，但没有什么能确保他们的平安。他们遇到了一条顺

---

① J.M.G. Le Clézio, *Ballaciner, op.cit.*, p. 69.

② 〔日〕望月芳郎、〔法〕勒克莱齐奥：《与 J.M.G. 勒克莱齐奥的谈话录 I：您支持新小说吗？》（《ヌ - ヴォ・ロマンに味方するか？》），载望月芳郎中央大学教授退职纪念图书出版委员会编：《无限的视线：与勒克莱齐奥的对话 / 法国文学论集》（《限りなき視線——ル・クレジオとの対話 / フランス文学論集》），原文为日文。东京：骏河台出版社，1996 年，第 1—24 页。

③ 访谈名为"一种名为小说的探求"（"フィクションという探求"，Une quête nommée fiction），访谈时间为 2009 年 11 月 29 日，其内容发表于《昴》，2010 年 8 月，第 174—190 页。

④ J.M.G. Le Clézio, *Ballaciner, op. cit.*, p. 73. 见图。

水漂流的小船，船上有一位垂死的男子在咽气前告诉他们，湖上游荡着强盗，自己就是受害者，他们尤其喜欢抢劫女人。作者极尽盛誉之辞赞美了这一场景："艺术达到了优雅、悲剧、庄严之美、情感的顶峰。"

图1　电影场景

但作家并不局限于这一纯粹美学和视觉的评价。通过一番仔细而富于感情的分析，他对电影进行了相当有意思的解读，展现了双重阐释的直觉。

第一重直觉，即影片与我们的同时代性。故事被设定在16世纪末的日本，安土桃山时代的战国大名们为争夺霸权互相厮杀，德川家族最终于1600年左右重新统一了全国，随后便是长达250年的德川幕府统治时期，直至日本跨进现代化的大门。然而，在勒克莱齐奥眼中，"它所真正反映的，是当今时代的问题"。虽然这部摄制于1953年的影片"诞生自战争的废墟之中"，但作家的判断并非仅仅基于这一客观事实，更重要的是，它基于勒克莱齐奥从自身战争经历出发、在影片中对历史战争的再度亲历。关于这一主题，我们会回想起，在《流浪的星星》（*Étoile errante*，1992）中，年少的特里斯坦（Tristan）身上就有作者的影子，为了重塑战争岁月，勒克莱齐奥将自身的经历嵌入了其中。

这一再度亲历能够从历史中获取当代意义乃至普世意义，而伴随着它的是与第一重直觉相关联的另一重直觉，即在沟口健二的电影中，对战争的感知并非借助男性（或士兵）的视角，而是通过战争中最为脆弱的受害者——妇女和儿童——的双眼。

那么，女性感知的重要性应当得到特别的关注。它无关乎战争这一问题，也无关乎《雨月物语》电影本身。相反地，作者向我们指出：

> 在《雨月物语》中，以及在沟口健二的大部分电影中，爱情并非男人们的归宿，而是女人们的创造和执念。源十郎是欲望的对象而非动因。死去的处女若狭欲体验男性之爱重回人间，却是为了将他变成自己的奴隶。[1]

此外，勒克莱齐奥认为，沟口健二并不是唯一一个赋予女性的敏感与细腻以重要性甚至是至上性的人。他说，日本电影的另一位大师小津安二郎也是如此，作家对其电影艺术亦大加赞赏，或许他更喜爱小津安二郎对人的刻画处理：

> 寻求幸福的女性角色或许是小津安二郎电影的中心主题：她们的意愿、她们的坚忍，她们的妥协观念以及她们的怜悯心。正是她们在主导着世界，在家庭的安定和她们自身的冒险欲方面同样如此。[2]

我刚才指出的双重直觉，以及勒克莱齐奥所欣赏的日本电影给予女性的至上性，与某种道德评判是分不开的。回到《雨月物语》中那

---

[1] J.M.G. Le Clézio, *Ballaciner, op. cit.,* p. 76.

[2] J.M.G. Le Clézio, *Ballaciner, op. cit.,* p. 57.

个渡湖的场景，它是影片中最令人难忘的长镜头之一，同时也起到了门的作用，穿过这扇门，两兄弟就进入了另一个世界，在那里与他们的命运对峙：年长的源十郎受发迹野心驱使，遭遇了若狭公主魔鬼般的诱惑，而他的妻子宫木则被一名溃逃的士兵杀害；年纪较小的藤兵卫渴望成为武士，这一执念使他抛下了妻子阿浜，致使她遭到强暴，沦为娼妓。

电影临近末尾的时候，穷途末路的两兄弟回到了他们的村庄，两人都悲伤地诉说**战争扭曲了他们的心（或他们的欲望）**；阿浜对她的丈夫说："不管我说什么都没有用，你真是太蠢了，非要吃了苦头才知道错。"长兄的妻子宫木被逃兵杀害，其鬼魂以一种难以听清的声音对悼念她的丈夫说道："你终于变成了我希望你成为的男人。可是那又怎样呢，我已不在人世了。人生也许就是这样的，不是吗？"与男性对金钱和荣誉的欲望相比，女性朴实的愿望却更为深刻：她们渴望安宁，渴望平凡的幸福，然而男人们并不理解。这就是沟口健二所领悟的女性智慧，即面对随时有可能陷入狂乱、失去理智的男性欲望的女性智慧。勒克莱齐奥与我们分享了这一认识。他对该影片乃至日本电影的这一道德层面很敏感。

这种思考让我们看到了某阶段日本电影的一个主要特征与勒克莱齐奥的小说世界之间在驱动原理上的相似性。在20世纪70年代创作的《蒙多和其他故事》（*Mondo et autres histoires*，1978）和《大地上的未知者》（*L'Inconnu sur la terre*，1978）等作品中，作家都让孩子们发声。然而，从80年代开始，尤其是从《春天和其他季节》（*Printemps et autres saisons*，1988）起，女性视角在其创作中彰显出重要性。从《流浪的星星》（*Étoile errante*）、《偶遇》（*Hasard*），到《金鱼》（*Poisson d'or*）、《燃烧的心》（*Cœur brûle*），甚至是《脚的故事》（*Histoire du pied et autres fantaisies*）中收录的几乎所有短篇小说，直到2014年的《风暴》，女性的支配地位始终存在。《风暴》中的两个中篇小说均围绕着单个年轻的女主人公展开，两个女孩都不顾一切地力图战胜人生中的困难。

　　我不敢断言，一部在十五六岁时看过的日本电影能够决定勒克莱齐奥对世界的看法以及对女性视角价值的认可，虽然这部电影对他产生了深刻的影响。他对女性敏感性的信任或许源于童年时由母亲、外祖母和姨母所构成的女性环境，而父亲由于职业的关系，在家庭中几乎是缺席的。他对柔弱的年轻女主人公的青睐可能也主要来自于面对女儿时作为父亲的忧虑。2015年，在他和我进行的另一场公开访谈中，他本人所作的明确表述就是一个双重证明。

　　对于勒克莱齐奥而言，《雨月物语》不仅是电影艺术的启蒙，它还激起了作家的同理心，尽管在地理、历史、人种和文化上相去甚远，但一种强烈的熟悉感促成了这一同理心。我援引了《电影漫步者》中的一段话，作家在其中恰好谈及了这种感觉：

> 　　我记得观看影片开头展现源十郎、宫木、藤兵卫和阿浜所生活的贫瘠山谷的画面时最初的感受。当时，我忘了这些人是日本人，忘了他们说的是另一种语言，也忘了他们以另一种方式生活。我就在他们的世界里，他们成为了我的一部分，正如我成为了他们的一部分。他们的神怪故事变成了我的日常。[1]

以上引文令我们推测，如果这位毛里求斯-法国作家与一部日本电影的相遇是偶然事件的话，那么其影响则并非偶然。这个年轻的电影爱好者心中早已有了一定的倾向，该倾向足以使他对这一遥远而迥异的文化产物作出反应，而这一发现促使他欣然认为世界各地的人都是相似的，不论强壮与羸弱，也无关乎智慧抑或愚拙。

---

[1]　J.M.G. Le Clézio, *Ballaciner, op. cit.,* p. 80.

二

现在让我们来研究一下第二点：禅宗佛教。

1973 年 10 月，勒克莱齐奥正在创作《彼界之旅》（*Voyage de l'autre côté*），该部作品于两年后发表。他将自己对禅宗佛教的强烈兴趣告诉了望月芳郎。那是他们就出版事宜进行的第二次对谈。该对谈的内容于 1974 年 4 月发表在一本日本的文学杂志上。然而早在 1967 年，首度来到日本的勒克莱齐奥与望月芳郎进行第一次对谈时，前者就已经提及了禅，不过他并没有在这一论题上深入下去：

> 我已经读过了一个亚洲文化书系中关于禅的好几本书，其中包括禅的历史。不过要理解它很难，我告诉自己不应该太心急。①

1988 年，在作者位于尼斯的公寓中，他们进行了第三次对谈②。在这次谈话中，我们没有找到任何提及禅的话语。而在第二次谈话中，"禅"这个词总是挂在作家嘴边。勒克莱齐奥从一开始就承认了他对于改变写作方式的迫切需求："对我来说重要的是改变我写小说的方式"③，并

---

① 〔日〕望月芳郎、〔法〕勒克莱齐奥：《与 J.M.G. 勒克莱齐奥的谈话录 I：您支持新小说吗？》（《ヌ - ヴォ・ロマンに味方するか？》），载望月芳郎中央大学教授退职纪念图书出版委员会编：《无限的视线：与勒克莱齐奥的对话 / 法国文学论集》（《限りなき視線——ル・クレジオとの対話 / フランス文学論集》），第 22 页。本文中所有节选自勒克莱齐奥与望月芳郎访谈的文字皆由口语译文再度译入法语，这些访谈都是以法语进行的。

② 〔日〕望月芳郎、〔法〕勒克莱齐奥：《与 J. M. G. 勒克莱齐奥的谈话录 III：神话与文学》（《ル - クレジオとの対話 III：神話と文学》），载望月芳郎中央大学教授退职纪念图书出版委员会编：《无限的视线：与勒克莱齐奥的对话 / 法国文学论集》（《限りなき視線——ル・クレジオとの対話 / フランス文学論集》），第 52—73 页。

③ 〔日〕望月芳郎、〔法〕勒克莱齐奥：《与 J.-M.G. 勒克莱齐奥的谈话录 II：当代小说的可能性》（《ル・クレジオとの対話 II：現代小説の可能性》），载望月芳郎中央大学教授退职纪念图书出版委员会编：《无限的视线：与勒克莱齐奥的对话 / 法国文学论集》（《限りなき視線——ル・クレジオとの対話 / フランス文学論集》），第 26 页。

且他用自己的方式谈论起了禅：

> 我目前在写的就是这个（禅）。用寥寥数语不足以将它解释清楚：那是通过动作，抑或是通过日常生活的不同方面，甚至通过舞蹈和音乐发现一种哲学的尝试。不过在此之前，我必须研究禅，我已经相当了解它的理论。这样我就能更好地将禅运用到小说创作中了。因为小说恰好是禅能够借用的形式之一，即一种没有回答的形式。禅也是没有回答的。[……]也许我理解错了，不过这是我在读铃木大拙的书时的感受。①

如是，勒克莱齐奥努力使他的日文译者相信他将小说理解为一种禅的形式。小说与禅相连结，既通过其"没有回答的形式"及其对"内部平衡"的追寻来实现，也借助"将个人意识融入现存所有生命之中的尝试"②而实现。我们可以把《彼界之旅》当作是这一理想被付诸实践的实验作品来阅读。这本书由三个部分组成，其中第一部分和第三部分的标题分别是"瓦塔斯尼亚"（Watasenia）和"帕查卡马克"（Pachacamac），这两部分向我们展示了一个寂静的世界，一个降生前的世界和一个死后的世界（其手法与1967年创作的《物质迷醉》相似）。中间部分篇幅占了几乎整本书，呈现了小仙女娜迦·娜迦（Naja Naja）与现实世界中的万物生灵所做的各种游戏，"不仅借助文字，还通过动作、舞蹈和音乐"。三年后，通过一种"既是问题又是

---

① 〔日〕望月芳郎、〔法〕勒克莱齐奥：《与J.-M.G.勒克莱齐奥的谈话录Ⅱ：当代小说的可能性》（《ル·クレジオとの対話Ⅱ：現代小説の可能性》），载望月芳郎中央大学教授退职纪念图书出版委员会编：《无限的视线：与勒克莱齐奥的对话/法国文学论集》（《限りなき視線——ル·クレジオとの対話/フランス文学論集》），第29页。

② 同上。

回答"①的细腻文风——"因为它既非问题又非回答",《大地上的未知者》中的那个无名少年成为了尝试与世界连结的另一人。《彼界之旅》中穿插着许多与禅宗公案十分相像的短诗。铃木雅生指出其中的一首("为什么不去那没有冬天也没有夏天的地方呢？——没有寒冷也没有炎热的地方是什么样的？——寒冷的季节到来的时候，我们都感到冷；炎热的季节到来的时候，我们都觉得热。"②)借自铃木大拙的《禅之道》(*Les chemins du zen*)③。作家在小说的最后一页放了他所喜爱的另一首诗("听到山溪的低语了吗？那里就是入口。"④)，他在访谈中也谈及了这首诗。

勒克莱齐奥清楚地知道，这一没有答案的问题的形式在确保他拥有极大自由的同时，也任凭他陷入了一种"不安全"、"不确定"的状态。没有可遵照的范式，他只能靠自己。在1970年代，勒克莱齐奥努力构建一种与禅类似的全新写作，它意味着追寻与世界之间超脱的融合，又是类似见习和尚操练的孤独练习。

超脱而又艰难的写作手法在《蒙多和其他故事》以及《大地上的未知者》中继续发挥着作用。然而，从1980年代开始，勒克莱齐奥的小说世界又一次发生转变。他的创作从此处于历史框架之中，位于某

---

① 〔日〕望月芳郎、〔法〕勒克莱齐奥：《与J.-M.G.勒克莱齐奥的谈话录Ⅱ：当代小说的可能性》(《ル・クレジオとの対話Ⅱ：現代小説の可能性》)，载望月芳郎中央大学教授退职纪念图书出版委员会编：《无限的视线：与勒克莱齐奥的对话/法国文学论集》(《限りなき視線——ル・クレジオとの対話/フランス文学論集》)，第29页。

② 该公案出自唐代高僧、曹洞宗创始者洞山良价禅师，见《碧岩录》第四十三则(大四八·一八〇上)："僧问洞山：'寒暑到来，如何回避？'山云：'何不向无寒暑处去？'僧云：'如何是无寒暑处？'山云：'寒时寒杀阇黎，热时热杀阇黎。'"——译者注

③ Daisetsu T. Suzuki, *Les Chemins du Zen*, coll. Espaces libres (Paris: Éditions Albin Michel, 1995), p.159; Masao Suzuki, J.M.G. Le Clézio, *Évolution spirituelle et littéraire. Par-delà l'Occident moderne* (Paris: Éditions L'Harmattan, 2007), p.177.

④ J.M.G. Le Clézio, *Voyage de l'autre côté* (Paris: Gallimard, 1975), p. 309. 参见 Daisetsu T. Suzuki, *Essais sur le Bouddhisme Zen*, Séries, Ⅰ,Ⅱ,Ⅲ, coll. Spiritualités vivantes (Paris: Éditions Albin Michel, 2003), p.519. 公案出自《玄沙师备禅师语录》："镜清问：'学人乍入丛林，乞师指个入路。'师曰：'还闻偃水声否？'曰：'闻。'师曰：'是汝入处。'"——译者注

种现实主义的轴心之上，其主要的小说不再运用禅之魔法将意识即纳入故事里的世界，而是让笔下的人物在真实的时间里通过种种经历和探索发生演变。虽然孩子和年轻人（尤其是小女孩）总是勒克莱齐奥作品中最受优待的人物，但他们也在成长，在觉醒，在改变。而在其70年代的创作中，迷人的孩童在一部作品里始终如一，毫无改变。如是，在勒克莱齐奥的写作中，禅不再占据中心位置，禅不再为故事的构建提供主要动力，虽然它作为一种自我升华的形式，始终令作家着迷。

三

一则关于禅的轶事。勒克莱齐奥于1966至1967年旅居泰国时有一位名叫洛克·拉什（Locke Rush）的美国朋友。这位朋友强烈推荐他去日本的时候参观龙泽寺。一场谈论龙泽寺住持的小对话被写进了《逃之书》（*Le Livre des fuites*）：

> 在令人窒息的高温下，洛克·拉什一边喝着茶，一边在讲禅。龙泽寺住持曾这样教导他：做到内心的宁静，完全清空自己，化为虚无。而我给他看了院子，所有这一切，数百万片小叶子一直在看着你，没办法忘记这一点。洛克·拉什不高兴了：他不喜欢想着小叶子。①

不过此处，勒克莱齐奥对禅的最高境界"清空自己"、"化为虚无"相当怀疑。相反，他感觉自己不停地在被周围的事物注视，被"数百万片小叶子"看着，而这也是他早期作品中的人物所具有的典型强迫观念。无论如何，勒克莱齐奥在1967年的第一次日本之行过于仓促

---

① J.M.G. Le Clézio, *Le Livre des fuites* (Paris: Gallimard, 1969), p. 113.

（7天），他没能去参观龙泽寺。接下来，时隔39年之后，他才于2006年重游日本。直到2013年，他第四次来日本旅居时，我才陪同他去了那座寺庙。龙泽寺位于静冈县三岛市，三岛市在东京的西面，从东京出发，乘坐新干线一小时即可到达。

龙泽寺建在一座稍远离城市的山丘上，是一座美丽的寺庙。它是禅宗佛教中妙心寺派的寺庙之一，其历史可以追溯到18世纪。洛克·拉什所说的那位住持就是山本玄峰（1866—1961）。山本玄峰近乎失明，从未接受过任何正规教育，然而正是他从1915年起开始重建这座当时已经破败不堪、几乎已成废墟的古老寺庙。他经常去国外讲授禅的教义，许多名人都很敬重他，也很信任他。政治家们陷入困境时总是前来向他请教，第二次世界大战末期的首相铃木贯太郎就是其中之一。我们知道，裕仁天皇向全日本宣布接受波茨坦公告并停战的《终战诏书》中的关键语句正是得到了山本玄峰的建议："欲耐其难耐，忍其难忍，以为万世开太平。"天皇作为国家的象征、不干涉政治事务的全新地位亦是由山本玄峰所提议。

2013年12月19日，龙泽寺的现任住持后藤荣山与一名年轻的僧侣接待了我们。当时是年末，集体佛事期已经过去，我们还是被引见到了一间空的打坐室，但什么也没有做。住持非常好客，十分健谈。他说了很多话，尤其讲到了过去的住持山本玄峰，不过那天他说的话实在是有些缺乏条理，我为勒克莱齐奥翻译时也感到不太轻松。

四

要说勒克莱齐奥作品中日本的出场，《风暴》中的人物菲利普·克约（Philip Kyo）引起了我们的注意。这部中篇小说的主题之一就是异族交融。十三岁的女主人公俊娜（June）和克约曾经的女友、自杀身亡的玛丽（Mary），她们俩都是由韩国女人和美国军队的黑人士兵所生：玛丽是其母亲因遭到强暴而怀上的，俊娜的父亲在她出生前就抛弃了她。身体上的相似性是将俊娜和克约连结起来的重要因素之一。一方面，透过俊娜引人注目的高大身材以及在教堂唱诗班中与众人相比更为出色的嗓音，克约眼前再次浮现起曾在曼谷一家酒吧里唱歌的玛丽。他想象玛丽应该很想见见俊娜，仿佛俊娜是他们的亲生女儿一样①。另一方面，俊娜感觉克约就像她的父亲或是祖父一般②，他有“一张深色的脸，皮肤有点灰，头发卷曲”③，“双手有些皱纹，皮肤黝黑，手掌是粉红色的”④。俊娜说：“我曾梦见过克约先生是我的父亲。我做这个梦，并不是因为他的肤色和卷发，而是因为我深信他就像我的亲生父亲那样挂念我。”⑤然而，事实上，她从克约身上感受到的父亲般的感情是建立在其与自身极为相近的体征之上的。作者借此暗示克约也是一个混血儿，他有着亚洲人血统和美国非洲人血统。

菲利普·克约的姓氏是作者借用了安德烈·马尔罗（André Malraux）《人的境遇》（*La Condition humaine*）中的人物强矢·吉索尔⑥（Kyoshi Gisors）的小名“强”（Kyo）得来的，而此人是个混血儿，有着法国父亲和日本母亲。因此，勒克莱齐奥想用这一“隐秘的提醒”⑦暗示菲利普·克约具有混血血统，克约的混血不仅体现在俊娜对他的身体特征描绘中，也体现在其带有日语发音的姓氏上⑧。据作者称，所有这一切都是基于同一个问题，即当地妇女遭到美国占领军队士兵强暴的现象。这一问题在战后的日本和韩国屡见不鲜，在济州岛附近

---

① J.M.G. Le Clézio, *Tempête, Deux novellas* (Paris: Gallimard, 2014), p. 59.

② Ibid., pp. 57, 63, 65.

③ Ibid., p. 39.

④ Ibid., p. 48.

⑤ Ibid., p. 63.

⑥ 该译名借用自〔法〕马尔罗：《人的境遇》，丁世中译，北京：外国文学出版社，1998 年。——译者注

⑦ 这些猜想已经得到了作者本人的证实。

⑧ 遗憾的是马尔罗转写主人公的名字和小名时遇到了困难。这两个名字都用汉字“清”书写，是相当常见的日本男性名。事实上，它们应分别写作“Kiyoshi”和“Kiyo”，而不是“Kyoshi”和“Kyo”。这一错误的转写导致其与日本的关系难以察觉，而勒克莱齐奥在《风暴》中将小名“Kyo”作为人物的姓氏就更不必说了。

尤为频发。对于那些由此降生的孩子来说，他们后来的境遇飘摇不定。

2011年3月11日的大地震重创了日本整个东北部地区，随后，福岛发生核泄漏酿成又一场巨大灾难。勒克莱齐奥为两家日本杂志社撰写了文章：首先，他讲述了日本文化，尤其是日本电影以及铃木大拙关于禅的论著自其青少年时期起就充实并培育了自己[1]；继而，他指出，那些受到双重灾难打击的城市和小村庄如今将成为一片新的战场，它"关系到两种命运：一种新战争的命运，它不再是一场国与国之间的战争，而是一场由大自然之力向统治我们的骄傲无意识者发动的战争，大自然总被认为是一只驯化了的动物。而另一种命运，即我们的命运，我们必须为之负责，以抵抗这种骄傲和无意识，正如在福岛县生活的平凡的男男女女所做的那样"[2]。

时而处于作家趣味的中心，时而位于边缘，日本在勒克莱齐奥的思想和作品中得到了呈现。从1967年到2006年，期间相隔了39年的最初两次日本行之后，如今我们总能有幸受惠于他的光临，他经常在韩国和中国居住的事实也使他的来访便利不少。每次到访，他都会与我们谈论他的作品以及所有那些构建其写作的事物，他不加保留的真挚从未令我们停止感动[3]。

---

① 〔法〕勒克莱齐奥：《超越愤怒的众神和人为灾难：我对日本的期待》（"Au-delà des dieuxencolère et du désastrecausé par l'homme: ce que j'attends du Japon"），由中地义和译为日文，日文原题为《荒ぶる神と人災を越えて——日本に寄せる期待》，载《昂》（《すばる》），2011年7月，第168—173页。

② 〔法〕勒克莱齐奥：《一场新战争的开端》（"Le commencement d'une nouvelle guerre"），由中地义和译为日文，日文原题为《新たな戦争のはじまり》，载《文学界》（《文學界》），2014年2月，第141—143页。

③ 勒克莱齐奥的三场对谈形式的讲座分别于2009年〔"一种名为小说的探求"（"フィクションという探求"，Unequêtenommée fiction）〕、2013年〔"文学创作中的记忆与想象力"（"文学創造における記憶と想像力"，Mémoire et imagination dans la créationlittéraire）〕和2015年〔"书写青春，书写老年"（"青春を書く、老年を書く"，Écrirel'adolescence, écrire la vieillesse）〕在东京大学举办，现可在东京大学电视频道（東大 TV）在线观看：http://todai.tv/@@search?SearchableText2=%E3%83%AB%E3%83%BB%E3%82%AF%E3%83%AC%E3%82%B8%E3%82%AA&submit.x=55&submit.y=19

勒克莱齐奥作品中的亚洲和跨文化*

〔美〕蒂埃里·莱热　撰　蔡德馨　译　张璐　校

摘　要：在亚洲文化背景下分析勒克莱齐奥作品中的跨文化研究，首先要从社会学和哲学的角度考察其跨文化的落脚点，即"文化"和"身份"；然后追溯过去 40 年间"跨文化"的概念在法国和美国的嬗变；再分析勒克莱齐奥笔下的亚洲与亚洲文化，包括佛道哲学对《隔离》和《暴雨》等多部小说的影响。

关键词：勒克莱齐奥　跨文化　亚洲　阿斯加拉利　格里桑

人们对勒克莱齐奥作品中的亚洲鲜有关注，甚至在第一印象里，他的作品中几乎不见亚洲的踪影。但仔细阅读后会发现，他作品中的亚洲人物数量惊人，而且作品自始至终都浸透了以佛教为主的亚洲哲学。勒克莱齐奥近年来还在大量作品中推广跨文化。为此，在本文中，首先从不同方面分析其跨文化的含义；其次，概述勒克莱齐奥在作品中体现的其个人与亚洲和亚洲文化的关系。

分析"跨文化"的概念，首先要分析文化范式。文化几乎是当今美学层面和社会意识形态层面上的现实，文化就在我们自身，处处以多重面孔呈现着我们，这一趋势不可逆转。从人文科学的研究方法看，文化指符号体系的生产（语言、思想、习俗、神话），抑或是物质的各个方面（工具、住所、衣着习惯和烹饪习惯）。从某种程度上说，文化是我们在建立与世界关系的过程中美学表现和意识形态表现的总和。

---

*　本文的初稿曾于 2017 年 10 月 9 日在南京大学"勒克莱齐奥与亚洲"国际学术研讨会上发表。感谢高方女士和张璐女士向我发出邀请，使我得以成行南京，并得以参加这场学术与文化的交流盛会。

另一个与文化同质的概念指向跨文化的第二个相关因素，即"身份"。从米歇尔·卡斯特拉（Michel Castra）的社会学角度来看，身份"由个人或群体的所有特点和属性构成，这些特点和属性使得个人认知或群体认知中的自我成为一个特殊的实体，并同样如此被他人认知。要领会这个概念，就必须将其与多种个体或群体的社会诉求相关联"①。阿尔弗雷德·米歇尔·格罗塞（Alfred Michel Grosser）的著作《身份认同的困境》（*Les Identités difficiles*）（1996）引发了关于每种文化归属感的辩论，也就是关于每种文化的认同问题的争论，正是这场辩论使得作者开始思考自我身份的再现这一概念。他的分析，让我们就身份思想的理想范式和对各种文化的评价方式进行反思。与他人的关系正是"跨文化"这一概念的核心所在。

2005年，伊萨·阿斯加拉利（Issa Asgarally）出版《跨文化或战争》（*L'interculturelou la guerre*）一书，勒克莱齐奥为该书撰写序言。我直接以该书为根据进行讨论。在该书中，阿斯加拉利阐发了跨文化的基础：

> 跨文化的基础是什么？必须回顾数十年来助长了敌意和战争的分歧和冲突，并且换一种方式理解这些分歧和冲突。这并非减少差异，因为我们必须承认自然和文化差异在人际关系中发挥着建设性作用；而是应该重新讨论以下观点：差异必然意味着敌意、被物化和被僵化的敌对整体，以及建立在这种对立基础上、视彼此为敌人的相互认识方式。

为了指出跨文化对人类的重要意义，勒克莱齐奥援引阿斯加拉利的话表示："未来是跨文化，否则就是战争。"我认为，勒克莱齐奥所倡导的跨文化是对以下作家和哲学家先前阐明的概念进行重新组织和

---

① Michel Castra,"Identité", *in* Serge Paugam (dir.), *Les 100 Mots de la sociologie* (Paris: PUF, coll. «Que Sais-Je?», 2010), pp.72–73.

提炼升华：桑戈尔（Senghor）的"文化混血"（métissage culturel），格里桑（Glissant）的"关系"思想（pensée de la Relation）以及德勒兹（Deleuze）的"块茎思维"（pensée rhyzomatique）。

尽管我们可以质疑桑戈尔从某种程度上将法国文化理想化的做法，但他也在强调非洲文化的重要性，而且人们不甚了解的是，桑戈尔还肯定任何文化都是一种混血文化，如古埃及文明和古希腊文明等。桑戈尔清醒地认识到，文明之间的交流所萌生的新事物，创造出更加丰富的文化，新文化的丰富程度超过任何单一组成部分。勒克莱齐奥既对桑戈尔的思想抱有兴趣，也阅读了大量格里桑的作品，还曾多次与格里桑本人会面。勒克莱齐奥和格里桑在跨文化的"关系"思想上有相似的认识。

格里桑的思想直到20世纪80年代甚至90年代末才被理解，并在法国以及法语国家的知识界传播，包括其思想的发端之地——安的列斯群岛。实际上，自20世纪50年代初，格里桑就已提出"关系"的观点。这个观点没有把非洲文化或法国文化放在优先位置，而是推崇一种处在永恒变动之中的文化。这种文化在各种土壤中汲取营养。由于安的列斯群岛地理位置特殊，来自加勒比与周围各地区的影响在此交汇，所以在加勒比滋生出一种变换和联系中的文化。这里所说的加勒比与周围各地区的影响，是指来自美洲印第安，非洲，曾为法属、英属、荷属和西属殖民地的影响，以及哥伦比亚、巴西、墨西哥和美国的影响。格里桑认为，从文化角度和对他者理解的角度看，安的列斯群岛的复杂文化关系早一个世纪就出现了。事实上，他可能是正确的，但我们也要看到，许多安的列斯人，包括知识分子，都没有充分认识格里桑的关系思想的真正意义，或者说不乏排斥态度。但在2017年，在马提尼克举行的国际法语研究学会（Conseil International d'Études Francophones，CIÉF）的年会上，已有学者在使用格里桑的思想。

2010年5月，就在勒克莱齐奥获得诺贝尔文学奖后不久，他与萨罗吉尼·毕塞叙尔－阿斯加拉利（SarojiniBissessur-Asgarally）和社会

学家、语言学家伊萨·阿斯加拉利，在毛里求斯，共同创立了跨文化
与和平基金会（Fondationpourl'Interculturel et la Paix，FIP）。我认为，
这一机构的创立具有重要意义。理由有很多：首先，跨文化是勒克莱
齐奥作品的组成部分，出现在他几乎所有的作品中。其次，基金会的
成立凸显了跨文化与和平的相互依赖关系。最后，通过毛里求斯的亚
洲人，主要是印度人，在勒克莱齐奥与亚洲之间架起桥梁。

2013年，在美国北卡罗来纳大学教堂山分校，曾召开"文化间性
与艺术"（Interculturality and the Arts）学术研讨会①，勒克莱齐奥曾在会
上做了学术报告。他在报告中提出，要谈跨文化就不能不谈到某些霸
权国家，他们强制传播单一文化模式：

> 的确，如果说跨文化是一个难以实现的梦想，那是因为文化
> 往往隶属于权力。当今大部分强国文化都是单边的。这些国家把
> 自身的社会模式和文化成就作为唯一参照，向世界其他国家和地
> 区强行输出。我对文学的作用充满信心，我坚信文学会推动文化
> 间性的到来。如果我们能够进行翻译，能够自由获取书籍，能够
> 接触其他文化，能够借助公共图书馆，从当下开始，并借助因特
> 网的神奇力量开展工作，跨文化就不是一个梦。

跨文化与和平基金会对自身跨文化的使命做出如下定义："推动对
世界各文化的相互认识，促进各文化互动，让不同种族的男性与女性
都能丰富自身。"基金会还要通过文化间交流，推动各国国内与国际和
平，这是真正可持续发展的首要条件。

勒克莱齐奥曾对文学具有改变世界的能力持矛盾态度。他在斯德
哥尔摩发表的诺贝尔文学奖获奖演说中承认："一段时间以来，作家已
不再自负地相信自己还能改变世界，还能以自己的长篇和短篇小说去

---

① 勒克莱齐奥所作报告视频发布在 YouTube 上，网页：https://www.youtube.com/watch?v=bGNz-
　tjdRvQ。

催生一种更美好的生活。"但在美国北卡罗来纳大学教堂山分校所作的报告中，他又指出，当今的主要问题之一，是人们的阅读量太小。要么不识字，要么太穷买不起书，要么从小没有养成阅读的习惯。他认为，阅读文学作品是让人走上文化间性之路的最好方式。虽然笔者承认书籍大有裨益，包括为人打开通往其他文化的大门，让人接触到无限广阔的各种领域。我不确定能否仅通过阅读本身来预防战争、独裁和种族灭绝的爆发。毕竟大量的战犯都曾经是贪婪的阅读者，不过，他们抑或对阅读内容有所选择，抑或在阅读过程中，眼前有一个筛子，能筛除他们不想看的内容。我们可能应该将反思的范围扩展到跨文化在近几十年的发展历程，以便从更加全面的视角研究这一概念所涵盖的内容。

自20世纪90年代以来，不仅跨文化问题及其定义成为法国内外许多学术作品探讨的焦点，跨文化意识的发展也是如此。由此，克劳德·克拉内（Claude Clanet）为跨文化提出了一个基础性的总体框架[1]。在他的定义中，跨文化是"在不同文化相互交流的关系中，在交流者之间维护各自相对的文化身份的同时，在不同文化的互动中产生的心理、人际关系、群体、制度过程的整体。"此外，让-勒内·拉德米拉尔（Jean-René Ladmiral）和爱德蒙-马克·里皮安斯基（Édmond-Marc Lipianski）认为："这个词本身就隐含了不同文化关系之间、关联和交流的观点。与其把它理解为两个独立客体（两种相互接触的文化）之间的往来，不如把它视为不同文化在沟通过程中相互构建的一种互动。"[2]我们关注到关于跨文化研究模式及其他场域界定的困难。1995年帕特里克·德努（Patrick Denoux）对法国跨文化研究进行了整体的

---

[1] Claude Clanet (dir.), *L'Interculturel en éducation et en sciences humaines* (Toulouse: Presses universitaires du Mirail,1986). Lire également Claude Clanet, *L'Interculturel. Introduction aux approches interculturelles en Éducation et en Sciences Humaines* (Toulouse: Presses universitaires du Mirail, 1993), p.21.

[2] Jean-René Ladmiral et Édmond-Marc Lipianski, *La Communication interculturelle* (Paris: Armand Colin, 1989), p.10.

梳理和盘点，他明确指出，成果梳理所遭遇的困难是研究主题纷繁复杂造成的，"无论是固有公理，还是从该场域隐含的定义"均是如此。[①]相比于历史研究的视角，德努更倾向于主题研究，他指出，跨文化研究中存在某些不变的话题，并说明其应用领域，包括跨文化教育和教学、跨文化心理学、跨文化人格、跨文化想象、国内与国际跨文化关系、跨文化组织机构。从这一观点，我们还可以联想到茨维坦·托多洛夫（Tzvetan Todorov），他曾通过《我们与他者：关于人类多样性的法兰西思考》和《义务与乐事，摆渡人的一生》[②]，对身份间的关系进行反思。

但是，跨文化研究希望在他者的问题上与传统人类学划清界限，跨文化探讨他者和自我的动态关系，而非将他者视为一种客观的、有限的事实。在法国的跨文化文学研究中，个案研究的比重最大，这种研究具有经验主义色彩，依靠举例说明的方式的理论著作同样如此，因此要给跨文化找到普遍的定义很难。

伊夫·温金[③]（Yves Winkin）就美国与法国跨文化交际的产生和发展撰写了一系列文章分析跨文化，对于人类学没有成为跨文化研究的"学科矩阵"（matrice disciplinaire）感到惋惜。在法国，跨文化交际研究领域由社会心理学和教育科学主导。他以批判的眼光看待那些声称属于跨文化范畴的学术作品存在明显的混淆：描述与规定的混淆，知识和能力的混淆，对文化概念的理解过于粗糙。温金同时还列举其他法国学者就"文化交叉"（croisement des cultures）所撰写的内容丰富的作品，比如托多洛夫和塔吉耶夫（Taguieff），在他们的作品中没有

① Patrick Denoux, "Pour une nouvelle définition de l'interculturation", in Jeannine Blomart et Bernd Krewer(dir.), *Perspectives de l'Interculturel* (Paris: L'Harmattan, 1994), p.67.

② Tzvetan Todorov, *Nous et les autres, la réflexion française sur la diversité humaine*, 1989; Tzvetan Todorov, Devoirs et délices, une vie de passeur，2002。

③ Yves Winkin, "Émergence et développement de la communication interculturelle aux Etats-Unis et en France", in Khadiyatoulah Fall, Daniel Simeoni et Georges Vignaux (dir.), *Mots, Représentations, enjeux dans les contacts interethniques et interculturels* (Ottawa: Presses de l'Université d'Ottawa, 1994), pp.33-50.

出现"跨文化交际"的词语，但在温金看来，跨文化交际正标志着法国研究这一课题的未来走向。

在英美，贝内特(Milton J. Bennett)、班克斯(James A. Banks,)和赫尔姆斯(Janet E. Helms)认为，跨文化竞争力可以从许多范例中显示出来。具有批判性的范例会引人构思一种教育方式，旨在让学生了解自己出身所特有的多文化属性，并且明白这是现实。例如，贝内特强调跨文化敏感性的发展①，班克斯注重族裔类型学（typologie d'ethnicité）②，赫尔姆斯的研究角度则隐含其对种族身份发展的重视③。2005年，联合国教科文组织（UNESCO）通过并实施《保护和促进文化表现形式多样性公约》，这是跨文化在世界上范围展现所取得的成果。勒克莱齐奥的作品便是跨文化艺术表达的杰作。

根据上述观点，亚洲地缘诗学在2008年诺贝尔文学奖得主勒克莱齐奥作品的情节构思中随处可见。他将想象扎根于文化交汇的特性中。玛丽娜·萨勒（Marina Salles）在她的著作《勒克莱齐奥，我们的同代人》（Le Clézio, notrecontemporain）中指出，勒克莱齐奥作品中宗教信徒的存在，但这并不是为了和许多新信徒一样，声明某种宗教优于其他宗教，那将是一种不幸。玛丽娜·萨勒更多地是为了凸显作品中众多醉心于宗教的人物身上的智慧和人生财富，其中以道教和佛教这样的亚洲宗教和哲学为主。在勒克莱齐奥的第一部小说《诉讼笔录》（Le Procès-verbal）（1963）中，主人公亚当·波洛对道教产生兴趣，并试图和自己保持距离，使自我（moi）和自身（soi）消失，与动物、植物和岩石相融合。与现代社会分离，让本质乃至存在回归，并和世界融为一体，这样的想法在勒克莱齐奥的散文《物质的迷醉》（L'Extase

① Milton J. Bennett, "Towards Ethnorelativism: a Developmental Model of Intercultural Sensitivity", in R. M. Page (ed.), *Education for the Intercultural Experience* (Yarmouth, ME: Intercultural Press,1993).

② James A. Banks, *Multiethnic Education: Theory and Practice* (Needham Heights, MA: Allyn and Bacon,1994).

③ Janet E. Helms, "Development of the White Racial Identity Inventory," in Janet E. Helms (Ed.), *Black and White Racial Identity: Theory, Research and Practice* (Westport, CT, Praeger, 1990), pp.67-80.

matérielle）（1967）中亦有体现。

　　虽然存的不安在《诉讼笔录》以及勒克莱齐奥最初作品的主人公身上显而易见，这些人物难以和身边同类的人建立联系。不久后，在1978年，勒克莱齐奥发表了《蒙多和其他故事》（*Mondo et autres histoires*），开启了他的文学的新时期，在此期间，他对人际关系和文化间交流给予更大关注。在这部短篇小说中，那位名叫蒙多的孩子遇见了一位越南老妇蒂钦，蒂钦将成为他的朋友。要知道，蒙多是一个不知来自何处的孩子，小说的开头两句话这样写道："也许，没有人说得清，蒙多从哪里来。偶然有一天，他神不知鬼不觉地来到我们这座城市，谁也没注意到，后来大家就对他习惯了。"人们不知道他从哪里来，即便人们可能认为他来自东欧；不过，他首先是来自另一种文化的孩子，在寻找一个可以理解他、收养他的成年人，正如他对自己信任的人提出的问题："您想不想收养我？"他的名字极具象征意义，因为他属于世界（monde）。他是全世界的孩子（enfant universel）。在小说中，勒克莱齐奥着力表现一个乐于助人的孩子和他所处社会的暴力之间的反差，这个社会不能容忍有人到处流浪，想把他关进收容所。理解蒙多、保护蒙多的人仍然是在山上拥有一座闪着金光的漂亮老房子的他者（l'Autre）——越南女人蒂钦。

　　1993年，在接受克洛德·卡瓦莱洛（Claude Cavallero）的访问时，勒克莱齐奥特别提到，在巴拿马达里恩（Darien）丛林中那样不同文化的接触，使我们不得不思考自己在世界上的位置。他渴望探索多种宗教思想，走近不同文化，对不同文化实践展现了极大的包容，这些文化实践自然会切实推动跨文化的发展。

　　我们还能在勒克莱齐奥的多部小说中重新发现佛教思想，例如《彼界之旅》（*Voyages de l'autrecôté*）（1975）、《逃之书》（*Le Livre des fuites*）（1969）和《大地上的未知者》（*L'Inconnu sur la terre*）（1978）。2009年，萨罗吉尼·毕塞叙尔-阿斯加拉利在以勒克莱齐奥为主题的《伊塔利克》（*Italiques*）杂志上发表了论文《勒克莱齐奥：印度的神话学和哲学》("J.M.G. Le Clézio : Mythologies et philosophies de l'Inde")。毕塞叙尔-阿斯加拉利在文中阐述了佛教神圣文本《奥义书》如何在上述小说主人公的思考中占据核心位置。按照他的说法①，《奥义书》向我们展示了通往梵天智慧的道路，也就是万事万物都具有的灵魂世界（âme-monde），就像《彼界之旅》的主人公娜迦娜迦所经历的旅行和融合。娜迦娜迦扮演着良师益友般的引导角色，帮助作品中的其他人物真正"渡到彼岸"，使他们发现灵魂世界。当娜迦娜迦达到这种与世界完全融合的状态时，她便成为了菩萨（Bodhisattva），字面意义是"求道求大觉之人"（Bodhi 在梵文中意思是"觉、智、道"，Sattva 意思是"众生、有情"），也就是人的最高境界——佛。同样，《大地上的未知者》中的男孩饱经游历，在这一过程中跳脱出自我，进入世界，并成为菩萨。笔者在此援引勒克莱齐奥的话："……我们可能会看到山海彼端、幻景之外的事物。眉眼低垂的孩子的样貌，菩萨的样貌。"②

《逃之书》里的年轻人奥冈（Jeune Homme Hogan，也被称为他名字的首字母缩写 J. H. H.）出生在越南。他展开了一场漂泊的旅行，在全世界游荡。他的名字代表了同时跨越地理空间和文化空间的同类人的名字。他的旅程类似一场逃离，离开西方世界，试图找回自由。还记得他断然抛弃西方世界说："我不再是希腊、罗马世界的儿子。我不能继续成为它的种族中的一份子。"③回到墨西哥后，奥冈找回了安宁，似乎已经脱离这个世界，最终成为他自己，并接受了这样的自己。这些同化作用的启发属于跨文化的实际化操作。如同将自然象征神圣化的神话所强调的一样，东方传统中事物的价值重新具有了专有名词的理据。问题不在于对两者或多者之间的身份横加指责。作为起始点的根源决定了叙事命运的走向，在与具有他性的人物的相遇游戏中面对

---

① Sarojini Bissessur-Asgarally, "Le Clézio : Mythologies et philosophies de l'Inde", *Italiques*, Hors-série «J.M.G.Le Clézio», 2009, pp.46-49.

② J.M.G. Le Clézio, *L'Inconnu sur la terre* (Paris: Gallimard, 1978), p.232.

③ J.M.G. Le Clézio, *Le Livre des fuites* (Paris: Gallimard, 1969), p.249.

自我，随着交流不断丰富自己。

在萨义德的《东方主义》一书中，前两个部分在本质上带有殖民主义色彩，阅读勒克莱齐奥的作品，会发现，这前两部分是站不住脚的。1978年《蒙多和其他故事》发表后，相关的讨论便开始了，显而易见，在勒克莱齐奥的作品中，亚洲和西方的跨文化关系得以巩固。另外还有两部作品，同样尤其突出勒克莱齐奥与亚洲的缘分，如《隔离》(*La Quarantaine*)（1995）和最近出版的中篇小说《暴雨》(*Tempête*)（2014）。

《隔离》讲述了一场跨文化之旅。众多叙述者的声音把现实时间（按先后顺序线性发展的时间）的各种表现方式杂糅在一起，以展现起源的年代，也就是传说中最初的年代。莱昂是传奇般的舅公唯一的后人，他将自己的声音转让给他日记里的其他叙述者（苏瑞亚瓦提的母亲和外祖母），向读者说明其起源以及亚洲地缘文化中人名的特殊含义。我们明白了叙述者生活在当代，有一位欧亚混血的外曾祖母，她是莱昂和雅克的母亲，莱昂和雅克曾在普拉特岛上待了四十天；同样，苏瑞亚瓦提的母亲阿南塔是英国人，在1857年印度士兵的起义中被吉莉芭拉救出。经历了亚穆纳河上的惊险航行后，吉莉芭拉来到毛里求斯，随后在普拉特岛上生活，阿南塔在岛上长大，后来苏瑞亚瓦提也在那里长大。皈依印度教就像在亚穆纳河顺流而下那样自然，阿南塔就这样成了这条河流的女儿[①]。《隔离》扎根于印度文化，这种皈依被生活在当代的叙述者强化，叙述者坚信"呼唤吉莉芭拉是为了纪念泰戈尔"。树立起这一人物的社会人类学地位颇有深意，正如卢卡奇在《小说理论》（1968）中强调的，表现了一种"主人公和世界的他性"。勒克莱齐奥的关系诗学引领我们探索一个异质的世界。毛里求斯和印度两国的文化元素相互连接匹配：泰戈尔是连结不同空间和不同时间坐

---

① 在亚穆纳河顺流航行的更多细节，参见上文提及的萨罗吉尼·毕塞叙尔－阿斯加拉利所写论文与 Bénédicte Mauguière, "Mythe et épopée de la descente du Gange dans *La Quarantaine* de J.M.G. Le Clézio", *Europe, dossier Le Clézio* (dir. Claude Cavallero), n957-958, 2009, pp.161-167.

标的纽带，是连结借助于图像的记忆和人物的叙事地位之间的纽带。

跨文化也体现在《隔离》中水的流动性这一符号逻辑中。为了逃离战争，吉莉芭拉和阿南塔踏入河水中：

> 她感觉似乎进入了另一个世界，在她怀里欢笑舞动的小朱恩就是那个世界的入口。在这条河流的世界里，一切皆有可能，没有战争，没有鲜血，没有仇恨，没有恐惧，她被世界紧紧地抱住，好好地藏起，仿佛被捏在巨手中的一块小石块。

时间的线性被打断了，远古的故事发生在今天，通过这样的叙事安排，我们惊讶地发现，许多人物是相同的，从这个浸润着印度教信仰的故事可以看出，爱把他们结合在一起，消解个人主义的河水也把他们结合在一起。对于勒克莱齐奥而言，巨手这个强化的隐喻，是对世界性这一当今现实的参照。这是勒克莱齐奥的作品对跨文化中的社会学批评进行的乌托邦式表达。通过生命的神话，通过水以及水的创造革新之力，亚洲所处的位置成为世界的入口。

2014年，勒克莱齐奥出版了中篇小说《暴雨》。故事发生在韩国的牛岛（Udo）上，这是他第一次将整部作品的情节放在亚洲展开。此外，他还在卷首语中向海女（Haenyo）致敬，这是一群屏气潜水捕捞鲍鱼的女性。小说展现了众多出身不明的人物在这个世界尽头的海岛上的相遇。所有人，或者说几乎所有人都为了逃离自己极为灰暗的过往而迁移到牛岛。譬如宋玛丽，她因一次强暴而出生，被母亲抛弃，后来被一个堪萨斯的农民家庭养大，随后逃离家庭，成为一名歌手。玛丽的丈夫菲利普·克约先生是一位记者、作家、摄影师，他因在越南战争中目睹一名女性被强暴而没有上前制止，被判刑六年。荣莉亚是俊娜的母亲，是生活在首尔的华人，曾和一名美国黑人士兵有过一段关系，后来和13岁的女儿俊娜两人都被这个士兵抛弃。三十年前，在牛岛海岸，玛丽消失在大海中，是意外还是自杀？循着妻子的足迹，克约来到岛上，与俊娜相遇。小说呈现出一个跨文化氛围极其浓厚的世界，书中人物的出身、种族、宗教、文化各不相同，都置身于一个壮美的背景下，也就是这个吸引了众多游人的海岛上，同时在这个世界里对于捕捞鲍鱼的女子而言，现实也是尤其残酷的。

　　总而言之，亚洲和跨文化构建了格里桑"关系"思想层面上的诗学视角，构造了相遇与相互丰富的图景，也构成了丰富的经历和视角。勒克莱齐奥的作品是一个讲坛，亚洲的神话和混杂的、来自各处的文化的表达，均得以开放地展现，这是对世界诸文明的神圣事物与世俗事物的郑重见证。

勒克莱齐奥与丰富的虚空

杜佳澍

摘　要：勒克莱齐奥是一位独特的法国作家。他站在西方文明的对立面观察所处的现代社会，其作品逆西方文明的轨迹追求超脱的境界，这与东方文化中的虚空思想不无相似之处。如果以东方文化的虚空思想反观勒克莱齐奥的文学创作，包括他关于时间、语言与景物的虚空意境的描写，又能对他的虚空思想的内涵做出新的解释。

关键词：勒克莱齐奥　虚空思想　西方文明　东方文化

勒克莱齐奥作品具有浓厚的异域文化色彩，且多关注社会边缘人物和弱势群体。流浪汉、社会底层人物、异国文明原住民和纯真儿童皆是作家钟爱的主题。作家作品惯以西方现代社会非主流人群作为观察者，站在西方文明的相对面，反思所处的现代社会。2008年诺贝尔文学奖评委会对勒克莱齐奥的致辞："将多元文化、人性和冒险精神融入创作，是一位善于创新、喜爱诗一般冒险和情感忘我的作家，在其作品里对游离于西方主流文明外和处于社会底层的人性进行了探索。"[①]此段文字充分肯定了作家独特的写作特点。

特别是在勒克莱齐奥80年代后的作品中[②]，作家一改青年时期对西

---

① 诺贝尔文学奖官方网站、诺贝尔文学奖评委会对作家获奖致辞。网址：https://www.nobelprize. org/ nobel_prizes/literature/laureates/2008/ 下载时间：2018 年 4 月。

② 学术界普遍将勒克莱齐奥写作分为两大阶段：第一阶段 80 年代以前，代表作品包括《诉讼笔录》、《逃遁之书》、《发热》、《战争》、《大洪水》。这一阶段的作品主要体现了对西方现代社会的逃离、放弃、无力等概念，被视之为一种消极的反抗。80 年代后，作家陆续发表了《寻金者》、《奥尼恰》、《沙漠》、《流浪的星星》等作品，均反映了一种返璞归真，与自然和谐一体，追寻幸福乌托邦的超脱。参见勒克莱齐奥、许钧：《存在、写作与创造——勒克莱齐奥访谈录》，《文艺研究》，2016 年第 6 期，第 77—80 页。

方文明的消极反抗情绪。在坚持反西方理性思维、逆现代文明轨迹的道路上，追求返璞归真。文字精炼且蕴含诗意的内涵。独树一帜的风格走向西方文学的彼岸，达到一种超脱的境界。西方人视之为对现代工业文明的批判，对原始文明、失落文明的维护。

在世界的另一端，中国传统文化中的虚空思想追求去物质化，去社会化。"无"非空洞，是丰富感知对潜在性的无限探索。这都与勒克莱齐奥作品中诗意化、潜在性、去物质化等特征不谋而合。本文尝试从东方视角观照勒克莱齐奥作品，探讨作家与中国文化思想之间的联系，深入体会作家写作内涵，探寻一条中西方思想"美美与共，天下大同"①的会通之路。

一、作家虚空思想溯源

自1983年首部中文译本《沙漠的女儿》②在国内面世以来，勒克莱齐奥的大部分著作都已被译成中文出版③。勒克莱齐奥也成为了中国读者最为熟悉的诺贝尔文学奖作家之一。勒克莱齐奥的作品在中国接受度如此高，一方面源于译者们的辛勤耕耘，更重要的是作品本身兼具东方思维，让广大中国读者在异国文学中找到了共鸣。

---

① 1990年12月，在就"人的研究在中国——个人的经历"主题进行演讲时，费孝通先生提出："各美其美，美人之美，美美与共，天下大同。"参见费孝通：《缺席的对话——人的研究在中国》，《读书》，1990年第10期，第10页。

② 〔法〕勒克莱齐奥：《沙漠的女儿》，钱林森、许钧译，长沙：湖南人民出版社，1983年。

③ 《诉讼笔录》版本一：许钧译，安徽文艺出版社，1992年；版本二：许钧译，上海译文出版社，1998年。《少年心事》，金龙格译，漓江出版社，1992年。《战争》，李焰明、袁筱一译，译林出版社，1994年。《流浪的星星》，袁筱一译，花城出版社，1998年。《金鱼》，郭玉梅译，百花文艺出版社，2000年。2010年以来人民文学出版社陆续出版了勒克莱齐奥作品系列，其中包括：《饥饿间奏曲》（余中先译）、《飙车》（金龙格译）、《乌拉尼亚》（紫嫣译）、《看不见的大陆》（袁筱一译）、《沙漠》（许钧、钱林森译）、《巨人》（赵英晖译）、《流浪的星星》（袁筱一译）、《燃烧的心》（许方、陈寒译）、《奥尼恰》（高方译）、《迭戈和弗里达》（谈佳译）、《非洲人》（袁筱一译）、《寻金者》（王菲菲、许钧译）、《墨西哥之梦》（陈寒译）、《罗德里格斯岛之旅》（杨晓敏译）、《脚的故事》（金龙格译）。

勒克莱齐奥与中国缘分颇深。访谈中作家讲述了青年时期与中国文化的初次接触[①]。其中特别谈到了对中国道家哲学思想的阅读和理解。他读过《道德经》，还仔细研究过道家思想。另外，作家学生时期热衷于对法国诗人亨利·米修（Henri Michaux）作品的研究[②]。众所周知，米修钟情东方文化，其诗歌尤其彰显了老庄思想中虚空的意境[③]："这是我的生活，我向空的生活。"[④]对米肖的研究从侧面反映了勒克莱齐奥与虚空思想的渊源。

虚空是东方哲学与美学的重要概念，历史渊源悠久，对中国文化影响深远。先秦道家思想以无观有，老子多言虚无之用，因虚无具有无限性，故能容纳万物。"埏埴以为器，当其无，有器之用。凿户牖以为室，当其无，有室之用。故有之以为利，无之以为用。"[⑤]器之用源于器之空，室之用则归于室中之空间。道家虚空思想中虚可谓抛弃外物。由空掉外物的虚上升为空掉自我的空则是道家思想的终极追求。至魏晋，佛教东进入中国，这一过程中渐渐融入了本土的虚空思想，成为佛教中国化的重要特征之一。六祖慧能偈曰："菩提本无树，明镜亦非台，本来无一物，何处惹尘埃。"[⑥]万物皆空象，无是世界的本质，慧能

---

① 2015年10月，勒克莱齐奥受邀到北京师范大学发表了"相遇中国文学"的主题演讲。以下为演讲译文选段："中国的文化在那个时候就吸引着我，当然是因为它不同于我自身的文化，它很新奇。但同时，也因为中国文化的象征性的特质，与西方的现实主义文化大异其趣。我还特别喜欢中国的音乐，爱它灵动的节奏，虽然对一个不太习惯的听众而言，有的时候它的音色不那么和谐。我利用在泰国一年的时间，学了一些中国汉字的基础，总之，这成为了我认识中国文化的一条途径，虽然很不完美但却让我着迷，让我渴望了解更多。后来几年我被派往世界的另一端，就是墨西哥，我继续寻觅接触中国文化的机会。首先是通过阅读和研究中国的一些哲学经典，像《孔子》、《孟子》和《道德经》。我在尼斯有一个朋友他信奉道教学说，所以我有时候和他一起学习道家的有关文章，并就内容仔细地进行探讨。"（施雪莹译，许钧校）

② 1964年，勒克莱齐奥的硕士论文名为"La solitude dansl'œuvred'HenriMichaux"（亨利·米修作品中的孤独）。在多次访谈中，作家表达了对诗人的推崇，讲述了自己早年受米修影响的经历。

③ 参考杜青钢：*Entre Occident et Orient, Michaux et le Vide*，武汉：武汉大学出版社，2010年。

④ 〔法〕亨利·米修：《米修诗选》，杜青钢译，桂林：漓江出版社，1991年，第100页。

⑤ 陈鼓应：《老子注译及评介》，北京：中华书局，2009年，第102页。

⑥ 此偈最早见于敦煌写本《坛经》。此处引用于弘学：《禅宗故事》，成都：巴蜀书社，2008年，第56—60页。

的偈语正体现了万物皆空的意境。唐诗《鹿柴》："空山不见人，但闻人语响。返景入深林，复照青苔上。"描述空不见人的林间景象，实质是空灵心境的载体。诗人王维是写空的翘楚。其代表作《鸟鸣涧》、《山居秋暝》、《鹿柴》均体现了这一境界。借西方结构主义和符号学理论，旅法学者程抱一对中国山水画中的留白技巧进行深入研究[1]。中国山水画的留白之处不是空洞的"无"，它可以是空气、风、水抑或气。虚空不是单板的空白，其背后有无限的可能性。

中国思想的虚空是对社会性、世俗性、具象性的摒弃。在自然和自我中探寻无限性。"实"具象化世界，"空"则激发无限想象。这种逆向性思维与勒克莱齐奥作品中抛弃现代文明的束缚，转向与自然和谐一体，追求自由、空灵人生体验的写作途径不谋而合。

笔者对勒克莱齐奥与中国虚空思想的跨文化比较研究还源于对作家作品的一次深入阅读。在《物质的迷醉》一书中，"抛弃从出生开始积累下来的一切肥料，这些坏习惯，语言、习俗、动作、信仰、思想。变成一个没有出生的人，回到黑暗稠密的完满中，回到历史凝固的那片海洋"[2]。这与道家思想中"复归于婴儿"所表达的意境如此相似。无独有偶，本书开篇即用连续的否定表现虚无的境界："我未出生时，我的生命还未完结时，待成为不可磨灭之物的东西还未开始留下记号之时；当我不属于任何存在之物时，当我还未被孕育，还没有被孕育的可能性之时，当极度微小的精确性还未开始造就这一偶然之时；当我既非来自过去，亦非来自未来之时；当我当下并不存在之时，当我无法存在之时……当我甚至不是无的时候，因为我并非某种事物的否定，甚至算不上一种缺席，同样算不上一种想象之无。"[3]

通过对作家作品的整体阅读，笔者总结出勒克莱齐奥虚空思想表

---

[1] François Cheng, *Vide et plein* (Paris: Seuil, 1991).

[2] J.M.G. Le Clézio, *L'extase matérielle* (Paris: Folio, 1992), pp.17, 38. 此译文见于《流浪的星星》（人民文学出版社版）后记《去历史化的历史》（张璐译），2010 年。

[3] J.M.G. Le Clézio, *L'extase matérielle*, p.11.

现的三个方面：虚空的所见、虚空的语言、虚空的时间。而《物质的迷醉》对此三类观点均有所涉猎。例如对于语言，作家说道："其实我没有交流的烦恼。我不愿用外来的，外界赋予我的语言的碎片与他人交流。这种交流的方式是错误的，既是虚假的，也没有深入我生活之中。"① "过去，我属于沉默。我曾与一切不表达自我之物相混，被他人的姓名与身体掩盖。我曾在不可能之深处，而众多其他事物则是可能的。我的文字、我的语言均是没有价值的。"②对作者而言，文字、语言皆是人为创造的外物，它既不能真正表达自我，也不能完全表达事物；而沉默是看似不可能的最可能的表达形式。因此得出结论："我的文字、我的语言均是没有价值的。"作家对语言深层次的思考与老子思想遥相呼应。《道德经》开篇即言："道可道，非常道。名可名，非常名。"③可以言说的道理不是永恒之道。可见语言在老子思想中的否定意义。"多言数穷，不如守中。"④ "不言之教，无为之益天下希及之。"⑤语言即是谎言，沉默才是最本质的语言。

对于时间，作家写道："（时间的）延续性是一切，没有什么能将其打破。面对如此的坚持，过去、现在或者未来的时间观念看起来都有点可笑。永恒才是真正的人文主义理念，是最接近我们生活中所感悟到的……真理，唯一的真理是永恒，无限，绝对，不可见。"⑥现代社会中时间被人为限定为具有连续性且单向线性发展的概念。早在20世纪初，法国哲学家柏格森就指出所谓理性抽象的概念分析往往只能歪曲事实。相较于社会中约定俗成的抽象时间观，柏格森更强调个人感知的时间理念。时间因此逃离了理性的局限，获得更丰富的表达形式。柏格森时间理论对后世文学艺术思想影响深远，是西方感性、认知思

---

① J.M.G. Le Clézio, *L'extase matérielle*, p.35.

② Ibid., p.17.

③ 陈鼓应：《老子注译及评介》，第54页。

④ 同上书，第78页。

⑤ 同上书，第237页。

⑥ J.M.G. Le Clézio, *L'Extase matérielle, op.cit.*, p.126.

维发展的一座里程碑。上文中作家继承这一西方感性思维模式，摈弃对时间抽象性的认识，强调永恒的时间理论。这一抛弃世俗、追求自我体验的观点与中国虚空思想中对时间观的理解相得益彰。"致虚极，守静笃；万物并作，吾以观复。"[1]排除外界的干扰，自我达到虚静的内心状态，以此观万物，方能观察到其中的循环往复。此处的"复"何尝不是作家永恒观的另一种表达呢。

《物质的迷醉》作为一本思想随笔，不同于作家小说的虚构写作，很大程度上还原了作家的写作心态。随笔中出现了大量如上文举例所表达的逆向思维，颠覆了西方现代文明的语言观、时间观、自我定义、社会观等。这种抛弃社会束缚，追求纯粹、绝对的思想与中国以道家为首的虚空思想在出发点和表现形式方面都如此一致，使我们有机会借中国虚空思想来理解作家作品中的虚空意境。

二、所见之虚空

"昔者庄周梦为蝴蝶，栩栩然蝴蝶也，自喻适志与！不知周也。俄然觉，则蘧蘧然周也。不知周之梦为蝴蝶与，蝴蝶之梦为周与？周与蝴蝶，则必有分矣。此之谓物化。"[2]《庄生梦蝶》以此句最能体现道家虚空思想的玄妙之处："不知周之梦为蝴蝶与，蝴蝶之梦为周与？"是周庄做梦变成蝴蝶，还是蝴蝶做梦成了周庄？何为虚，何为实？周庄可以是蝴蝶，蝴蝶亦可为周庄。在梦境与现实的虚实之间，世俗社会中人与物的界限被打破。人脱离蜉蝣人生的桎梏，进入了灵动虚空之中。这是道家思想对虚空最形象的注释。

透过人物视角的微观所见，笔者在勒克莱齐奥作品中遇见了类似的虚空幻妙的情景。《寻金者》中，所见之物呈现亦实亦虚的特征，体现了一种灵动缥缈的风格，主人公亚力克西的目光总在实与虚中交替。

---

① 陈鼓应：《老子注译及评介》，第124页。
② 陈鼓应：《庄子今注今译》，北京：中华书局，2004年，第32页。

我无休止地望着千变万化的天空下凝固不动的风景。我注视每个细节，每个泉眼，每片树丛，从黑河峡谷到塔马兰。河岸，烟雾笼罩在大黑河，戈莱特附近。德尼或许在那里，和从前一样，在老库克陋屋里，我似乎觉得由于不断凝望，在照耀着河岸和大海的金色光线下，我将推测出我们孩时的身影，那身影穿过高高的草地，正在奔跑，赤着脚，脸上被抓伤，衣服被撕破，在这个美誉边际的世界，在黄昏里，窥视神秘的马纳纳瓦上方两只蒙鸟飞翔。[1]

　　泉眼、树丛、烟雾笼罩的大黑河，金色光线照耀下的大海和海岸，这些风景是主人公所见之实。而在不断的凝望中，真实的风景与虚空的景象重合。首先是超越时空的界限，现实与记忆重合，亚历克西看见了童年玩伴小黑奴德尼，两人儿时的身影在草地上嬉戏打闹。继而主人公窥视到永恒的空间："神秘的马纳纳瓦上方两只蒙鸟飞翔。"所谓永恒，这里并不是传统西方文学中伊甸园般的盛景，作家另辟蹊径描绘了一幅充满东方虚空神韵的景象：天空中两只飞翔的鸟儿。浩瀚天际的广大与蒙鸟的渺小相应和，更凸显出天地间的"空"。视觉上的空旷实则反映出主人公空灵的心理状态。可见"空"才是主人公所见永恒之本质。

　　从真实的风景到记忆中的幻境直至永恒的景象，主人公视角发生了由实至虚的变化。这种趋势是对西方理性思维的颠覆。回归永恒的道路更与老庄思想中永恒回归这一主题吻合。"天下万物生于有，有生于无。"[2]作家正是遵循从有到无的回归之路，终得以窥视永恒的盛景。统观全书，视角由实入虚的趋势普遍存在。在另一处原文中：

---

① 〔法〕勒克莱齐奥：《寻金者》，王菲菲、许钧译，北京：人民文学出版社，2013年，第266页。
② 陈鼓应：《庄子今注今译》，第34页。

我看见乌玛向我走来，用她轻盈的步伐，走出森林。同一时刻，我看见两只白鸟出现。她们高高的，在无色的天空，翱翔在风中，盘旋在马纳纳瓦周围。它们是否看见我了？它们安静下来，一只鸟待在另一只旁边，翅膀几乎不动，仿佛两颗彗星，望着地平线上太阳的光晕。因为它们，世界停止了，天体的运行中止了。[1]

从看见乌玛姗姗而来的实景到看见一对白鸟的虚幻景象。鸟儿在天空中翱翔的场景是主人公追求自由的心灵写照。一对白鸟如同他和乌玛般相互偎依凸显恋人般的亲密。此时亚历克西与乌玛褪去人类的外衣，化身成天地间这对自由翱翔、相依相伴的白鸟。庄子云："堕肢体，黜聪明，离形去知，同于大通，此谓坐忘。"[2]忘却自己的形体，抛弃所谓人的理智，摆脱形体和理性的束缚，与大道融为一体，这就是坐忘。主人公的视角中我们感受到坐忘的意境。结尾处，世界停止，天体运转中止更揭示了永恒中时间的停止。

透过叙述者的宏观视角，《沙漠》、《寻金者》、《奥尼恰》等代表作对大海、天空、浩瀚星空的描写层出不穷。这其中属《寻金者》尤为突出，小说以主人公"听见大海的声音"作为开篇，又以"听见大海充满活力的声音正在来临"作为结尾。整部小说对大海的描写不胜枚举：从儿时在海边的记忆到海上探险的经历，与乌玛相遇，最后重回故乡……主人公的视线从未远离这片空广的海域。"我看见大海艰难地闪耀在阳光下，大海的辽阔让我们沦为了俘虏。"[3]大海的宽广反衬出人的渺小。作家笔下的大海是一片空旷而未知的景域，是作家自然写作的重要对象。作者笔下的自然不单指大自然，而是自然而然，万事万物自然生成，按自然规律发展，不受现代社会人为造作的场地。正如

---

① 〔法〕勒克莱齐奥：《寻金者》，王菲菲、许钧译，第309—310页。

② 陈鼓应：《庄子今注今译》，第167页。

③ 〔法〕勒克莱齐奥：《寻金者》，王菲菲、许钧译，第279页。

作家在访谈中谈道："自然是自发的、根本的。每个人都可以从中找到自己想寻求的东西，你眼中的自然不同于我眼中的自然。"①大海、苍穹等景象即是作家心中的自然之景。在东西方思想交汇的视角中，这与道法自然的理念如此契合，两者均借自然而然的自然表达了一种抛弃人为造作的虚空境界。

三、语言之虚空

中国的文字表达一贯虚空，没有主语是其重要特征。对中国诗歌文学颇有研究的勒克莱齐奥曾在访谈中提到："我对中国唐宋诗歌感兴趣的时候，写作受到了它们影响。我觉得唐宋诗歌里经常没有主语，我非常喜欢这样一种手法，于是我从那时开始，越来越多地写没有主语的句子，但这对法语来说，简直是一种大逆不道的行为。"②与西方逻辑严密的语言结构不同，中国语言表达中缺少例如主语之类的必要成分。缺少的空白之处非但不是空洞，往往能引起读者不同层面的理解和想象，呈现出一种诗意的朦胧美感。

正如勒克莱齐奥所言，逻辑严密的法语语言体系不允许语法结构的空缺。但这并不妨碍作家对虚空意境的表达。语言的虚空首先体现在人物的对话中。《沙漠》中主人公拉拉与记者的一段对话：

① 参见〔法〕勒克莱齐奥、许钧：《存在、写作与创造——勒克莱齐奥访谈录》，《文艺研究》，2016 年第 6 期。

② 记者问：很多中国读者有个困惑：唐诗的韵脚怎么译。也有学者认为，你在中国有些吃亏，因为你典雅、朴素的法语很难被翻译成对应的中文，这会影响中国读者对你的接受度。你当过傅雷翻译奖评委，你怎么看语言的翻译问题？勒克莱齐奥答：翻译是必要的，不然就没有交流。且不谈翻译的鸿沟和弊端，我想说的是，译文会对原语言产生影响。我对中国唐宋诗歌感兴趣的时候，写作受到了它们影响。我觉得唐宋诗歌里经常没有主语，我非常喜欢这样一种手法，于是我从那时开始，越来越多地写没有主语的句子，但这对法语来说，简直是一种大逆不道的行为。我在某个场合与法国作家谈论过中国文学。他们说，如果中国文学想被法国读者更好地接受，中国作家必须写更多有主语的句子——这样才能被完全翻译过来，不然很难办。然而我的意见是，没有主语正是中国语言和文学的一种特点，不能把它强掰过来，附会我们的传统。（参见《勒克莱齐奥访谈——山峡让人怀旧》，2015 年 11 月）。

"人们在谈论您，议论海娃这个谜。谁是海娃？"

"我不叫海娃，我出生时没有名字，我便取名叫布拉·埃丝米，意思是无名。"……

"您来自哪个国家？"

"我出生的国家没有名字，跟我一样。"

"它在哪？"

"在那什么人也没有，什么东西也没有的地方。"①

　　"无名"的名字，"没有名字"的国家，"什么人，什么东西"都没有的地方，拉拉的回答看似漫不经心，一连串否定的回答实则反映出主人公虚空的心境。这是对现代社会语言观念的抛弃，它与西方记者富有逻辑的提问形成鲜明对比。遗落文明与西方现代文明间碰撞的现象在《少年心事》中也有出现：

　　一旦发现有喜欢他的人，他便走上前去，平静地问他：

　　"您好，您想不想收养我？"

　　可能有不少人非常愿意收养他，因为蒙多那圆圆的脑袋、油亮的眼睛很是逗人喜爱。可事情并不这么简单。人们不能就这样，这么快地收养他。他们开始向他提问题，诸如多大了，叫啥名字，住在什么地方，父母都在哪儿，可梦多不怎么喜欢这些问题。他回答：

　　"我不知道！我不知道！"

　　说完，他便跑开了。②

　　对于到处流浪，从未受社会教化、约束的蒙多而言，"您想不想收

---

① 〔法〕勒克莱齐奥：《沙漠》，许钧译，北京：人民文学出版社，2009年，第319—320页。

② 〔法〕勒克莱齐奥：《少年心事》，金龙格译，广西：漓江出版社，1992年，第5页。

养我?"这一问句是蒙多式与人交流的一种形式。蒙多并不在意其语义所指①，构成了怎样一个社会世俗的概念。而与之相反的则是人们的回答，诸如"多大了，叫啥名字，住在什么地方，父母都在哪儿"。显然这里的问句是现代社会语言体系的体现，即语言建立在庞大的结构体系之上，每一个语音和字符都被分配与某一概念发生关系。"你想不想收养我"这一问句，必然引起对"收养"这一概念的联想，从而人们进入"收养"这一语境中，深入询问相关的问题。挣脱了所谓理性分析中语音与语义间的限定，蒙多的语言更呈现出一种诗意的美感。而这种诗意正是建立在虚空于社会限定性的语言模式之上，进入了空无的语言境界。"无为而无不为②"人物语言因此具有了无限的潜能，引发读者无尽的想象。可见在强调语言的自由不羁以及对社会语言体系的批驳方面，作家与老子思想提倡的无为思想之表达有异曲同工之妙。

　　作家善于将符号、图形和文字游戏穿插于作品中，《寻金者》中的星空图形，《蒙多的故事》中的五角图案以及用各种象形图形描述26个字母的段落等。在笔者观察中，这类写作现象均属虚空语言之体现。现代西方社会，语言是表述周遭一切的工具。而文学中语言却时常暴露出天性的不足。语言既是谎言，它即无法真正表达事物最本质、潜在的特征，也无法完全诠释人类内心细微的感受。19世纪末以来，对传统语言的控诉引发了西方文学界多次革新③。然而在西方理性主导的社会环境下，对语言的突破往往走向理性的反面：不明所以的癫狂④或不可谓的秘境⑤之中。勒克莱齐奥对语言的探索是一次超越理性的大

①　现代语言学之父索绪尔提出"所指"的观点：特定的声音或形象在社会的世俗约定中被分配与某个概念发生关系，在使用者之间引进某种概念的联想。以索式为代表的现代语言体系，将语言看作一个结构来进行理性的分析。索绪尔因此被后世学者认为是结构主义的创始人。

②　陈鼓应：《老子注译及评介》，第209页。

③　其中包括19世纪初20世纪末以马拉美为代表的法国诗人在诗歌语言方面的探索，20世纪30年代的超现实主义的潜意识文字写作等。

④　以超现实主义否认理性，强调无意识或潜意识文字写作为例。

⑤　以法国诗人马拉美作品中空无境界为例。参考张亘：《马拉美："无"与"物"之间》，《外国文学评论》，2010年第4期。

胆尝试：借探寻失落文明之机，超越西方现代语言的观念，建立一套凌驾于文明社会语言体系之上的诗意语言体系。语音不再局限于指定的语义概念，而某个概念也不在受逻辑表达的限定，图画、符号以及融合东方象形文字思维的文字游戏都是这一理念的产物。

四、时间之虚空

时间原本是人类用于描述物质运动或事件发生过程的一个参数。正如上文柏格森时间观所言，这一人为制定用于衡量的数据并不能完全表达真实的时间，尤其是对人类可感知却无法言说的超验时间方面，传统时间是无法界定的。作家笔下的虚空时间首先即是对传统时间观念的否定。

> 然而在我要写上日期的时候，我察觉到自己不再知道何日何月。有一刻我想跑到电报公司的办公室，像过去一样询问：今天几号？但是我立即发觉，日期对我没有任何意义，不再有任何重要之处。[①]

对年、月、日的界定均属传统时间范畴。而对何年何月的茫然则凸显主人公对世俗约定时间观的摈弃。主人公身处自然之中，远离人类文明，借此获得超验的机遇。老子思想中"复归于婴儿"即是这种抛弃社会种种限定、束缚，回归婴儿般本初的状态。可见东西方对超验时间的追求首先建立在遁世的基础之上。挣脱纷繁的世俗时间的藩篱，时间进入了空的境界。

在研究"道"的本体论中，老子谈到"道"作为万物发生发展的原动力，虚世界的重要表象，其时间特点为"寂兮"而"周行而不

---

① 〔法〕勒克莱齐奥：《寻金者》，王菲菲、许钧译，第277页。

殆"①。道的时间静默，但并不静止，时间是往复循环而从不停息。而勒克莱齐奥笔下的永恒时间则是虚空时间的另一种体现。在《寻金者》、《乌拉尼亚》之类探寻乌托邦式理想世界的作品中，作家对永恒时间的处理极具典型性。时间停驻的现象首先引起笔者的注意。当小说人物感到幸福的当下，时间即停止，在静止中幸福的时间被无限延长，最终成为永恒。主人公在乌玛的陪伴下，时间停止在永恒的瞬间中："我觉得这一天没有止境，像大海一样。②"他们更化身成一对翱翔天空的白鸟，"因为它们，世界停止了，天体的运行中止了"③。当身处大海感到惬意时："风不会老，海没有年龄。太阳，天空永恒。"④"月亮的美丽让时间停止。"⑤"时间停止奔跑。"⑥当主人公与儿时玩伴乘独木舟泛舟大海时，愉悦的经历更让他感觉时间被无限拉长："我永远都忘不了这一天，如此漫长，仿佛几个月，几年，那时我第一次认识大海。⑦"

作家笔下永恒时间作为一种超越世俗的虚空时间观在人物融入自然的经历中时常出现。自然是缺乏社会定义的场所，它为时间的超验提供了必要条件。这也是为什么上文中反复出现永恒时间与大海、夜空等场景相伴的情况。相较于老子理论中对虚空时间的周而复始这一螺旋运动模型的设想，勒克莱齐奥的永恒时间观则呈现出将短暂的瞬间无限拉长的线性结构。这是对同一主题的不同诠释。我们还应注意到，作家的永恒时间不是孤立的存在，它时刻与社会时间相伴，或是乌玛相伴左右的时刻，或是与玩伴嬉戏的时光。这种实与虚时间交织的写作手法巧妙突显了幸福的短暂。社会定义的瞬间幸福却在个人体验中化为永恒的存在。

---

① "有物混成，先天地生。寂兮寥兮，独立而不改，周行而不殆，可以为天下母。吾不知其名，字之曰道。"陈鼓应：《老子注译及评介》，第206页。

② 〔法〕勒克莱齐奥：《寻金者》，王菲菲、许钧译，第204页。

③ 同上书，第310页。

④ 同上书，第145页。

⑤ 同上书，第279页。

⑥ 同上书，第303页。

⑦ 同上书，第43页。

五、结语

　　对勒克莱齐奥虚空意境及其潜在性的研究来源于作家与东方思想文明接触并产生交集的写作背景之下。作家小说中的虚空境界与中国传统虚空思想在目的和本质上相似性强，跨越东西方文化的差异，两者在思想上达到琴瑟和鸣。因此借中国虚空思想观作家作品更能深刻体会其虚空的内涵，掌握其特征。本文的研究文本主要集中在作家80年代之后的作品，这一时期的作品多探寻以感知、直觉体验为主的原始文明思维模式，抛弃以理性、逻辑为本的西方现代社会思维模式。此特征为研究虚空这一超验体会打下了基础。然而对于作家前期作品中是否已出现这一趋势还有待研究学者们的深入挖掘和研究。其成果必将进一步完善对勒克莱齐奥的相关理论研究。

超自然叙事的民俗解释与陌生化问题 [*]

谢开来

谢开来

摘　要： 超自然叙事研究中的民俗解释与陌生化，在奇幻文学进入现代大众文化产品的过程中扮演了关键角色。民俗解释提高了超自然叙事的文化地位。陌生化又是超自然叙事保持可述性和奇观性的源泉，可以支持其文本的持续生产。那些沉淀在历史文化与地方文化中的素材，它们被民俗学者挖掘出来以后也同样具备陌生化性质，同样能满足民族情绪或乡土情怀。它们是否可以像超自然素材那样形成体量庞大的社会生产和文本系统呢？这种可能性是存在的。

关键词： 超自然　奇幻文学　民俗解释　陌生化　大众文化

超自然叙事是北欧民俗学重点研究的对象，也是大众文化研究的热点。超自叙事在进入现代社会的文化活动后，还会成为特殊的创作素材，促进奇幻文学等大众文化产品的生产与再生产。瓦尔克（Ülo Valk）认为，超自然叙事属于民俗学、文艺学、古典语文学和宗教学共同感兴趣的问题，但北欧国家的超自然叙事大都是民俗信仰故事，所以从民俗学的角度研究更为顺理成章。他也十分关注超自然叙事背后的宗教文化渊源，指出宗教本身就是一种超自然现象，"许多神学家和宗教学者都认为，宗教的共同本质是神秘的、超现世的现实，即超越于我们所认识事物的他者"[①]。但他没有提到对超自然叙事的民俗学解

---

* 本文系广东省社会科学院青年课题"中国奇幻文学网络集体创作的个案研究"的阶段性成果，项目批准号：2017Q0004。

① 〔爱沙尼亚〕于鲁·瓦尔克：《信仰故事学》，董晓萍译，北京：中国大百科全书出版社，2019年，第26页。

释的作用，对他的研究所不涉及奇幻文学则只字未提。然而在西方当代大众文化的蓬勃发展中，利用超自然素材进行创作，既有传统也有新趋势，还涌现了众多奇幻文学精品。近几十年来，这类作品也被引进我国，并广受欢迎，现在已在我国网络文学中占据很大的比例。

在我国民俗学界，将超自然叙事纳入研究范畴，早在上世纪二三十年代就开始了，钟敬文是这一研究的拓荒者。他对其中所涉及的中西方"巫术"和"法术"概念的差异做过专门讨论，并主张将这类叙事纳入民族文化财产①。当时西方超自然叙事文本传入中国，郭沫若、魏以新、戴望舒等对外国文学的翻译活动，以及茅盾、周作人等对神话和童话等文体的介绍工作，提高了中国读者对西方超自然叙事的认识。新中国成立后，民间文学成为社会主义文化建设的重要组成部分，对外国神话和童话的引介活动得到了延续、发展和繁荣。近几十年来，随着国产电影、动画和电子游戏等文本中出现了高频率的超自然叙事现象，再次引起人文学者的关注，如叶舒宪的《再论新神话主义》②、杨利慧的《全球化、反全球化与中国民间传统的重构》③、田兆元的《神话的三种叙事形态与神话资源转化》④，都有所论及，但这些文章都是以回应继承优秀文化传统为目标的，却未对西方奇幻文艺本身做研究，也未对其采纳超自然叙事手法而在中国获得好评的现象做出解释，这也是一种不足。本文拟回归超自然叙事本身，以奇幻文学作品在中国大受欢迎并融入网络文学为依据，展开专题研究。迄今为止，这个问题很少有人谈及，限于篇幅，重点阐释其中的民俗解释和陌生化的问题。

---

① 钟敬文：《口头文学：一宗重大的民族文化财产》，钟敬文《钟敬文民间文艺论集》（上），上海：上海文艺出版社，1982 年，第 1—20 页。
② 叶舒宪：《再论新神话主义——兼评中国重述神话的学术缺失倾向》，《中国比较文学》，2007 年第 4 期。
③ 杨利慧：《全球化、反全球化与中国民间传统的重构》，《北京师范大学学报》（哲学社会科学版），2009 年第 1 期。
④ 田兆元：《神话的三种叙事形态与神话资源转化》，《长江大学学报》，2019 年第 1 期。

一、超自然叙事研究中的民俗解释

超自然叙事的基础是对超自然现象的认知。什么是超自然？在自然科学所建造出来的世界图景传播开来以前，超自然处于自然的对立面，但也并非今天的含义。科技史家彼得·哈里森（Peter Harrison）指出，基督教内部也存在自然与超自然的两分传统："教父们提到了两种相互关联的与神交流的模式—— 一是《圣经》这本书，二是自然之书。虽然自然界迥异于神，但造物以各种方式默不作声地证明着自己的神圣来源。在某种意义上，世界是神的形象的承载者，虽然由于宇宙及人类居住者的堕落状况，这种形象模糊不清和难以辨别，但有了《圣经》所提供的指导，自然之书的语言是可以理解的。阅读《圣经》和自然一并成为中世纪冥思活动不可或缺的一部分。"① 哈里森认为，自然之书这一观念的影响从中世纪一直持续到17世纪，在科学的诞生中扮演了极为重要的角色。而在科学观念走上其支配地位以前，在当时仍然处于支配地位的基督教观念里，自然所面对的显然不是科学，而是《圣经》。于是，超自然便指向《圣经》中所描绘的作为自然世界的创造者和支配者的神。所谓宗教是一种超自然现象，不仅可理解为宗教外乎于自然，也可理解为宗教高乎于自然。

可以说，超自然是被某个时空范围内的社会意识建构起来的概念。这个概念会随着某种处于支配地位的意识形态对自然的定义的明晰而明确起来。巫术、宗教与科学都可以被看作这类处于支配地位的意识形态的代称。一旦自然观被确切的意识形态所铸造出来，超自然观念便如影随形地呈现了。当科学成了自然形象的形塑者时，超自然叙事便成为了科学概念的他者。马林诺夫斯基曾很好地陈述过这种他者观："人世中有一片广大的领域，非科学所能用武之地。……这领域永久实

---

① 〔澳〕彼得·哈里森：《科学与宗教的领地》，张卜天译，北京：商务印书馆，2019年，第89—90页。

在科学支配之外，它是属于宗教的范围。在这领域中欲发生一种具有使用目的的特殊仪式活动，在人类学中综称作'巫术'。"①

在巫术与宗教丧失其支配地位的过程中，超自然叙事也随之获得了民俗解释：这不仅意味着超自然叙事变成了民俗学和相关学科的研究对象，也意味着超自然叙事被这类学科建构了社会意义，形塑了传播形态。神话、史诗、传说、萨加、民间故事等一度承载超自然叙事的口头体裁，以及民间社会对巫术或宗教仪式的实践活动，构成了民俗学推动超自然叙事民俗化的核心领域。这种民俗解释主要涉及到三种变化：一是社会权威下降，二是被赋予文化价值，三是进入现代传播媒介。随着科学观念在全球的扩布，超自然的民俗解释在大范围内同时发生。民俗学、人类学与民间文学等学科的学术活动在这个转变过程中起了关键作用。在科学家、民俗学家和通俗作家的努力下，超自然叙事在现代社会成为了可被大众吸收和改造的叙事素材，成为了大众文化娱乐生产的重要资源。

社会权威下降，是超自然叙事获得民俗学解释的第一种变化。随着科学思想的逐渐成熟，巫术与宗教认识和解释自然世界的方式和理念便丧失了其主导地位。在相信自然神话的原始社会中，人们认为自然万物受到神祇的支配，自然界的种种现象和变化都与神有关。基督教遵从神创论，一方面关心事物的性质和事物之间的关联，一方面也赋予这些性质与关联以宗教意义。哈里森叙述了科学在宗教内部发展，又与宗教分道扬镳的历史过程。"17世纪的一些重要自然哲学家（特别是牛顿）都认为，自然的规律性显示了神持续的直接活动。"② "从19世纪中叶开始，关于科学与宗教的讨论渐渐呈现出我们熟悉的样貌。不仅如此，它们的关系越来越被描述为一种冲突。"③这种冲突神话恰好暗示了科学与宗教在社会权威上的争夺，其结果则是众所周知的。民

---

① 〔英〕马林诺夫斯基：《文化论》，费孝通等译，北京：中国民间文艺出版社，1987年，第48页。

② 〔澳〕彼得·哈里森：《科学与宗教的领地》，张卜天译，第127页。

③ 同上书，第224页。

俗学在这个过程中起到过推波助澜的作用，包括对超自然文本或现象进行科学解释①。苏联所倡导的辩证唯物主义意识形态建设，削弱了宗教与超自然概念原有的地位。

与此相关，超自然叙事的社会权威的下降，意味着它被公开允许成为大众拆解、重构和修改的对象。当代大众被允许拆解宗教经典，甚至鼓励重述神话，还会被社会赋予相关作品的知识产权。这种情况在神话或宗教处于意识形态支配地位的时代是很难想象的。在欧洲新教改革以前，信徒与上帝交通须以神职人员作中介，《圣经》也被天主教会所垄断②。中国也存在类似情况。如张光直讲：“《国语·楚语》解释《周书·吕刑》上帝‘命重黎绝天地通’故事，详述巫觋的本事和业务，是‘神降之嘉生，民以物享’；民神之通亦即地天通。颛顼命重黎绝地天通，于是天地之通成为统治阶级的特权，而通天地的法器也便成为统治阶级的象征。”③在过去的时代，超自然受到社会权力阶层的掌控。解释人神关系的权威不在民间，而在某个社会特权群体手中。当然，民间也会流传种种超自然故事，对于神、天使与魔鬼有自己的说法④。但这些故事多流于口头，不被社会视作正式知识，也不被认为是哪个人的成果。应该说，超自然概念和超自然叙事进入学术研究的视野，与民俗学学科的确立有直接关系。

超自然叙事之所以能够被纳入当代社会大众文化娱乐，前提就是超自然叙事及其相关领域的社会权威的削减。这种权威削减还为超自然叙事带来了某种能够超越现实社会的性质。当代社会既然不把超自然叙事及其文本当作对真实世界的描绘，那么超自然叙事及其文本可

---

① 〔日〕井上圆了：《妖怪学》，蔡元培译，上海：上海文艺出版社，1992年。另见〔美〕阿兰·邓迪斯（Alan Dundes）：《21世纪的民俗学》，王曼利译，《民间文化论坛》，2007年第3期。

② 王美秀、段琦、文庸、乐峰等：《基督教史》，南京：江苏人民出版社，2006年，第162—163页。

③ 张光直：《谈“琮”及其在中国古史上的意义》，文物出版社编辑部编：《文物与考古论集》，北京：文物出版社，1986年，第255页。

④ 〔爱沙尼亚〕于鲁·瓦尔克：《信仰、体裁、社会——从爱沙尼亚民俗学的角度分析》，董晓萍译，北京：中国大百科全书出版社，2017年，第39页。

以借此远离那些对于现实的争议。恰如托多罗夫（Tzvetan Todorov）所说："奇幻使我们得以越过很多边界，假如没有奇幻，这是不可能实现的。"①

超自然叙事进入民俗解释后的第二个变化是被赋予人文价值。心理学者贝特尔海姆(Bruno Bettelheim)认为，在童话中，无所不在的善与恶会被赋予形体成为人物，邪恶被符号化，如强大的巨人、恶龙和女巫等，而孩童正是因为体验到了这种具体的善恶之争，体会到了英雄的道德困境，而获得了心智上的成长。②超自然的概念及相关叙事还被认为是民族传统的重要组成部分，并成为民俗学者揭示人类社会奥秘的钥匙。人类学、文化史、艺术史、心理学、教育学学科的学者也陆续参与了这项工作。

民俗学者也许不会想到，超自然叙事与奇幻文艺在现代社会中可以水乳交融。荷兰学者哈内赫拉夫（Wouter J. Hanegraaff）指出："社会学家和宗教史家们已经开始把隐蔽知识看成现代性的一种重要表现。事实证明，关于宗教即将消亡的预言至少是不成熟的；情况已经越来越清楚，神秘潮流或隐秘潮流乃是现代文化的一个永久特征。"③原来民俗学研究范畴中的神话和奇幻文学中的超自然要素被受众理解为文化传统，便能消解工业化和全球化所带来的焦虑和愁绪，让大众文化感觉历史的根系仍未断绝。托尔金（J. R. R. Tolkien）在魔戒系列的创作中体现出了这种思路，④厄休拉·勒古恩（Ursula K. Le Guin）也持相似观点："也许电子网络已经淹没了我们的生活，于是我们向幻想世界去寻求更多的安全，以免被乡愁压倒。"⑤现代民俗学者使用"民俗化"的概念讨论这种现象，并且认为该现象与全球化既相互矛盾又互相促

① 〔法〕兹维坦·托多罗夫：《奇幻文学导论》，方芳译，成都：四川大学出版社，2015年，第119页。

② Bruno Bettelheim, *The Uses of Enchantment* (New York: Alfred A. Knopf, 1989), pp. 8-9.

③ 〔荷兰〕乌特·哈内赫拉夫：《西方神秘学指津》，张卜天译，商务印书馆，2018年，第11页。

④ J. R. R. Tolkien, *To Milton Waldman*, Humphrey Carpenter edited, *The letters of J. R. R. Tolkien* (London: Harper Collins Publishers, 2006), p. 144.

⑤ 〔美〕厄休拉·勒古恩：《地海故事集》，段宗忱译，南京：江苏凤凰文艺出版社，第302页。

进。①全球化与民俗化的持续互动，强化了大众回归文化传统的心理，更加强了超自然素材的受众基础。西方奇幻文学还为正在工业化的第三世界国家带来了强烈的文化冲击，营造了他们在全球化时代中的文化心理：一方面，学习西方文化成为热潮，另一方面，民族艺术与民族文化的呼声高涨。中国网络文学对欧美奇幻文学的模仿，以及对中国传统超自然叙事的再运用，正是在这两种趋势的交互激荡中涌现的实践。

超自然叙事获得民俗解释后，再进入现代传播媒介，是它的第三种变化。早在16世纪，印刷版《圣经》便已出现，被大量复制的翻译本还成为宗教革命的重要诱因与实践②。一方面，口头传统中的超自然叙事在民俗搜集活动中被文本化，从而具备了出版印刷的基础。从17世纪开始，丹麦和瑞典就从历史研究的角度搜集民俗，到18世纪还将民俗当作启蒙运动的基础材料；19世纪的民族主义与浪漫主义思潮接续了这种搜集活动，并促使芬兰和挪威也加入到搜集者的队伍中来；这些活动造就了北欧国家制度化的民俗档案③。清末民初，中国的相关文本也被纳入现代媒体，不仅开拓了专业空间，也为这些文本进入大众文艺做了铺垫。④从1980年代开始的中国民间文学三大集成的搜集活动，也在超自然叙事的文本化和媒介化上起了很大作用。另一方面，这种意味着已经书面化的超自然文本经由印刷技术或其他媒体技术被大规模复制和传播。到了20世纪后半叶，视听媒体技术进一步丰富了人们记录和传播相关文本的手段，而包括互联网与物联网在内的信息技术革命更在超自然叙事的全球化传播中起了最强有力的作用。

现代传播媒介赋予超自然叙事的传播速度与传播距离，是前现代

---

① 董晓萍：《全球化与民俗保护》，北京：高等教育出版社，2007年，第2页。

② 〔澳〕彼得·哈里森：《圣经、新教与自然科学的兴起》，张卜天译，第130页。

③ Ulrika Wolf-Knuts edited, *Input & Output: The Process of fieldwork, Archiving and Research in Folklore* (Turku: the Nordic Network of Folklore, 2001), p.11.

④ 董晓萍：《现代民间文艺学讲演录》，桂林：广西师范大学出版社，2007年，第27—28页。

社会完全不能比拟的。神话、史诗或民间故事在口头环境和传统社会中也能实现长距离传播与拼接，但信息的传播速度到底还是依附于人的旅行速度。当代信息技术以电磁波和光信号的传播速度为基础，已经实现了全球范围内的即时信息交互，容许人们在互联网空间中搭建信息的储存、下载和交流渠道。文字和语音识别系统极大地提升了纸面文本、口头文本转化为电子文本的速度，使超自然文本借助互联网传播的可能性大大提高。当代大众只要持有计算机终端或移动终端，足不出户就能够从百科网站或电子书网店搜集到大量相关文本，跨越地域、文化圈、甚至语言的区隔获得超自然叙事。

到了21世纪前夕，西方奇幻文学和相关游戏、电影等大量进入中国大陆，又增加了中国读者对西方超自然叙事的认知。网络时代所带来的新事物，如BBS、网站、搜索引擎、网络百科、电子书等，还为相关文本和信息提供了新的储存空间和传递渠道，扩充了中国大众在进行文化娱乐活动时所能够调用的超自然叙事的数量。这种传播也激起了人们对于神话等传统体裁的新兴趣。

必须清楚，并不是所有的超自然叙事都被民俗学或相关学科进行过解释，然后统统予以转化。民俗学发展至今也不过两百年，较超自然叙事的历史要短得多。但民俗学学科为超自然叙事赋予的现代活力却是实实在在的。这类学术活动打破了社会障碍与时空障碍，使超自然叙事得以进入大众娱乐实践当中，为他们的思考和想象提供了丰富的养料。

二、超自然叙事的陌生化性质

超自然叙事一旦被纳入叙述活动，就成了具有陌生化性质的素材。"陌生化"（остренение），又译作"反常化"、"奇特化"，来自俄国形式主义文艺家什克洛夫斯基（Viktor Shklovsky）发表于1914年的《词语的复活》一文①。什克洛夫斯基说："艺术的目的是提供作为视觉而不是识别的事物的感觉；艺术的手法就是使事物奇特化的手法，是使形式变得模糊、增加感觉的困难和时间的手法，因为艺术中的感觉本身就是目的，应该延长；艺术是一种体验事物的制作的方法，而'制作'成功的东西对艺术来说是无关重要的。"②什克洛夫斯基的"陌生化"思想从语言艺术着手，将文本形式和受众知觉联系起来。他的讨论更接近叙事学的故事层面和文本层面，对于素材层面不大重视。

但这并不代表陌生化理论必然局限于语言层面。张冰认为，陌生化"就是对现实和自然进行创造性的变形，使之以异于常态的方式出现于作品中。在这样做的时候，陌生化的一个最突出的效果，是能够打破人们的接受定式，还人们以对艺术表现方式的新鲜感，让人们充分地感受和体验作品的每一个细部"③。这样看来，陌生化也不是非要停留在语言层面。西村真志叶《中国民间幻想故事的文体特征》从素材形成入手探讨陌生化手法。她认为，幻想故事的日常用品主要通过重新定义和违反常规两种方式，被转化成为神奇的魔物。④西村所谈的"魔物"，便是本文所谈"超自然叙事"的具现。

赵毅衡也从"可述性"和"叙述性"角度探讨过类似问题。他认为，叙事是否能够引发兴趣，是由三个方面因素共同决定的。一是可述性，即所叙述的事件本身是否异常；二是叙述性，即文本的叙述方式的成功程度；第三是文本受众的理解方式和认知满足。⑤各学者对陌生化的讨论先后涉及了叙述性和可述性两个方面：什克洛夫斯基对陌生化的定义原来在于叙述性和文本层面，但张冰和西村等人又将陌生

---

① 张冰：《陌生化：俄国形式主义诗学》，北京：北京师范大学出版社，2000年，第163页。
② 〔俄〕维克托·什克洛夫斯基：《作为手法的艺术》，〔法〕兹维坦·托多罗夫编选：《俄苏形式主义文论选》，蔡鸿滨译，北京：中国社会科学出版社，1989年，第65页。
③ 张冰：《陌生化：俄国形式主义诗学》，第176页。
④ 〔日〕西村真志叶：《中国民间幻想故事的文体特征》，北京：中国社会科学出版社，2018年，第35页。
⑤ 赵毅衡：《广义叙述学》，成都：四川大学出版社，2013年，第169页。

化做了概括和延伸，使陌生化能够覆盖到可述性和事件层面。这就使超自然素材也能够被纳入到可述性和事件层面上的陌生化讨论之中。

张冰、西村真志叶和赵毅衡的讨论，都不涉及陌生化会增加感觉困难和时间的特性，也略过了文本篇幅的生成或延长。这恰好是本文要重点关注的问题。超自然素材的陌生化性质，一方面在于超自然素材能够克服熟悉感而产生可述性，另一方面也在于超自然素材延长了感觉的时间和文本的篇幅。对于当代文化产业来说，正是超自然素材的陌生化性质使文本得以产生与延长，奇幻文学才能够满足资本主义对于持续生产与无限扩张的欲望，才能够由此被整合进入文化产业的多个领域内部，形成时空跨度广大的多元文本系统和生产模式。也就是说，超自然素材的陌生化性质，即产生可述性和产生文本这两个方面，是超自然素材推动奇幻文学产业化的重要基础。

首先，超自然素材能够克服熟悉感，这是陌生化的基础属性，也是故事可述性的重要来源。超自然成分处于人们日常生活和常规认识的彼岸，自身就意味着脱离常轨和打破熟悉感。超自然成分当然不能完全超出认识，它往往是由已知概念构建起来的。正如西村所说："幻想故事的魔物，主要诞生在日常和非日常的交叉之中。陌生化把虚构和现实衔接起来，并把幻想的基础放在后者上面。"① 当这些超自然成分嵌入现实性叙述后，便连我们耳熟能详的字眼也变得新奇起来。若我们了解"王子"，那么"青蛙王子"便能让人浮想联翩。传统的超自然成分，如鬼魂，为人耳熟能详，其影响横跨世界各民族。但鬼魂到底是怎样的事物？似乎没有人能够给予确切的答案或描绘。在这个既定的概念之中，鬼魂之全貌在民间故事中千差万别，永远不能让人确定与熟悉。那些在奇幻文学中反复出现的超自然事物也会激发人们的好奇心与想象力。即便托尔金已完成了《魔戒》三部曲，人们还是无法抵达中土，无法熟悉中土，对中土的好奇心似乎就此无法消逝。

---

① 〔日〕西村真志叶：《中国民间幻想故事的文体特征》，第 36 页。

现代奇幻文化产业还会利用这种无限可能性空间，产生出大量不同文本与内容，进而加剧相同概念的不确定性。超自然叙述在不确定与可能性之间被不断延长和扩大，也将超自然事物的不确定性变得愈来愈明显。比方说，在20世纪作家洛夫克拉夫特创造的克苏鲁神话体系中，超自然成分甚至无法被很好地描述，过度接近或深入神秘事物的人都会陷入疯狂。混沌与疯狂本身就成了克苏鲁式的超自然叙事。[1] 又如，当代奇幻小说中龙的形象已超越了欧美传统中的恶龙形象，分蘖出了善恶不同、习性不同、外观不同、能力不同的多个种类[2]。

但是，超自然成分却并非要造成自身识别的困难。尤其是在幻想故事或通俗小说中，超自然成分往往会快速凸显自身，给予读者较明确的认知。当代奇幻文学绝不像托多罗夫所说的那样："这个文本必须迫使读者将人物的世界视作真人生活的世界，并且在对被描述事件的自然和超自然解释中犹疑。"[3]无论是《魔戒》还是《纳尼亚传奇》，都致力于架构一个与现实世界完全不同的国度，故事里的魔法就是魔法，巫师就是巫师。托尔金尽了许多努力，把中土世界清晰呈现出来，其目的绝不是把超自然成分变得更加难于识别。被模糊化的是那些蕴含在方外世界和魔法王国之中的现实：那些寓于霍比特人、精灵和矮人身上的人类性格，那些寓于邪恶主君和魔法力量之中的人的异化。

其次，超自然叙述总是对现实世界进行曲折性的表述，实际上也就延长了文本的叙述时间和人们的感知时间，而文本随着描述活动而产生。以2010年美国科幻小说作者协会颁布的星云奖最佳短篇故事《小马驹》为例。[4]这个故事的大体情节如下：芭芭拉获邀去参加"切割"聚会。这个聚会要求女孩带自己的马驹前往，并切割下它们身上

---

① 〔美〕H. P. 洛夫克拉夫特：《自彼界而来》，〔美〕H. P. 洛夫克拉夫特：《克苏鲁神话》，姚向辉译，杭州：浙江文艺出版社，2016年，第136—145页。

② Margert Weis & Tracy Hickman ed., *Leaves from the inn of the last home* (Lake Geneva WI: TSR. Inc., 1987), pp. 150-154.

③ 〔法〕兹维坦·托多罗夫：《奇幻文学导论》，方芳译，第23页。

④ 〔美〕凯济·约翰逊：《小马驹》，陈旭译，《科幻世界·译文版》，2011年10月。

的某些特征。所有的马驹都有翅膀、角，并且会说话，聚会的规矩是拿掉这三个特质中的两个。芭芭拉带着自己的马驹桑尼前去参加这个聚会。桑尼向她表示可以切掉角和翅膀，但希望留下说话的能力。芭芭拉和桑尼前去参加聚会，在其他女孩的监督下切掉了桑尼的翅膀和角。领头的女孩又要求芭芭拉拿走桑尼的声音。芭芭拉尝试拒绝，却仍然拿起了刀。桑尼转身逃跑，但它失去了翅膀和角，不能起飞也不能战斗，于是被其他更大的马驹追上。马驹们把桑尼围起来施暴，桑尼就此消失无踪。女孩们的聚会活动继续展开，芭芭拉想去加入她们，却被拒绝了。因为她已经没有马驹了。

尽管作者没有言明，但故事却隐喻地指向下列现实：个体的人进入社会群体以后，为了适应群体而必须舍弃掉个体的某些特质。在许多情况下，群体会向个体施暴，要求个体完全融入其中。这种群体对个性的暴力是人们进入社会时习见的，也是当读者读到《小马驹》这样的作品时，能够从其超自然成分的表征之中挖掘出来的现实体验。固然，不是所有的奇幻小说都像《小马驹》那样充满浓厚的现实寓意，也不是所有作者都喜欢借着超自然成分来展现自然与现实，但人们总是会从故事中去体味实感。奇幻文学使用超自然素材，将这种一般大事件转化为不遵循现实规律的奇特小事件。文本恰好就是在这种转化过程中诞生的。

超自然素材的陌生化性质，意味着超自然叙事在可述性和文本之间建立一种循环。一方面，超自然素材不断为奇幻文学提供可述性，使文本在眼球经济的市场需求中不断产生；另一方面，奇幻文学作品又不断地模糊着超自然素材在整个文化环境中的面目，所造成的不确定性又不断地凸显了素材的可述性。超自然素材当然也存在陈词滥调，但人类对世界文化多样性的不断发掘，以及大众口味的持续更新仍然能够不断扩展超自然叙事的外延，使相关素材保持其陌生化性质。

超自然素材以上述循环创造了庞大的可述性和文本的生长空间，恰好适应了资本追求无限增值的性格，尤其适合现代产业的快速增长。

奇幻文学也致力于使用超自然叙事来创造出那些与现实截然不同，却又能够反映现实的故事素材。致力于编织超自然素材，打造"第二世界"的奇幻文学，恰好借助了超自然叙事既根植于现实又迥异于现实的模糊地带，形成了一片可供创作者自由想象、尽情发挥的生产空间。在改造传统的基础上，超自然素材生产出现了更多的可能性。基于独特性的陌生化和基于独创性劳动的版权生产与此相得益彰：在漫无边际的可能性中创作出来的独特素材，在文本化之后就能够被认为是独创性劳动的证据，知识产权也就随之生成。超自然叙事由此得以卷入资本主义背景下的大众文化生产之中。

超自然素材使文本生产在某种程度上绕开了俄罗斯形式主义所强调的叙述性问题，扩宽了文本生产的门径，将大众实践纳入奇幻文本生产。大众作者在全球化时代的文化交融和信息爆炸中获得与传统社会完全不同的素材，描绘出完全不同的新故事。他们通过网络平台绕过传统的产品审核体系，在眼球经济的流量模式中获得经济收益。这种情况尤其明确地反应到了网络小说的领域之中。尽管大众并不总是具备作家般的文字水平，但每个人在网络文学网站或论坛中都获得了公开发表作品的权利和渠道。只要素材与故事足以吸引大众和投资商，产业链条上就可能有技艺娴熟的生产者和改编者来生成新的文本及其叙述性。内容创意，亦即所谓"脑洞"遂成为网络文学的主要生长方向和评判标准，将大众实践纳入了文化产业的潮流之中。

超自然素材所创造出的大量奇观，在出版业和影视业创造的全球化眼球经济中如鱼得水，吸引了大体量资本介入。早期的奇幻文化生产者在文学和绘画领域落脚，尤其是在影视产业和影视技术尚未成熟的时代，现代媒体生产的奇观尚不能取代大众的想象画面。但随着技术和产业的进步，生产奇观电影的时代在20世纪末到来了。[①]奇幻文本的影视化和游戏化接踵而至。如指环王、哈利·波特、权力的游

---

① 周宪：《论奇观电影与视觉文化》，《影视艺术》，2005 年第 6 期。

戏、漫威宇宙等享誉全球的超级IP，都借助了超自然叙事和影视工业来营造视觉奇观，构成其产品序列中最引人瞩目的金字塔尖。超自然叙事的奇观化潜质，正是能够容纳大量资本的影视产业和游戏产业附丽于其上的关键因素。影视产业带来了宏阔的全球化市场和庞大的资本体量，使围绕奇幻文化产生的超级IP成为资本主义文化产业的典范产品。

三、结语与余论

超自然叙事的民俗解释与陌生化，在奇幻文学进入现代大众文化产品的过程中扮演了关键角色。民俗解释提高了超自然叙事的文化地位。陌生化又是超自然叙事保持可述性和奇观性的源泉，能够支持文本的持续生产。这样看来，民俗学活动似乎是当代社会生产陌生化素材的重要动力。

那些沉淀在历史文化与地方文化中的素材，它们被民俗学者挖掘出来以后也同样具备陌生化性质，同样能满足民族情绪或乡土情怀。它们是否可以像超自然素材那样形成体量庞大的社会生产和文本系统呢？这种可能性是存在的。实际上，来自于历史文化与地方文化的素材，即便不具备超自然属性，也仍然是当代奇幻文学创作中极为重要的原料。尤其是在架空奇幻文学中，正是充满历史风味和地方特点的素材构成了第二世界的广阔时空。也就是说，架空世界的概念将超自然素材、历史素材和地方素材整合进了奇幻文学的生产框架之中。这种陌生化素材的整合再次扩展了奇幻文学在可述性、文本、传统文化和奇观等方面的生产潜力。另一方面，架空世界还让历史素材与地方素材从想象和创作的国度绕开了现实世界的权力纠纷和文化争议。《魔戒》的序言和附录部分就集中地反映了这类工作。托尔金在《魔戒》三部曲的序章，就花了整整一章来进行说明，而没有去开启故事。这章的内容包括霍比特人简介、烟草的历史、霍比特人聚居地的风土民情、魔戒落入霍比特人之手的过程，最后还介绍了霍比特人聚居地的地方文献史。[①]在《魔戒》三部曲的末尾，托尔金又制作了足足六种附录，包括帝王本纪及年表、编年史、族谱、夏尔历法、文字和语言、第三纪元的语言和种族等。在哈珀柯林斯出版社1991年版中，《魔戒》序章长达21页，附录总共长达146页。[②]

　　不过，托尔金的创作终归只是虚构创作，并不适用于当代文化生产的全部领域。尤其是在处理历史叙事文本和文化遗产叙事文本时，叙述者仍然无可回避地要与地方权威或文化权威进行对话，而不能像超自然叙事那样绕开现实世界的权力边界。历史文化素材或地方文化素材，即便能够进入文化娱乐这类社会权力的边缘领域，也不时会遇到"反对戏说"、"防止过度娱乐化"等呼声的阻挠。一方面，我们的社会还没有对这类素材形成共识，另一方面，不少文化群体试图运用这类素材建立影响力。就目前而言，对于历史素材与地方素材的生产，还没有像超自然素材一样建立类似于奇幻文学那样的横跨多个行业的大众文化娱乐生产模式。一切仍在探索中。

---

① J.R. R. Tolkien, *The Fellowship of The Ring: Being the first part of the lord of the rings* (London: Harper Collins Publishers, 2007), pp. 1-21.

② Ibid.

论工人诗歌

刘梦秋

摘　要：关于工人诗歌的研究，可以围绕以下问题进行：知识分子与工人的对接问题，工人诗歌中的个人主义叙述问题及其成因，工人诗歌文本分析，理论评论话语与诗歌丰富性的关系，工人诗歌与中产阶级美学的差异研究等。

关键词：工人诗歌　工人阶级　知识分子　丰富性

2015年纪录片《我的诗篇》的放映和工人诗集《我的诗篇——当代工人诗典》出版后，《我的诗篇》团队有意识地组织了一整条由现场朗诵、云端分享到网络众筹、演出出版以及后期包场和众筹放映有机传播链条。媒体对此的报道和各种形式的跟进、交流、讨论，也层出不穷。本文从围绕"我的诗篇：草根诗会"、纪录片《我的诗篇》展开的系列论争切入，先探讨知识分子与工人的对接问题，继而分析工人诗歌中的个人主义叙述问题及其成因，最终指向对《我的诗篇——当代工人诗典》中收录的诗歌文本的分析，指出诗集的丰富性存在被论争话语压缩的风险，同时对工人诗歌迥异于流行的中产阶级美学的特点展开分析，提出"有机的现实精神"是工人诗歌独帜的美学特点。

一、文学的暗流：工人诗歌前史简述

如果暂不论及建国后的前30年文学在"工农兵文艺"的纲领主导下工人与文学前所未有的结合，那么我们可以说，打工文学是与20世纪80年代中期的城市改革相伴生的。20世纪80年代中期城市改革以来，伴随着数以亿计的农民进入城市谋生这一当代中国特有现象的出现，以农民工为创作主体创作的与打工经历相关的文学日益勃兴。这股文学的暗流涌动于底层，于今未歇。极为有趣的是，在这股文学暗流的文体分岔中，诗歌，这一在20世纪80年代文坛及大众视野中被短暂中心化却伴随着20世纪80年代末计划经济向市场经济的转型、改革开放的倡导、技术文化的涌入、娱乐形式的增多、商业主义的泛滥而被迅速边缘化和精英化的文学形式，和工人，这一自20世纪80年代以来被渐次消声的群体相遇并结盟了。作为当代社会转型的一份特殊的精神轨迹纪录，打工诗歌在20世纪90年代中国进入市场经济阶段后开始出现，在广东等南方沿海地区尤为活跃。20世纪90年代中后期，打工诗歌开始逐渐受到主流诗坛的关注。民间诗报《打工诗人》在广东省惠州市创刊，由此确立了"打工诗歌"、"打工诗人"的命名。①

作为对这股文学暗流的反响，文学界和批评界提出"底层写作"或在"在生存中写作"的概念对这种文学现象予以统摄。2004年第3期《文艺争鸣》杂志组织刊发的"在生存中写作"评论专辑，就是批评界对"打工诗歌"的一次比较集中的发言。张清华、柳冬妩、蒋述卓及编者张未民等多位批评家、学者均参与到了讨论中。颇具症候性的是，上述几位批评家、学者在进行相关概念廓清的时候，不约而同地完成一个"知识分子"/"中产阶级"与"工人"/"打工者"/"底层"的二元对立的建构，并在贬抑前者的"虚伪"、"概念化真实"、"不负责任"②、陷入"技术主义的胡同"③的前提基础上高扬后者基于伦理价值上的合法性和正当性，将后者视为一股异军突起的对文坛现状进行反拨和纠偏的力量。例如，张清华就区隔了"知识分子写作"和"工人写作"的概念，并在将前者指认为"中产阶级趣味"的同时，批判

---

① 关于打工诗歌的早期历史，参见冷霜：《"打工诗歌"的美学争议》，《艺术评论》，2015年第9期，第20—21页。

② 张清华：《"底层生存写作"与我们时代的写作伦理》，《文艺争鸣》，2005第3期，第51页。

③ 柳冬妩：《从乡村到城市的精神胎记——关于"打工诗歌"的白皮书》，《文艺争鸣》，2005年第3期，第34页。

其在"两极分化的时代"依然执着于表现"所谓的后现代图景"是一种"舆论的欺骗"。①与此同时,相关论述在论及打工诗歌的美学价值时,又往往语意含糊有所保留,如张未民就指出打工诗歌"为了自己的'现实精神'和'人的精神',牺牲一些'美学技巧'也就可以得到文学的原谅了"②。令人不感到意外的是,这类倾向于以诗歌的伦理价值裁夺甚至僭越其美学价值的言说迅速引发了批评界另一种声音的反弹,如学者钱文亮就撰文指出,相关对底层书写的推崇过分强调诗歌的伦理向度,以价值理性为标准对诗歌进行裁度,因此在不期然间成为主导20世纪文学特别是17年文学的"题材决定论"③的故态重萌。他引述诗人、评论家凌越的话称:"对于诗人要介入现实或者要表达对苦难的关怀的论调(仅指这种呼吁本身,而非事实),我有一种本能的反感,因为倡导者的这种姿态本身就预先将自己置于无需辨析的道德位置,有一种居高临下地布道和施予的意味。在我看来,没有人能先天地获得这样的位置、拥有这样的权力。"④认为社会伦理的过分介入对诗歌造成了戕害,使诗歌"屈从于新的载道论与工具论"⑤,并提出要以一种"诗歌伦理"⑥为旨归,重新召唤诗歌及诗歌评论的美学向度。然而在笔者看来,依然不能被回避的是,钱文亮对其所提倡的"诗歌伦理"缺乏界说,从他只言片语的对于诗歌"现代性"维度的强调中,似乎可以依稀窥见其所谓的"诗歌伦理",不过是复制了新时期著名的"三个崛起"⑦所提倡的"新的美学规则"———一种精英化、西方化、现代主义的美学标准,并未超逸出具有普世性意义的大写的"美学",并开

---

① 张清华:《"底层生存写作"与我们时代的写作伦理》,《文艺争鸣》,2005年第3期,第51页。

② 张未民:《关于"在生存中写作"——编读札记》,《文艺争鸣》,2005年第3期,第59页。

③ 钱文亮:《伦理诗歌与诗歌伦理》,谢冕、孙玉石、洪子诚主编:《新诗评论》,2005年第2辑,北京:北京大学出版社,2005年,第14页。

④ 同上书,第14—15页。

⑤ 同上书,第16页。

⑥ 同上书,第17页。

⑦ 即谢冕:《在新的崛起面前》、孙绍振:《新的美学原则在崛起》、徐敬亚:《崛起的诗群》,在当代诗歌界并成为"三个崛起",影响深远。

拓出属于打工诗歌的独异的美学向度。

然而，为"底层文学"张目也好，对"社会伦理戕害诗歌"警惕也罢，都是局限在文学圈子内部的自说自话。真正将打工诗歌作为一种社会文化现象带入到公众视野的，是2014年9月30日富士康打工诗人许立志的跳楼自杀事件。[①] 备受关注的富士康工人连环跳事件与文学的相遇，使得作为一种生存性写作的打工诗歌溢出文学论域内部的坐而论道，前所未有地攫取了公众的注意力。许立志生前在公众视野中始终默默无闻，其坠楼自杀事件最初由传统媒体挖掘报导[②]，与此同时，许立志事件及其生前诗作开始在新媒体平台如微信朋友圈、微博开始滚动发酵，以其话题性的关键词——"富士康"、"工人"、"自杀"，激发起公众对富士康工厂生态及对打工诗歌前所未有的关注。

事实上，透过阅读许立志的诗歌，似乎能不无事后诸葛地依稀发现他早萌死志——他的若干诗歌都透出谶言的味道。其中，因其坠楼自杀事件而一时流传甚广的《我弥留之际》便可以被当作许立志的遗言来看，"我想再看一眼大海/目睹我半生的泪水有多汪洋/我想再爬一爬高高的山头/试着把丢失的灵魂喊回来/我想在草原上躺着/翻阅妈妈给我的《圣经》/我还想摸一摸天空/碰一碰那抹轻轻的蓝/可是这些我都办不到了/我就要离开这个世界了/所有听说过我的人们啊/不必为我的离开感到惊讶/更不必叹息，或者悲伤/我来时很好，去时，也很好"[③]。字面上来看，这首作品颇类似于海子在临终前的诗作《面朝大海，春暖花开》，二者都是临渊回眸的尘世一瞥，瞥见了告别之际尘世的幸福和流连之处，却也知道这幸福注定属于一个看不见到不了的明

---

① 许立志于2014年9月30日下午2点自杀，但因其微博于2014年10月1日设置定时发送新微博"新的一天。"很多媒体误以为其在2014年10月1日坠楼自杀。

② 2014年10月5日《成都商报》以《90后诗人许立志坠楼身亡》为题首次简短报道了这一事件，11月10日窦文涛在热播谈话类节目"锵锵三人行"朗诵了许立志生前若干作品，随后11月24日、11月27日《中国青年报》、《南方周末》分别以《选择了"死亡"主题的打工诗人许立志》、《流水线上的兵马俑——打工者许立志写作史》为题跟进了深入报导。

③ 《我弥留之际》首发于许立志博客，见 http://blog.sina.com.cn/s/blog_69463e160102ux2i.html。

天（《面朝大海，春暖花开》的开头一句即是"从明天起，做一个幸福的人"，然而明天是被无限延宕的）和一个行将离开的世界（可是这些我都办不到了／我就要离开这个世界了），但是如果仅在"诗人之死"的维度上理解许立志的自杀，未免将注意力太过聚焦在诗人内心的痛苦上，而忽略了外部工厂环境对诗人的磨蚀与摧残。他写于2011年12月21日的作品《最后的墓地》，则是对工厂经验的直接呈现：

> 机台的鸣叫也打着瞌睡／密封的车间贮藏疾病的铁／薪资隐藏在窗帘后面／仿佛年轻打工者深埋于心底的爱情／没有时间开口，情感徒留灰尘／他们有着铁打的胃，盛满浓稠的硫酸，硝酸／工业向他们收缴来不及流出的泪／时辰走过，他们清醒全无／产量压低了年龄，疼痛在日夜加班／还未老去的头晕潜伏生命／皮肤被冶具强迫褪去／顺手镀上一层铝合金／有人还在坚持着，有人含病离去／我在他们中间打盹，留守青春的／最后一块墓地。①

通读全诗，我们首先能获得的印象是在这首诗中，与工业有关的意象和与身体有关的意象交错出现，"机台"在瞌睡，"疾病"在"车间"里凝固成"铁"，"薪资"仿佛"爱情"，"胃"是"铁打"，"泪"被工业"收缴"，"产量"压低"年龄"，"疼痛"也"加班"，"皮肤"被"冶具"褪去，又镀上"铝合金"，工业意象与身体意象构成的奇妙的不和谐感，而这种不和谐感正是身体与机器接触奏出的不和谐音。然而问题不止于不和谐，在这首诗中，人甚至在"融化"，身体在逐渐被工业程式格式化，以至于与机器相分离的独立的身体／自我在漠视中丧失。如果我们逐句展开细读，第一二句不写劳动主体的疲惫与伤病，却用"瞌睡"和"疾病"这类形容身体感觉的词汇修饰"机台"和"铁"，将人的疲惫与伤病投射于环境，环境再反作用于人，获得了

---

① 秦晓宇主编：《我的诗篇——当代工人诗典》，北京：作家出版社，2015年，第356页。

双倍的抒情力道；第三句的"窗帘"营造了封闭的工厂环境，"薪资"与"爱情"与第八句的"来不及流出的泪"都是一种"待发生而未发生"的状态，而"未发生"是因为"没有时间开口"，是因为被"工业"、"收缴"，换句话说，工业经验使情感固结，使本来处在边界状态上有潜力发生的事物永远地停滞了。第六七句中，"铁打的胃"本身已经是在写被异化的身体，然而这身体还要被"浓稠的硫酸，硝酸"再度腐蚀，再一次造成双倍的异化和摧残效果；随后几句不再使身体与机器交织，而是直写身体的疲惫，却依然使用工业术语"产量"、"加班"，造成一种被工业指标压抑和催逼着的紧张感。倒数第五句开始回到身体感觉，"皮肤"被"褪去"，镀上"铝合金"，俨然身体不再是有自然生长和新陈代谢能力的有机体，而是被铁的表面固结（呼应上文薪资、眼泪和爱情的固结）。这种固结的感觉又一直延续到最后一句中"我"的选择。从现实指涉来看，"青春的最后一块墓地"显然指的是工厂，因为这里是消耗与埋葬青春之所，"我"选择"留守"，最终"埋葬"了自己的"青春"。但如果将这首诗读成一阕谶言，则可以从前文一以贯之，将"青春的最后一块墓地"读成一种待发生而未发生的固结。"青春"本应是富有潜力的、指向未来，然而"我"所"留守"的"墓地"隔断了这种未来的可能，青春不再是一个通向未来的中介，而成为一种完结，而这块墓地也成为生与死的界碑。此外，我的"留守"方式是"打盹"，是充满迟暮之感的疲惫状态，与"青春"这个色彩明艳的词汇构成极大的张力。

如果说《最后的墓地》透露的尚且是许立志对个体生命的绝望感，那么《进城务工者》则奏响了农民工的共同命运的哀音，"多年前/他背上行囊/踏上这座/繁华的都市/意气风发/多年后/他手捧自己的骨灰/站在这城市的十字路口/茫然四顾"[①]。将"进城务工者"塑造成一个剥去所有个体的抽象存在，却因此涵盖了一切农民工。应该说，许

---

① 秦晓宇主编：《我的诗篇——当代工人诗典》，第356—357页。

立志对农民工命运普遍性的认识，隐含了对背后的社会文化症候的诊断。这种文化症候便是城市梦的破碎。在中国社会，虽然存在着严格的城乡二元结构，然而身处这结构两端的个体却共享着几乎同样一种大众文化：他们看同样的电视剧、听同样的广告、阅读同样的流行杂志——同样的文化经验导向同样的对未来生活的想象。然而与此同时，他们却并不共享同样的获取这样未来生活的机会。因此，对于农民工来说，城市梦就如同一个个被吹胀的泡泡，轻飘飘地飘到空中，却在接触地面的那一瞬间破碎。然而城市梦破碎的同时，乡村也日渐凋敝虚空，并没有一种健全的乡村文化，甚至没有一个乡村实体成为他们身后的依托，因此，"手捧自己的骨灰""茫然四顾"，不知何处是家乡，几乎成为许立志们必然的结局。

二、众声喧哗：《我的诗篇》内外

就在许立志去世前3个月，"蓝狮子"财经图书出版人、财经作家吴晓波在其微信公号"吴晓波频道"以《"原谅我吧，兄弟们"——被忽略的工人阶级的诗》[①]为题发表了一篇文章，向公众告知自己已邀约诗人、诗评人秦晓宇参与到《我的诗篇——当代工人诗典》的编纂当中。差不多与此同时，同名纪录片也开始紧锣密鼓地筹措拍摄。2015年1月23日，吴晓波、秦晓宇联合"大象微纪录"创始人、导演吴飞跃在"京东众筹"平台以"吴晓波跨界电影 邀你来出品"为题启动众筹项目，并以"你上一次读一首诗，是什么时候？/你脑海里的诗人，是什么样子的？/你知道的是，号称'世界工厂'的中国，有三亿工人，在生产着你几乎能买到的一切。/你不知道的是，他们也在悄悄地生产诗意。/你知道的是，他们组装iPhone、剪裁衣衫、镶嵌你背包上的拉链，他们好像是流水线上一颗颗没有思想的螺丝钉。/你不知道的

---

① 吴晓波：《"原谅我吧，兄弟们"——被忽略的工人阶级的诗》，"吴晓波频道"微信公众号，2014年6月10日。

是，他们也会悄悄把诗写在工作表格的背面"①的众筹文案巧妙地打破并缝合阶级壁垒，召唤着一面积攒购买力消费商品（而这些商品恰恰是由这些工人制造），一面对当下多有不满，并企图以诗意救赎、填补当下精神困境的人群的关注。

2015年2月2日，"我的诗篇：工人诗歌朗诵会"在线上（微吼网络直播）和线下（北京皮村新工人剧场）同步举行，主持人之一杨炼发表了如是的开场致辞，"我相信，在几千年的中国诗歌历史上，这场中国工人的诗歌朗诵会是会留下它深深的印记的"。事实上，工人诗歌打开公众视野的努力也确实未止步皮村，5月23日、5月24日连续两天，"我的诗篇：草根诗会"携草根诗人余秀华和工人诗人一同登上天津大剧院，虽遭到冷遇，两天仅售出40张票，却在媒体圈卷动起层层回响，相关的争论之声主要分为持批评意见的"新京报书评周刊"微信公众号和持辩护立场的澎湃新闻思想市场两派，两派主要围绕知识分子与工人的对接是否可能的问题展开辩论。6月5日，《我的诗篇》成为入围第18届上海国际电影节纪录片金爵奖的唯一一部国产片。6月11日，6月17日下午13：30，6月17日晚18：30，6月20日，《我的诗篇》在上海电影节展映单元进行了为期三天四场的放映，并于6月21日晚摘得金爵奖奖杯。②澎湃新闻于6月23日推出了长篇特稿《特稿｜上海电影节最佳纪录片：工人的歌与血》报道这一文化事件。在此之前，澎湃新闻已连发两篇围绕此纪录片的评论，分别是复旦大学政治学系教授郦菁撰稿的《我的诗篇｜情怀和感动之后，工人诗歌如何挑战资本的逻辑》和上海大学文化研究系的高大明老师的《我的诗篇｜个人奋斗价值观的局限与工人诗歌应构造的文化》。获奖后，《我的诗篇》选择以众筹观影和包场放映的方式走入影院。从2015年7月开始，由"我的诗篇"发起的众筹观影和包场放映的活动一直在"火热进行中"。纪录片放映如火如荼进行的同时，2015年8月，由秦晓宇编纂，汇集

---

① http://z.jd.com/project/details/5239.html

② http://www.zuojiawang.com/xinwenkuaibao/13597.html

了国有企业老工人和改革开放后农民工两种工人类型的诗歌作品集的《我的诗篇——当代工人诗典》也悄然出版，媒体对此的报道和各种形式的跟进、交流、讨论，也持续出现。①

正如上文所言，伴随着"我的诗篇：草根诗会"和纪录片《我的诗篇》在上海电影节展映单元及随后众筹包场放映环节的开展，维护褒扬和批评苛责之声同样不绝于耳。相关讨论不仅附着于《我的诗篇》系列文本丛展开，其本身就作为一个现象级的文化事件构成了颇具症候性的文本序列，并与《我的诗篇》系列文本丛在不断相互参照中发生互文关系。

早在5月的"草根诗会"之后，《新京报·书评周刊》的两名记者伍勤、杨枤即分别发文，围绕知识分子与工人之间的关系展开批评。系列批评主要聚焦在朗诵诗会的呈现形式上，指出作为知识分子的《我的诗篇》团队在以自身的审美标准编排、整合工人的声音，这种"审美话语"背后的"遴选机制"和"利益机制"②使得工人阶级的声音被消解了抗争性，真实的苦难被表演和浪漫化。对此，诗集编纂人、纪录片导演之一秦晓宇也连发两文展开回应，认为"用诗歌的抗争性为单一标准苛求和绑架工人诗歌的写作"是一种莫名其妙的……双重标准；强调工人诗歌"也许不仅仅是诗，但它们一定首先是诗"，既然是诗，其浪漫化和审美化就不应被谴责，反而应视作对诗的本质特征的彰显，浪漫本身很可能包含着抗争，但抗争不应僭越浪漫与审美成为评判一首诗歌诗性价值的第一要义；最后，他提出诗歌从古至今都是一项个人的事业，因此对诗歌的批评，必须在尊重个体性和差异性的基础上展开，"我们可以从工人诗人的写作中辨认那种带有阶级烙印、群体意识或集体自我特征的因素，但一定不要将其作为要求和尺度。"③

在纪录片获奖前后，复旦和上海大学两位教授亦先后发文批评《我

---

① 在2015年12月31日"我的诗篇"公众号发布的《我的诗篇的2015》中，相当完整地记录了这一年中围绕《我的诗篇》和工人诗歌展开的一系列活动和相关争议。

② 杨枤：《这是一场无关工人诗歌的讨论》，《新京报·书评周刊》微信公众号，2015年6月2日。

③ 秦晓宇、杏黄天：《底层没有资格谈论浪漫？NO，浪漫和审美也将通向灵魂革命》，《澎湃新闻·思想市场》，2015年6月2日。

的诗篇》，认为作为阶级整体存在的工人群像在这部纪录片中被作为个体的诗歌吟唱者所取代，认为影片将中产阶级熟悉的个人靠不懈奋斗最终取得成功的叙事话语嫁接到工人阶级的生命故事中，由此收获了中产阶级观众的悲情与共鸣。对此，秦晓宇暂未在公共媒体平台展开回应。

可以看出，依托不同媒体平台的对《我的诗篇》的批评和辩护之声俨然已成对垒之势。应当承认，在围绕"我的诗篇：草根诗会"中有关知识分子与工人对接可能的问题上，秦晓宇的辩护并没有正面回应知识分子作为工人诗歌的传声中介在何种意义上二次塑造了工人诗歌的面貌，但似乎应当被追问的并不仅仅是知识分子与工人对接是否可能，而是建构一个"知识分子"与"工人"／"底层"的对立，是否复制了张清华等学者在提出"底层写作"概念的时候出现的将知识分子与工人二项分立的简单化问题。且不说知识分子与工人作为劳心者与劳力者亦即脑力劳动者和体力劳动者的古老区分在文化工业化和产业化的浪潮中还有多少有效性（某种程度上上文提到的城市中产者被"我的诗篇"众筹文案的吸引的关键正在于此，他们作为"白领民工"，实际上不仅仅是同情、更甚至是部分分享着流水线工人的生存感受）尚是一个可以被探讨的问题，何况是将纪录片制作方和打工者诗人草率地分别归之为知识分子和工人，本身就是一种有可疑的标签化处理之嫌的方便法门。正如阿马蒂亚·森在《身份与暴力——命运的幻象》[①]一书中所指出的：个体的身份是充满暧昧和神秘色彩的。我们的身份无不是多重的、拒斥被标签化的，某种程度上可以说一个个体就是一个世界。而世界上的个人之间、民族国家之间、文化之间的冲突往往来自对单一身份维度的强调。阿马蒂亚·森指出，身份和命运的绑定是一种意识形态的幻象，纵观世界上的和谐与冲突，人们越单一地强调某种身份的特殊性和唯一性，越倾向于相互冲突；而越理解身份的多元性，人们就越倾向于和解。阿马蒂亚·森提供了一种在保

---

① 〔印度〕阿马蒂亚·森：《身份与暴力——命运的幻象》，李风华译，北京：中国人民大学出版社，2013年。

持自己的独异性的同时寻求和解的可能性，在求同存异的基础上绘制理解的蓝图而不必执拗于对身份的假想。将阿马蒂亚·森的理论代入我们所讨论的问题情境，可以说电影的制作方与打工者诗人虽然在阶级归属的维度构成了知识分子与工人的对立，却在文学身份上达成了身为"诗人"的一致性。铁路工人诗人魏国松在一篇文辞辛辣的题为《炸裂之后，碎了谁的一地贞操》提出的观点恰与此不谋而合，他指出，"一旦诗人这个词汇附着在知识分子和工人身上之时，便没有高下之分了。比如一个成功的知识分子诗人可以抛却他的万贯家财独自一人去终南山修行，一个破帽遮脸穿越闹市身无几吊钱的普通工人诗人，同样也可以独自一人去终南山修行，因为他们都处在同一高度参透了人生密码。这是身体修行，而文字修行，跟你妈的在什么殿堂什么草庵没有一丁点的鸡巴毛关系，它只跟天分有关，仅此而已"[1]。

论争文本序列所关涉的另一个问题是以《我的诗篇》纪录片文本为代表的"我的诗篇"系列文本丛呈现出的个人主义叙事逻辑，及对工人的诗意被资本逻辑征用的可能性的怀疑。面对这一让人不安的状况，论者们的解决方案是召唤一个在想象中自成一体的"工人阶级"。然而，此间《新京报·书评周刊》的作者杨林对朗西挨的引用可谓颇具症候性，正如相关研究者已经指出的，作为拥有工业"正统"的英法工人阶级，无论朗西挨、威廉斯或E.P.汤普森笔下的工人阶级，其智识、组织性都来源于前工业时代的传统。其所根源的传统的组织性和社会传统无疑是中国产业工人所不具备的。[2]

三、"工人"对"诗歌"的遮蔽

笔者认为，系列论争之所以会召唤一个想象中的工人阶级，先验

---

① 魏国松：《炸裂之后，碎了谁的一地贞操》，"我的诗篇"微信公众号，2015年6月9日。
② 章凡：《我们谈论工人阶级时，我们在谈论什么——回应一场论争》，"我的诗篇"微信公众号，2015年6月10日。

地假设工人们在工厂中的苦难遭遇和面对苦难的抗争姿态，是因为其将工人诗歌作为一个社会事实而非文学事实去理解。换言之，在"工人诗歌"这样一个富有张力性的命名中，《新京报·书评周刊》的两篇文章关注的更多是"工人"的面相，而非"诗歌"的面相，因此更多地强调其作为社会檄文和社会控诉的作用，却因此遮蔽了工人诗歌中也可以包含的抒情写意和奔放想象的一面。事实上，这种对工厂苦难经验及面对苦难的反抗姿态的想象性预设远不能概括《我的诗篇——当代工人诗典》中的诗作所呈现出的丰富性，而这种丰富性甚至异质性正是这本诗集有意构建的，也正是诗集之所以以"我"而非"我们"命名的原因。诗集的丰富性首先体现在工人身份的丰富性上，这本诗集纳入了社会主义及后社会主义时代有工厂经验的朦胧诗人、改革开放后的国营企业（下岗）工人、农民工（包括不同工种）等不同身份工人的诗作。在纪录片中，虽然有一些基于苦难美学的悲情渲染，因而形成了某种程度上主题的同质化，用秦晓宇的话说就是"如果我有意无意对他们的苦难强调的多了，就会像鲁迅说的'引起疗救者的注意'，让真正的工人群体的处境能够引起更多人的关注和反思"[1]。但纪录片文本仍然兼顾了工人身份的丰富性，兼顾国营企业和农民工，兼顾不同工种（包括鸭绒填充工、熨烫工人、爆破工人、煤炭工人、流水线工人甚至失业工人）、不同性别甚至不同民族。诗集文本的丰富性不仅体现于身份的丰富性，也体现在劳动感受的丰富性上，对于诗人尤其是国营企业的工人而言，劳动往往溢出底层文学常见的苦难、对抗主题，而带来诗意、田园感受、尊严、价值感和主人翁意识，甚至带来新的工人与工人之间关系的构建，例如老井的《地心的蛙鸣》[2]就仿佛是一首点"煤"成金的炼金术，煤层在他笔下被赋魅，仿佛压缩了纵深的自然史和远古的生命（谁知道 这辽阔的地心 绵亘的煤层 / 到

---

① 周哲：《特稿｜上海电影节最佳纪录片：工人的歌与血》，《澎湃新闻·思想市场》，2015年6月23日。
② 秦晓宇主编：《我的诗篇——当代工人诗典》，第65—66页。

底湮没了多少亿万年前的生灵），由此获得了某种别致的田园诗意想象（我捡起一块矸石 扔过去／一如扔向童年的柳塘／却在乌黑的煤壁上弹了回来／并没有溅起一地的月光），同时又传达出一种身体的在场和幽闭感（漆黑的地心 我一直在挖煤／远处有时会发出几声 深绿的鸣叫），是人在孤绝的地下煤层中寻求回声、渴望交流的愿望。同样超逸出批评者们对工人诗歌的单一化苦难与抗争想象的还有石油地质勘探工人马行的作品，他的作品写出了从不毛之地创造一个油田社会的开天辟地的豪情，例如《一个胜利油田地质人的荒野》，①就描绘了孤绝的个体在荒野开拓生存，在与广袤自然的对抗和被广袤自然包裹的过程中自我变得更加坚定、清晰和可靠（十年来荒野挪来挪去／城市是别人的，乡村是别人的，只有大风里的我是自己的）的过程，其中自有一番吐纳天地、指点乾坤的气魄（三迭、白垩纪，麻雀、蟋蟀、大雁，还有养我的／石油、天然气，它们都老了，要让它们也能登上车／我，我还要点根烟卷，借与天地一点火／我将再来一杯酒，把黑夜饮醉，让爱神交出阳光的小钥匙），这其中的自豪感，亦来自于一个支柱产业工人在全球能源危机的背景下对自己工作的使命感和自豪感。

诗歌文本的丰富性不止沿着国企工人和农民工的对立展开，同样是叙述苦难，农民工诗人邬霞和利子也未止步渲染悲情、血泪控诉和愤怒抗争，而是用轻盈的想象将苦难经验托举到一个美学高度，从而在诉说中用语言的能指移置了苦难。邬霞的《吊带裙》②把诗人自己对吊带裙的喜爱移置为对想象中吊带裙消费者的喜爱，从而用善意在想象中达成某种阶级和解。而利子的《十指连心》③则用"茧花"形容手指被铜铁件磨蚀出的茧（没有人知道十指会开花／开茧花，它们能反复地熏染／流水线上的铜件，和铁件／而她掌心的纹理上／却保持着丝绸般的暗香），这一笑中带泪的想象无疑也是面对苦难的另一种靠美和想象

---

① 秦晓宇主编：《我的诗篇——当代工人诗典》，第116—117页。
② 同上书，第327—328页。
③ 同上书，第208—209页。

抚慰自己的方式。"暗香"逗漏出某种羞怯的味道，是即使在工厂中，也不会被苦难磨蚀掉的柔软细腻的情思。

当然，"工人"、"阶级"这些词并非完全在工人诗人的作品中隐匿不见。例如在绳子的诗作中，"工人"、"阶级"、"兄弟"都是频频出现的高频词，从诗作题目《阶级兄弟》、《工人这个称呼》、《穿工装的兄弟》、《穿工装的兄弟：复述的时刻》、《穿工装的兄弟：工段 工段》一望便知。然而，正如秦晓宇在诗集前言指出的，绳子的"阶级兄弟"并非指某个具体的工友和具体的抒情对象，而是"泛咏之诗"①，与其说绳子在抒写某种具体的阶级情感，不如说他是在"来路去径都已被车刀旋切"的绝望现实处境下，召唤某个名叫"工人阶级"的幽灵。工人阶级的在此近乎一个空洞的能指，找不到现实中的客观对应物。更多的时候，苦难和对苦难的觉知并不能天然地转化为抗争意识和阶级意识，如唐以洪在《把那件工衣藏起来》②中把那件布满"灰色的泪痕，和汗水 / 那些胶水味，机油味，酸楚味 / 线缝里的乡愁"的工衣藏起来，藏起的不仅是工衣，还有与工厂经验连带着的一切敏感的私人感受，又如许立志《我咽下一枚铁做的月亮》③中诗人咽下"铁做的月亮"、"工业的废水"、"长满水锈的生活"等等，痛苦的经验并没有现实出口，只能被个体默默吞咽。寂之水的《路边的石头》④则写到，"我们飞快地旋转着 / 将乡音、呐喊、眼泪的温度甩出去 / 直到再也挤压不出一粒汗水 / 坚硬成一块石头 / 被丢弃在路边 / 就算回到地里也种不出庄稼 / 不断堆积在路边的石头 / 互相挨着 / 冷贴着冷"，在这里，"石头"是个颇值得玩味的意象，不仅意味着情感和身体的异化（"将乡音、呐喊、眼泪的温度"和"汗水"都"甩出去"）和固结，不仅意味着生长性和有机性的丧失，而且意味着原子化的生存状态——石头之间并不

① 秦晓宇主编：《我的诗篇——当代工人诗典》前言，第 37 页。
② 同上书，第 187 页。
③ 同上书，第 360 页。
④ 同上书，第 332 页。

能相互告慰，只能"冷贴着冷"。不仅如此，不同于可以"种出庄稼"的种子，石头是不能落地生根的，也不同于可以随风飘荡的柳絮，石头是不能迁移的，所以，作为石头的个体既不能回归家乡，也不能扎根城市，只能"堆积在路边"，在城市中被默默遗弃。

四、"诗歌"对"工人"的放逐

由上文可以发现，当相关论者将工人诗歌作为一个社会事实而非文学事实去看待的时候，会因为对"工人阶级"的先验想象构成对诗集本身丰富性的遮蔽。那么这是否意味着应该将工人诗歌看作一个文学事实而非社会事实予以观照？是否意味着在这些诗作中，在场的都是工人诗人的抒情自我而非社会自我？姜涛的《"混搭"现场与当代诗的文化公共性》可以看作将工人诗歌作为一个文学现象而非社会事实加以讨论的典型，认为工人诗歌"贯穿了对于语言可能性的探索热情"。作为一个在诗歌界有分量的学院知识分子，姜涛的态度是一种颇为有力的社会表达，体现了他对工人诗歌包括打工者群体的尊重和认可，但这种认可也暴露了一定问题。在文章中，姜涛激赏的是老井的《地心的蛙鸣》，乌鸟鸟的"意象密集，如计算机的语码高速转换，往往能在具有压迫感的现实场景中提升出宇宙倾覆、大地腐烂的总体幻象"和许立志的《请给我一巴掌》，"这样的反讽写法，还略显直露，却蕴含了一种批判性的社会觉知。这首自轻自贱的诗，作为一记'抽象社会的耳光'，在语言游戏中暴露了普遍的伦理危机，也预知了个人悲剧难免被集体消费的结局"[①]。可以看出，在这些诗中，工厂的普遍经验——劳动的异化、身体的伤残、人与机器的纠葛、漂泊感受与乡土记忆——都没有直接出场，此类经验被作为某种工人诗歌的类型化因而近乎陈词滥调式的写作被放逐了。这种有意无意的放逐固然体现

---

① 姜涛：《"混搭"现场与当代诗的文化公共性》，《艺术评论》，2015 年第 9 期，第 18 页。

了姜涛对诗歌苦难经验被循环生产、循环消费的警惕，但也说明了新批评的分析方式、现代主义式的美学对普遍工厂经验的吞咽困难，似乎真切的工厂经验是无法被当代诗的美学成功消化并再现的。

　　然而实际上，工人诗人们自己似乎就有意识地和当代诗歌美学拉开距离。若干首诗作可以作为工人诗歌的美学宣言阅读。例如，许立志的《我谈到血》便以"我也想谈谈风花雪月/谈谈前朝的历史，酒中的诗词/但现实让我只能谈到血"对话诗人及公众对中产阶级趣味诗歌的美学想象，以"纵然声音暗哑，舌头断裂/也要撕开这时代的沉默"[①]将诗歌还原为发声利器，摆明拒绝沉默的态度。诗歌的功能在于触摸赤裸裸的社会现实，在于引爆"失眠，下岗，自杀/一个个爆炸的词汇"。田晓隐的《我不是诗人，我只是五月的叛逆》[②]也是在同样的对话关系中否认自己的"诗人"身份。在他的另一首诗歌《诗人遗弃的身份》也以"我不敢说书面语了，我恨不得摘掉自己的眼镜/千万别说诗人，在工厂拿烙铁，打螺丝，钉钉子/装线卡的，谁说谁悲伤"努力的拒斥被以"诗人"标签化，下一段的"我的诗歌不多，配不上故乡炊烟的弯度和爱/但对于城市，这些诗歌已经太啰嗦"[③]则直接点出了工人诗歌美学与以城市为依托的中产阶级趣味的格格不入。曾继强的《我在这里拣拾一些诗歌的骨头》则明确地将"诗歌的肉"和"诗歌的骨头"对立起来，浮华的抒情、文字的排列组合游戏"不适合我的味觉"，而"讨薪欠薪、黑砖窑、瓦斯爆炸、断指与死亡"，[④]才是诗人要着力书写的。而如果说在《我谈到血》中，诗人尚且是在积极主动地寻求发声，那么到了《我咽下一枚铁做的月亮》，[⑤]诗人的言说状态则已经到了不得不鸣的地步。首句"我咽下一枚铁做的月亮，他们管它叫做螺丝"，一开头"铁做的月亮"是颇为诗性的表达，"螺丝"却是冰

---

① 秦晓宇主编：《我的诗篇——当代工人诗典》，第357—358页。
② 同上书，第349页。
③ 同上书，第351—352页。
④ 同上书，第353—354页。
⑤ 同上书，第360页。

冷的工业意象，"咽"直涉体感，带给人生理上的不适感。不仅如此，"螺丝"可以联系许立志及其他工人诗人特别是打工诗人的作品做互文性的阅读，在这些作品中，"螺丝"不仅指涉工业的冰冷，而且往往成为打工者自身的象喻。许立志自己的作品中就有"一颗螺丝掉在地上／在这个加班的夜晚／垂直降落，轻轻一响／不会引起任何人的注意／就像在此之前／某个相同的夜晚／有个人掉在地上"（《一颗螺丝掉在地上》）[1]，打工者的处境不过是如同工业零件一般，处在绝对的异化状态。不仅如此，螺丝掉落的"不会引起任何人的注意"，暗示了个体的渺小感和卑微处境。在其他诗人的作品中，"螺丝"则频频以"被拧紧"的状态出现，譬如"她们成为被拧紧的螺丝"（郑小琼《跪着的讨薪者》）[2]，"我努力地在短板上打钉子，拧螺丝／我想问：中国！你的身体疼不疼？"（田晓隐《我用钉子螺丝悬疑中国短板》）[3]，"被拧紧的螺丝"带出了受压迫和伤痛的意味。螺丝象喻的个体命运的一切处境统统是诗人试图"咽下"的，试图忍受的，而一切终究是不堪忍受了，"所有我曾经咽下的现在都从喉咙汹涌而出／在祖国的领土上铺成一首／耻辱的诗"，在这里，诗人的写作状态已经完全不同于中产阶级诗人的斟词酌句，诗人是"不得不"写诗。

上述有着强烈自我言说意志的诗歌，某种程度上回应着印度裔后殖民理论家斯皮瓦克提出的问题"底层人能说话吗？"，并坚定地宣称：底层人可以说话。不仅可以说话，可以为自己、为自己所属的群体发声，还能有意识地建构一种有别于中产阶级主流趣味的美学。这种美学最大的特点在于它联系着特定的身份意识，正如刘东指出的："既然'打工诗歌'的独特使命就在于——去为一个独特的受压迫群体谋求生存，那么不管它的外在形式是什么，总应当让自家兄弟们更加会心，对其他阶层显出更多的陌生性，而不是基于文化上被优势阶

---

① 秦晓宇主编：《我的诗篇——当代工人诗典》，第360页。

② 同上书，第278—279页。

③ 同上书，第350—351页。

层所同化。只有使'阶层意识'上升到了这一步，打工诗人们对于自身境遇的强烈关照，才不会仅止于社会学层上的身份认同，而又可能升华为一种真正的文化创造。"①这种"阶层意识"不再是如前30年诗歌写作一般体现为主导符号体系下的空洞的能指，而是出自一种出自自发的身份自觉、充盈着现实精神的生存性书写。②正是这种现实性精神重新召唤回了诗歌被后现代主义美学放逐的表征现实的功能：后现代主义美学在颠覆了大写的、普适性的美学，令"一切坚固的东西都烟消云散了"的同时，形成了一套自己的美学标准，其颠覆性、反叛性抹去了诗歌的社会写实的美学合法性，使得诗歌变成了能指的游戏。而工人诗歌则在前30年李学鳌式的"我们"的"颂歌"，和布尔乔亚自我循环的小众、特殊文化消费之间，打开了一道使得诗歌与真切的生命体验建立连接的缝隙。诗歌是为自己代言的，也是为自己所属的群体代言的。不妨在本文最后举出令笔者最受触动的一首有"代言体"色彩的作品，老井的《矿难遗址》③，来直观地呈现这种美学的现实温度。

这是一首颇有"历史证词"的味道作品。"所以我只能在这首诗中/这样写道"一句，有一种史笔的坚定、阔大与沉痛。同时，这首诗又有对身体的强烈指涉，"求救目光"会"扯住我的肝肠"，"怀念、悲愤、渴望"要"装入我的体内"。一般来说，身体感觉往往是封闭向内的，正是身体感觉的不可分享使我们成为相互隔膜的个体，然而在这首诗中，诗人却恰恰是在身体感觉的维度和矿难中死去的弟兄们发生共鸣，其情感之深厚不言自明。此外，诗人在这首诗中扮演了某种类似神职人员的角色，这种扮演不是以召唤神迹的方式进行的，正如他

---

① 刘东：《贱民的歌唱》，《读书》，2005 年第 12 期，第 22 页。

② 事实上，秦晓宇的《我的诗篇》诗集的编纂也有意识地联系着特定的身份意识和美学自觉。例如陈年喜写给爱人的诗"我水银一样纯洁的爱人／今夜，我马放南山，绕开死亡／在白雪之上，为你写下绝世的诗行"，在纪录片中有所出现，但却没有在诗集中出现，某种程度上，这是因为这首诗并没有体现陈年喜的工人身份。

③ 秦晓宇主编：《我的诗篇——当代工人诗典》，第 68—69 页。

在诗中写到"原谅我不会念念有词，穿墙而过/用手捧起你们温热的灰烬/与之进行长久的对话"，而是用一种以"言"的方式承担现实灾难的方式证成的，这"言"就是这首诗。因为将矿难事实看成灾（"大地复仇"）而非祸，诗人的态度没有仇恨，只有悲悯，兄弟们的肉体只能长埋地下，他所力求的，是以这首作品，抚慰他们的"怀念、悲愤、渴望"，以"追赶""清明寒烟"的方式，"超度"他们的灵魂。纵观这首作品，它所书写的现实，不是摹仿论意义上的机械现实，不是"社会主义现实主义"的理念化典型化的现实，更不是被先锋美学稀释了、抽象化了的现实，而是有机的、活生生的、有温度的现实。而某种程度上，工人诗歌美学标准和中产阶级后现代美学标准之间的参差，正提供给我们一个角度，透视中国当代社会的压缩的、庞杂的、混搭的现实乱象。如果说后现代主义的现实是我们当下真切的现实，那么，野蛮资本主义、前现代向后现代的过渡也是我们当下不可回避的沉重真相。不同阶层的社会人群承担着不同的社会现实，酝酿出不同的美学标准，而阶层间的交流、沟通如何实现，是抗争或是和解，是这些诗歌仍在徘徊中探索的命题。

短 讯

Briefings

2020年法兰西学院金石美文学院汪德迈中国学奖

〔法〕金丝燕

2020年6月，"法兰西学院金石美文学院汪德迈中国学奖"揭晓，荷兰汉学家施舟人教授以其研究《道藏》的贡献，获第三届汪德迈中国学奖。该奖首届于2018年颁发给北京大学乐黛云教授，第二届于2019年颁发给敦煌研究院前院长樊锦诗研究员。

法国汉学家汪德迈从事中国学研究七十余年，着力于甲骨文、儒家和法家思想、中国古代政治制度、中国思想史，以及受中国文化影响的亚洲国家文化史（韩国、日本、越南），已出版专著七部，发表论文一百多篇，形成其独特思想学说。

超越各国的特殊性是汪德迈中国学与跨文化学联系的关键。在他看来，各学科的研究领域之间要架桥梁，探究文化间的相应性，而不囿于国别文化的研究。总体文化观的研究很重要，需要对被视为"通常"的现象进行研究，找出其中的"非通常性"。汪德迈中国学的重点就在于此。其研究论题，如中国文学的"文言性"与其他文学的"口语性"相异，西方的文字是对口语的记录，而中国的文字则是准科学的书写。要考虑中国的《诗经》里的《国风》如何从口诵变成文言诗，等等。具有共同语言起源的欧洲文学之间的"跨"不明显，欧洲文学的口语与文字之间没有断裂，而在中国文学中，口语与文字之间的断裂是决定性的。汪德迈自20世纪80年代提出"汉文化圈"的观点，21世纪进一步提出"新汉字文化圈"的学说，其根基在于此。

"法兰西学院金石美文学院汪德迈中国学"奖旨在鼓励世界范围内终身投入中国文化研究并卓有成就的学者。

童　年

〔瑞典〕施舟人　撰*　袁冰凌　译

我出生于1934年，正是希特勒的纳粹运动在德国猖獗得势时。这对我的童年有很大的影响，可以说影响了我一辈子。

我父母是荷兰知识分子。父亲克拉斯·施佩尔在荷兰北部离阿姆斯特丹不很远的一个叫水手村的小村庄当牧师，母亲约翰娜（汉妮）·高柏是作家，主要写儿童作品，他们两人都是社会主义者。1940年，德军占领荷兰，并开始把犹太居民驱赶到集中营，这时我父母参加了地下抵抗运动。1943年，他们被人出卖。父亲身陷囹圄，我和母亲、哥哥，以及一个母亲从德国人手中救下的，与我同龄的犹太男孩，藏在阿姆斯特丹老城中心，幸免于难。可是我们过得很艰难，母亲在这期间受过伤，终身致残，我自己差点饿死。

"二战"结束后，我父母还活着，但由于战争的影响，他们很快相继去世。随着他们的病故，我的童年也结束了。

然而，尽管发生了那些事情，我不能说我的童年不幸。我的父母都是很独特的人，他们不仅爱自己的孩子，对其他弱者也充满爱心。父亲是个学者，有神学博士学位。我至今还记得他坐在四周都是书架的书房里的样子。他总是在读书或写作。他允许我在他的书房里玩，我常常从书架上取下那些触手可及的书来搭建城堡。他的书桌上方挂着两幅肖像：一幅是耶稣，另一幅是列宁。他善良、腼腆，从不说人长短。除了从事神学研究，他生活中的最大乐趣就是与同事和朋友交流思想了。每个星期天下午都有客人到我家来，把客厅挤得满满的。

---

* 此文是作者原书的前半部分，详见〔瑞典〕施舟人：《童年》，乐黛云、〔法〕金丝燕主编："远近丛书"第15种，北京：北京大学出版社，2011年。

他们一边喝茶或咖啡，一边兴趣盎然地聊着各种话题。这种讨论往往持续好几个小时。天渐渐地黑了，屋里的光线也暗了，可是讨论仍在热烈的气氛中进行。那时荷兰的主餐是午餐，晚餐很简单。晚上客人离开前，大家吃点面包，喝点牛奶和蔬菜汤。在这样的周日下午，我就会坐在地板上，或挨着妈妈坐在小凳子上，听大人们谈天说地。虽然不知所云，却觉得其乐融融。

母亲充满了活力，目光深邃有神，卷发乌黑，皮肤白皙，身材健壮却不臃肿。她喜欢户外活动，常在菜园里干活。离我们的村子不远是荷兰著名的长海堤，她还喜欢带我们在海堤一边的小海湾里游泳。她在创作和其他活动中表现出特有的引人注目、教养和创造力。很年轻时她就摆脱了基督教家庭传统教育的束缚，选择了自己的生活道路。她从阿姆斯特丹大学神学系毕业后，到荷兰最南端的林堡煤矿区做社会工作者。那里的工作环境和生活条件都很差，矿工大都是从德国和东欧来的新移民。由于十分同情矿工的处境，加上性格直率，她和煤矿管理当局的关系很快变得非常紧张。1923年，她和一位矿工领袖有了爱情关系，怀了孕，她慎重地选择了做未婚妈妈。此举在她所属的小资阶层激起很大的波澜，她和儿子威廉不得不离开荷兰去德国和意大利旅居了很多年，靠写作和翻译维持生活。1928年回到荷兰后，她成为了一位颇有名气的社会党党员，成功的写作和政治活动使她越来越出名。1934年，她又一次做了未婚妈妈。这次，她在瑞典生下了第二个儿子，就是我。她给我取名克里斯托弗，小名立科。第二年她回到荷兰，嫁给了施佩尔牧师，他把我和我哥哥都看作他的亲生儿子。

母亲很有个性，也很有幽默感。在遇到困难时，她总能看到好的一面。尤其重要的是，她充满热情、爱心和同情心。无论走到哪里她都会交到朋友，并通过拜访、写信和邮寄礼物维系友情。她还是一位了不起的故事大王，我就是在听她那些无穷无尽的真实的或编造的故事中长大的。她结婚后，我们家就安顿在水手村了，我最早的童年记忆主要来自那荷兰北部的乡村。

牧师馆的童年

我们家住在村子里的牧师馆里，这是教堂旁边一座比较大的房子，周围都是高大的树木。村子里其他的人住在农场，他们饲养荷兰奶牛，每天两次人工挤奶，然后送到一个加工厂，经消毒后制成饮料、黄油和奶酪。每个农场还会养几头猪、几只鸡、一头山羊和一些产羊毛的绵羊，到处都是放牧的草地。

村子建在"圩田"上。这里原来是海的一部分，几个世纪前修了海堤，围在里面的海被风车抽干了水就变成圩田了。实际上我们住在低于海平面约7米的地方。我们家旁边就是拦截外面海水的大海堤。过去，海堤被冲毁过好几次，不少村庄被湮没，死伤无算。母亲在一本儿童书里曾描述过16世纪发生在我们村里的水灾。在我们这个时代，水利技术已大大改善，大海不再危险了。

我们家穷。父亲做牧师的薪水很低，母亲必须拼命翻译和创作儿童作品来接济家庭，但和现在一样，当时文学作品的稿酬也少得可怜。

我们的生活很简单。一天两次吃黄油面包，一顿主食是土豆炖蔬菜。蔬菜是自己菜园里种的。每天傍晚，我负责到附近的农场去取牛奶。农夫给我倒满一小盆刚从母牛身上挤出来的还带体温的牛奶。为了不要把牛奶洒出来，我每次都小心翼翼地走在乡间的小道上。每星期我们只吃一次猪肉，鸡肉太贵了难得一见，连鸡蛋也很少吃。喝咖啡是件奢侈的事，更不用说啤酒、葡萄酒或烈酒。

但我们并没觉得这种生活艰苦，我们都健康、快乐，虽然我一直很瘦小。母亲常说我们很幸运，有稳定的收入，当时有不少人由于30年代的经济危机失业了。

我比我哥哥威廉小10岁。父母要工作，村子里和我同龄的孩子也没几个，所以我经常很孤单。母亲家务不太忙的时候就坐在二楼的小屋子里，在打字机边写书稿。她也参加社会党和地方委员会的活动，还协助父亲做好牧师工作，并且有两个儿子需要照料。虽然囊中羞涩，家里还是经常宾朋满座，需要招待。她每年写一到两本书，翻译同样数量的书稿，同时还为各种杂志撰写稿子。

我主要在花园或厨房里玩。我常用草或树枝做成小船，把它们放在花园边上的小水沟里航行，我总是跌进泥水里，好在水不深。我还喜欢爬果树，不管树上结的是什么果子，熟不熟的，我都摘着吃。有时候从树上掉下来。母亲并不禁止我做这些事，也不警告我要小心。我虽然瘦小，但不病弱。我总在做梦，满脑子都是自己编造的故事。母亲希望我和哥哥长成强壮、勇敢的男人，认为她过多的关爱会让我变得女孩子气。

有一次，这种自由导致的结果是，我把房子点着了火。事情是这样的：我喜欢在我家阁楼上玩耍，上阁楼的梯子很陡。那时候没有电，我点了根蜡烛。这个阁楼用几片木绒保暖。包木绒的纸烂掉了，木绒露了出来。我把蜡烛放在其中一片木绒上，想看它会不会着火。天啊！它真的点着了！幸运的是母亲刚好从二楼的书房出来，看见了火光。她跑到花园，取出花园里的水管，装上水龙头，浇向已经烧旺了的熊熊大火。她成功地在房梁和椽子烧着之前把火灭掉了。当时，有人已给邻近镇子的消防局打了电话，半个小时后红色消防车开到了我家门口时，我们一家人已经从慌乱中恢复过来，坐在客厅里喝咖啡了。我并没有因此而受到惩罚。第二天当地的报纸报道了这件事，还登了一张我的照片。一个邻居把报纸拿给我看，并责怪了我。我这时才明白是自己惹的祸。

母亲不守旧，却保持清教徒的生活方式。如果她认为确有必要，她真的会惩罚我，那时我还真的挨了她不少打。我父亲从不打人，他的心太善、太软，下不了手。母亲也极少夸我，她不想使我骄傲。然而她常常把我拉到怀里，对我说她多么爱我。

她不许我对衣服和食物说三道四，表示喜好或厌恶，因为"不管上帝赐给我们什么，我们都要心怀感激地接受"。她经常强调努力工作、生活俭朴、有勇气和毅力的重要性。但在玩具方面，她很慷慨，送我好玩的玩具，带我去好玩的地方，如阿姆斯特丹的动物园。5岁时，我父母送我一辆小自行车。每天晚上，母亲都会坐在我床前给我讲故事，这方面她可是高手。

她还鼓励我读书识字。我5岁时，她找了乡村学校里的一位老师做家教。我很快就能自己读书了，并开始阅读家里的藏书，包括母亲写的。

当然，我们生活中一件重要的事情就是上教堂。我们就住在教堂隔壁。每个礼拜日父亲都在教堂布道，那里还举行婚礼、葬礼和宗教庆典，圣诞节尤其重要。那时，虽然家庭生活都离不开教堂，星期天来做礼拜的却寥寥无几。只有几位教会成员和上了年纪的妇女才定时光顾。我们全家人：母亲、哥哥威廉、保姆（我们有时雇佣一位）和我肯定去。我3岁时就开始去教堂了。父亲讲道时我当然什么也听不懂。中间休息时，教徒们唱赞美诗或其他圣歌。歌声旋律优美，管风琴余音绕梁。母亲记得我第一次去教堂时，在听布道时变得很不耐烦，就站起来大声说："来吧，让我们再唱一首动听的歌曲，然后回家吧！"

星期一到星期六教堂没有活动时，我有时带上教堂大门的钥匙，溜到教堂里玩。我喜欢看放在长椅上的大部头圣经，也喜欢爬进钟楼看教堂的大钟。教堂旁边有一小片村里的墓地。里面有好多古老的大理石墓碑，刻着各种各样的碑文，那也是一处我喜欢玩的地方。

我父母允许我在教堂和墓地玩，似乎不可思议。我父母不仅是教徒，而且是神学家，但他们并不保守，他们不觉得我在圣地玩要有什么不妥。他们也不排斥其他宗教。母亲在阿姆斯特丹大学读书时，很欣赏比较神学教授H.海克曼的课。这位伟大的学者在中国的佛寺和道观里生活过很长时间，对中国宗教有深刻的认识。

村子里和我同龄的孩子没几个，住得也很分散。我父母鼓励我和农民的孩子交朋友，可是彼此见面不容易。他们和我玩的方式也不一样。我通常沉浸在母亲讲述的故事中的幻想世界中，把自己想象成骑白马穿过森林奔向城堡的骑士，或是一个弹着鲁特琴的游吟诗人，或其他浪漫人物。我的衣着和别的孩子也不同，我当然也穿木鞋，这和村里其他孩子没有两样，但其他的就完全不同了。母亲欣赏俄罗斯民族，喜欢给我穿俄罗斯风格的短衬衫和用皮带束起来的高领外衣。这些衣服是斐丽特做的，她是母亲以前从德国请来的朋友，后来就留在了荷兰。她嫁了一位德国油画家，住在邻近伊顿市的一座小巧玲珑的老房子里。斐丽特会来牧师馆住上很长一段时间，那时她还照看我，给我做一大堆衣服。她甚至为我做了一套王子服，配有一顶带羽毛的帽子和一把木剑。

我出生的前几年，我外祖父、外祖母做了一次环球旅行。他们游历了许多国家，包括中国、日本和美国。我从没见过我的外祖母，因为我出生后不久她就去世了。她每到一个国家都收集该国家的玩偶，后来都留给了母亲。俄国、中国和美国印第安人的偶人很漂亮，我想玩的时候，她就会给我玩。

记得我4岁生日时，家里有一个聚会，虽然我不记得是否有其他孩子出席。村子里的一些胖女人来喝茶，送了我一块巧克力。

在荷兰，孩子们最大的节日并不是圣诞节，而是圣尼古拉斯之夜。每年12月5日庆祝这个节日。如果谁家有小孩，年纪大一点的亲戚或是朋友就装成圣尼古拉斯，戴上全白的胡子和一顶大红帽，手持主教杖，和化妆成摩尔人的男孩一起来，背着一个装着糖果和礼物的袋子。孩子们必须和圣尼古拉斯见面，他会问他们表现得好不好，然后再送他们礼物。我外祖父是位善良的老绅士，他长着真正的白胡子，为我扮圣尼古拉斯。

一次，村子里的学童和隔壁东宅镇的孩子演了一出戏剧，是根据格林童话中的矮妖怪故事改编的。我被整个演出吸引住了，尤其喜欢扮演嫁给国王的磨坊主女儿的那个小女孩。我立刻坠入了情网，她是当地石匠的女儿，10岁了，而我只有5岁。我竭尽所能去追她，请她到我家里玩，讲好笑的故事取悦她。她答应来我家玩，但在我送她回家的路上，她明明白白地对我说：她听够了我的故事，要我别再缠她。这是我的第一次失恋。

战 争

不久，战争爆发了。那是1940年5月的一个的早上，阳光灿烂，我和父亲站在花园里，一架德国飞机飞了过来，飞得很低，在我们村子上空投下了雨点般的传单。我捡起一张，和父亲一起念了起来，上面印的是德国人的宣传。父亲向我解释说，德国人已占领了我们的国家。晚上，我们听到了爆炸声，母亲看到南边的地平线升起一道火光。她说，"阿姆斯特丹在燃烧"，同时开始哭泣。她是阿姆斯特丹人，对这座美丽的城市感情很深。实际上，阿姆斯特丹逃过了一劫难，只是一些港口设施遭到轰炸。全城遭毁的是鹿特丹。不久后，那里无家可归的孩子来我们村子避难。除此之外，我们小村子里的生活和以前没什么两样。

那个时候，荷兰的小学在复活节开学，所以我在1941年的春天才入学。学校在邻近的东宅镇，离我的村子有二、三公里的路程，我每天骑车去上学。虽然是一个镇的小学，其实学生并不多，老师只有三个，教室也没几间。一、二年级分两排在同一个教室里由一个老师上课。当时我只有六岁半，不过我母亲认为我已经懂得不少东西，应该直接上二年级。我的老师丝却不同意这么做。因为她不高兴我母亲的提议，结果她既不让我上一年级，也不让我上二年级，而是在一、二年级桌椅之间的过道上放一只凳子叫我坐，什么都不教我。课间的大半时间我都在打瞌睡。

我在小学的困难还不只是年龄和不上不下的班级问题，也因为我长得和一般荷兰小孩不很一样。六岁多的我不仅比同龄的孩子个子小，而且我的头发很卷，颜色也不像普通荷兰人的那样金黄。加上我的性格内向、害羞，所以小朋友们都笑我是女孩子。有一天，我偷偷跑到隔壁的理发店，要求理发师把我的卷发剃光，说我母亲后来会付钱给他。我母亲很理解我的心事，没有责怪我这么做。没料到第二天当我光着头出现在教室门口时，同学们笑得更厉害了！

有一次我又在课间睡着了。丝毫特玛科太太过来摇醒我，并冲着我叫："你不可以在课堂睡觉！"我迷迷糊糊中抗议道："我可以不睡觉，但请您不要对我这么乱吼乱叫！"听我这么说，她觉得很尴尬，气急败坏地把我拖到地下室的煤球间整整关了一天。而且，这也不是唯一的一次。

不久，东宅镇小学以天气寒冷没有煤球供暖为由关门了。我告诉我母亲他们骗人，地下室有的是煤球。母亲问我怎么知道，我这才告诉她自己在地下室度过不少时光。

那年九月，母亲送我去邻近瓦德村的小学。这个学校更小，老师是一对夫妻。虽然从我们家去瓦德村的路程比去东宅镇短，可是这一段路不好走，无法骑自行车上学。母亲就和老师商量，让我寄宿在他们家，每个周末回水手村的牧师馆一次。在这里又一次证明这些年轻的老师拿我没办法，他们不让我去教室听课，却把我关在小阁楼上又黑又冷、脏乎乎的卧室里，我整天就那么呆坐着，看对面学生们上课和课间在院子里嬉闹的情景。

没多久就是圣诞节，回家后我表示再也不去上学了。母亲这才决定把我送到荷兰中部乌特勒支附近的比尔托芬儿童公社去生活。她告诉我，这是一所非常好的学校，学费很贵，但我在那儿肯定会高兴。

儿童公社

儿童公社真正的名称是工场（werkplaats）。儿童公社是对它的性质荷兰文Kindergemeenschap的翻译。这是一所为不同年龄、不同背景的孩子开办的实验学校，由宗教和社会改革家盖思·伯克建于1929

年。盖思是一位著名的和平主义者和社会主义者,他反对战争,反对资本主义和专制政府。他是一个基督教徒,同时也是一个多才多艺的工程师,有很深的音乐造诣。他曾经到英国求学,在伦敦遇到了出生于富有的教友派家庭的贝蒂·吉百利,并和她结了婚。

起初,盖思想推动一种新运动,创办了一个"兄弟会",目的是让大家在一起研究讨论如何创造一个新社会,一个财产公有、共同生活的新团体。当贝蒂得到吉百利家族的一大笔财产时,他们决定把一部分捐给教友会帮助穷人,另一部分送给家族工厂的工人们。但他们拒绝纳税,因为政府把纳税人的钱花在军队和购买武器上。这给他们惹了不少麻烦,盖思为此好几次被监禁。直到有一天他们意识到社会改革的办法不是反抗而是教育。他们搬回到荷兰,定居在乌特勒支附近的比尔托芬。1929年,盖思和贝蒂先把自家的八个孩子组织起来办了一个边工作边学习的"工场"。不久一些欣赏这种教育理念的人也把孩子送来让他们教育。20世纪30年代,当墨索里尼开始在意大利掌权时,著名的启发式教育创始人玛利亚·蒙特索里博士逃亡荷兰,盖思曾和她见过面,一起讨论关于儿童教育的一些问题。

正如他认为所有的工厂应属于工人,而不是资本家老板,在盖思发明的这种新教育体系里,学校属于孩子而不是老师和主管。为了说明他的理念,他把自己的学校叫作"工场",把学生叫作"工人",把老师叫"工友"。孩子们不仅可以按自己觉得合适的方法上学,而且原则上想干什么就干什么。盖思相信,孩子天性善良,天生具有学习和工作的欲望,只要让他们明白自己的责任,放手让他们去干,自然会长成出色的人才,成为一种新型的人类。

我来到"儿童公社"时,大约有一百来个学生。这里没有教室,没有集中一拨子学生坐在下面听老师在台上讲课的事。没有普通的班级,而是按颜色来分队。比如,紫队相当于普通小学的一到三年级,蓝队相当于四到六年级,黄队相当于初中,橘队相当于高中。橘队几乎没什么人。我们也有一个公共的大房间,每个孩子有自己的桌子和椅子，可以随便把座位搬到自己喜欢的任何角落。因为我们平时不用上课，公社负责人把所有的教材编成卡片，放在墙边的资料柜里。卡片上印着学习科目：算术、拼写和语法、历史、地理等。这些功课按从易到难的顺序分类，我们随便从资料卡片里抽取自己喜欢的科目去做。做好之后给一个"工友"看，他检查我们做得好不好，有问题会帮助我们解决。完成一系列的作业之后，"工友"在助理的协助下，会给我们出一个小测验。如果我们通过了，那部分教材就算学会了。我们可以自己决定做功课的用功程度，自己决定学习材料，自己选择完成学习任务的期限。因此，我们必须学会独立完成学习和工作任务。

不要以为这是一班子自由散漫的乌合之众。公社有一些非常严格的章程。比如每天早晨七点半到八点之间就要到"工场"参加集体活动。这在冬季寒冷的荷兰并不是一件很轻松的事。我们有自己的菜园，每天中午我们都留在儿童公社自己做午饭，有时候就是吃自己种的蔬菜和马铃薯，虽然煮得很难吃。此外，我们必须打扫公共卫生、修理损坏的家具、上油漆等。

还有社区活动。每星期开始的时候，大家集合在一起唱歌。盖思教我们很多歌曲，用不同的语言唱：英语、法语、德语、甚至俄语。他自己也谱写了不少歌曲。

每周都会举行一次全社孩子和大人参加的大会，一次年段小会。每个人都要在会上检讨自己一个星期以来的所作所为，其他人可以批评帮助。我们有一些绝对不能做的事，比如，在这个讲究男女平等的地方，女孩子不能踢的足球是被禁止的。有一次，我和几个男孩子偷偷溜到远处去踢球，结果被举报了。在那一周的全社大会上，我检讨了自己的错误行为，表示要改正。结果，另一个男孩子却站起来表示不服气，他认为足球是一种男孩子的活动，他就是喜欢，并骂我是伪君子。我非常生气，不理他。可是大家认为我这个态度也不行，虽然他的认识不对，我不应该计较，而是要帮助他改正。

我很喜欢儿童公社的团队精神，也逐渐适应那里的生活。只是刚开始时，因为我的木鞋和我的荷兰南部口音，大家都取笑我，不过，不久我就交上朋友了。我喜欢那儿的自由氛围，尤其是音乐。盖思对巴赫和海顿的清唱剧、莫扎特的安魂曲和许多其他著名的音乐作品都有研究，他办了一个合唱团。由于我的嗓音很好，也被选入合唱团演唱。我们学了巴赫的《马太受难曲》，我特别喜欢它，不久我就能背下全曲。我们还画画，做泥塑，想做什么就做什么。我不喜欢枯燥的算术和语法。我开始模仿母亲，着手写一本儿童书，当然没写成。

比尔托芬是一个富有的小城，周围有很多美丽的乡间别墅。儿童公社坐落在郊外，附近有一大片松树林。我们的大部分自由时间都花在森林里玩强盗和打劫的游戏。秋天，我们在树林里采集各种可以吃的菇和栗子。我特别喜欢那片松树林，每当我回到比尔托芬，那弥漫在空气中的清香总令我感到喜悦。

儿童公社的费用不低。村子里的学校是公立的，可以免费入学，而儿童公社是私立学校，必须付学费。交多少钱我不知道，我猜想有部分折扣，因为家里没那么多钱，而且母亲和盖思有点交情。记得我被一再告知，能上这所特殊的学校是多么幸运，我应该感激父母为我花了那么多钱，还有生活费。我刚开始住在学校宿舍，和许多从荷兰其他地方来的学生共住。我当时7岁，是年龄最小的一个。

如果说我曾经很想家，那我一定把这种情感抑制了，因为现在无论如何回忆不起来有那种感觉。实际上，当比我大的孩子哭着想父母、想回家的时候，我觉得他们太女气了。母亲一直教育我要成为一个坚强、有勇气的好男孩。我通过显示独立精神和自理能力来证明自己。儿童公社所在地比尔托芬镇在荷兰中部，那时从水手村到那儿要走很长的路。我刚入学时是先坐汽车到东宅镇，然后换马车到普纳冷。从那里有一趟小火车到阿姆斯特丹北面，之后坐轮渡到阿姆斯特丹火车站，乘火车到乌特勒支，最后换车到东边的比尔托芬。到了目的地后，还要走很长的路才到儿童公社。近一百公里路程，我们颠簸了一整天，到夜里才到达。

当然，第一次去是要有人陪的，但后来放假回家，我尽量自己解决部分或整个行程。我知道坐什么交通工具，会自己买票，当然我看不懂时刻表，所以每当我不清楚该坐哪班火车或汽车，在什么站台上下车时，我就问别人。能照管好自己，让我很引以为自豪。只是到了很久以后，当我自己的孩子7岁时，我才意识到那个年龄是多么幼小，才开始疑惑自己这段经历的意义。

我和石匠女儿不幸的初恋早已过去了，但在儿童公社，我又一次陷入绝望的单相思。这次我爱上的对象是盖思的小女儿玛雅，她大概比我大10岁，我非常崇拜她。她几乎不认识我，更不会知道我多么爱慕她。我的爱情持续了将近一年，最后病倒了。我想要是我生病了，就有人去告诉她，她可能会来照看我。结果我真的病了。那时，我们正在荷兰北部的一个岛上过夏令营，我马上被送回比尔托芬，让一个医生照料我。过了很久，这场相思病才逐渐淡忘。此后，我一次又一次地恋爱了，不过爱上的都是和自己年龄相仿的小女孩。我从没敢对她们表白，每次我都备受折磨。只有在成年之后，这个问题才不再出现。

我的哥哥威廉

父母决定把我送到儿童公社时，主要是考虑到我们住的地方没有适合我的学校。威廉听得这个消息，提出也要去。实际上，当时他已经17岁，而且辍学3年多，这时却出人意料地表示要重返课堂。

威廉在很多方面和我不一样。我总是很瘦弱，耽于幻想，而他却强壮、活跃，爱干活，喜欢动物和农场生活。尽管他很聪明，却有学习障碍，因为他不能拼读。这是我们家族的遗传症，我幸运地逃脱了这一厄运。在今天的西方社会，拼读困难症是一种常见的儿童教育问题，可那时的教育者不了解这一点。一个孩子如果有拼写和书写问题，就被认为是愚钝而不适合高级教育。我可怜的哥哥深受此害而离开了学校。那时候，荷兰的义务教育实施到14岁。所以威廉一到那个年龄，就请求父母允许他离开学校，去做一个农民。由于我父母没有农场，也没钱买农场，就让他先在附近大农场里干点农活。威廉喜欢他的新生活，学会了挤牛奶、剪羊毛，能双手同时提两大桶牛奶，及其他成年人干的体力活。

我母亲对此很高兴，也很自豪。她是个理想主义者，相信工人和农民比商人和知识分子强。她希望自己的儿子在新的社会主义社会里成长，而不是被培养成为资本主义的寄生虫。威廉想当农民正合她意。至于我，她希望我当个木匠或裁缝。有天分的话，也许当一个艺术家也不错。后来我上中学时，她常说她不希望我成为知识分子，而是希望我学门手艺，做自食其力的诚实工人。

威廉是个非常聪明的孩子，尽管有拼读问题，还是很喜欢学习。在农场干了两年后，他进了为年轻农民办的夜校。我就要离家的时候，他想也许儿童公社那种自由教育对他是个机会。于是，1942年的2月我们一起去了儿童公社。但他比我大得多，很快就交了许多和他同龄的朋友，压根没照顾我。后来，1942年7月，威廉年满18岁，被德国人征去做劳役。为逃避这次服役，他离开了学校，在阿姆斯特丹隐藏了起来。他还结了婚，生了儿子，以我父亲的名字克拉斯为孩子命名。在阿姆斯特丹期间，他继续自学，到了1945年阿姆斯特丹解放时，他顺利通过了高中毕业考试。因为他的数学成绩不错，秋季他考取了荷兰著名的瓦革宁亨农业大学。直到写毕业论文时他的拼读问题再度被发现。但由于总成绩出色，他还是拿到了学位，成为农业和食品领域的专家。我哥哥的大学教育对于母亲来说是个很大的经济负担，尤其在父亲1949年久病去世之后。尽管威廉没有成为她以前设想的工人或农民，她还是为他的成就感到骄傲。

父母的营救犹太人活动

我父母不仅是社会主义者，反对希特勒的纳粹政权，而且他们也尊敬犹太宗教和文化。根据荷兰的学术规定，父亲在1938年通过博士答辩时必须提出一些科学"见解"。在他的见解中有一条就是"反犹主义与信仰上帝是不可调和的"。同年，他还组织了"反对迫害犹太人"的活动。

在荷兰，第一次驱逐犹太人的事件发生于1942年。但在此之前，母亲已开始广泛联系群众，帮助并保护大批从希特勒统治下的德国逃亡过来的犹太人。她想以此来组织对纳粹的和平抵抗运动，因为她反对任何暴力行为。

1942年，我哥哥和我离家时，她请了一个木匠（是她的一位共产党朋友）到我们住的牧师馆修了一些秘密藏身处所，这在那栋满是犄角旮旯儿的老房子里并不太困难。经过改造后的房子，最多可以藏匿15个犹太难民。

母亲组织了一个地下抵抗网络，救助那些随时可能被送往集中营的犹太人。那时躲藏起来逃避德国人的捕抓被称作"潜水"，躲藏的人叫"潜水员"。我家是这些"潜水员"的中转站。每当母亲听说有人希望躲避德国人的驱逐，她就会安排这个人到我家，时间最好在邻居睡着的半夜。然后再设法在对她的事业抱有同情心的人群中寻找一个长久的藏身处。一般来说，这些人都是纯朴的当地人，会接待一到两个人，住上一段长短不定的时间。母亲在劝人们收留受迫害的犹太人时很有说服力，她的确救了不少犹太人。

1943年春天我从儿童公社回家过复活节，我先在阿姆斯特丹和母亲碰头，那是在市中心租的一间小房子里。那天晚上她告诉我，我会在家里遇到很多从未见过的人。她给我解释说，这些人处境危险，无论在什么情况下，我都不能对别人透露半点消息。不然的话，这些无辜的人就会遭到逮捕和杀害。她还说，她把什么都告诉了我，因为她知道我是个大男孩了，告诉我这个秘密是对我的信任。

我完全明白我的责任，也确信自己能够不辜负母亲对我的信任。那些避难的人分散在我们房子的每个角落，男女老少都有。白天，那些人都聚集在客厅或其他地方，母亲则忙于照管他们。一旦有外人来访，大家立刻躲起来。幸运的是，我们的牧师馆和教堂是在旷野里，单门独户，白天有人来，老远以外就能看见。而且，母亲在邻近东宅镇的关系网一发现可疑的事或有可疑的人朝我们的方向走来，会提前给她打电话报警。

母亲必须照料那些难民，给他们提供食物。她不能过于依赖附近的农民，因为这会引起怀疑。于是她自己骑自行车去其他地方的市场和农场找食品。在一次雨天回家的路上，她被一辆马车撞倒了，车轮碾过她的腿和脚踝，造成了骨折。母亲折断的脚踝复位后打上了石膏。当时她本该好好休息，这样她的脚和踝骨才能康复。但她忙得没时间休息，伤势刚有好转就马上骑着车为了那些犹太难民的事到处奔走。

许多人来过我家，我只记得其中的几个。我非常喜欢霍夫曼夫妇，他们在我家呆了很久，因为霍夫曼太太怀孕了。她临产时，母亲以一位地下网络朋友的名义安排她住进了附近的一所医院。孩子出生后，母亲为他们找了一处永久"潜水"的地方，一直住到战争结束。战后，我们之间一直保持很好的友谊。

大部分在我家避难的人时间都很短，我没见过或记不得了。战后许多年，有时会听到有人说他们曾经在我家逗留过。比如，母亲救过的路得·李普曼，她不仅是犹太人，还是德国共产党的一名重要成员。希特勒上台后，这位非凡的女士逃到了荷兰，化名"路得·斯托克"从事营救犹太人的地下工作。她以惊人的勇气冒着生命危险在欧洲大陆甚至德国活动，营救她的犹太同胞。当时，她在德国已被判了死刑。她后来住在苏黎世，在她83岁时出版了一本自传，其中讲述了1943年她遭到盖世太保的疯狂追捕，到处"潜水"而找不到安全的地方。她写道：

> 我给水手村的牧师馆打电话，问他们能否收留我。牧师的妻
> 子马上说可以，并告诉我去她家的详细路线。这个电话被盖世太
> 保监听了。
>
> 我早就听说过这个牧师和他的妻子，因为他们一直在帮助营
> 救犹太难民。他们警告我那里迟早会被发现，但他们还是随时准
> 备接纳我。我以前从没见过他们。牧师是位虔诚的教徒，荷兰有
> 不少这样的人。他的妻子特别活跃，庇护犹太儿童和地下抵抗组
> 织者的孩子，我在那儿的时候，满屋子都是孩子。
>
> 就在我到达的那天夜里，牧师正在楼下上教义课，突然来了
> 两车党卫军，他们搜查了整座房子。在最后一刻，汉妮把我塞进
> 了一个存放衣物的大壁橱里。这是唯一一个没被搜查到的地方！
> 一名党卫军在壁橱前走来走去，透过橱门的缝隙我能看见他的高
> 筒黑皮靴。外面闪着亮光，壁橱里一片漆黑。在恐惧和战栗中，
> 我侥幸躲过了这一劫难。施佩尔夫妇确实令人敬佩。（路得·李普
> 曼：《也许幸运不仅是偶然的》）

当我在几年前第一次读到这一段文字时，突然记起母亲五十多年
前跟我讲起的同一件事。她说党卫军的突然搜捕是因为有一个正被通
缉的叫"斯托克"的女人躲在我们家。有人看见她了，报告了盖世太
保。他们到村子的时候，母亲看见了汽车的灯光，及时地把路得藏到
了一个隐蔽的地方。德国人进屋的时候，母亲哭喊着："啊，太可怕
了！你们来抓我儿子了。"（我前面说过，我哥哥被德国人征了劳役躲
藏起来了）当军官声明他是来抓犹太女人时，母亲假装不明白他在说
什么，认定他和他的部下是来抓我哥哥的。她哭闹了很长，使德国人
将信将疑，认为房间里没有犹太人。他们最后搜查了一遍房子，但不
太彻底，所以没有找到路得。第二天，路得被偷偷地转移出来，带到

一处长久的藏身之地，在那里一直待到战争结束。

　　我不知道路得为什么写"房子里到处都是孩子"。她一定是见到了铁欧，一个9岁的犹太男孩，他刚刚来到牧师馆，就在家里无拘无束地走来走去，因为我父母对外说他是我家的小亲戚。我不认识其他的孩子。路得当然没有见到所有藏在我家的人，因为晚上他们已经到藏身处休息了。比如，霍夫曼夫妇那时也躲在我家。盖世太保没有发现他们。路得说，她的藏身之处是唯一没被发现的地方，她说错了。

　　铁欧是个犹太男孩，他母亲把他托付给我父母。她是个年轻的女人，嫁了一个上了岁数的犹太富商。他被捕了，年轻的妻子和年幼儿子逃脱了。后来她遇到一个积极从事地下抵抗运动的荷兰青年，两人决定把孩子送到别的地方住比较方便。所以铁欧在1943年的春天就到我家了，当时我还在儿童公社。我回家过复活节时，他已经在家里住了一段时间了。我们经常在一起玩。铁欧比我大半岁，在很多方面比我成熟。他在城里长大，家庭富有，见识比我广。他不抱怨在牧师馆的生活，但他一定觉得这里的日子没有他所习惯的那种生活那么舒服。他也很想念父母。

　　路得·李普曼的事情发生后，母亲决定多加小心，至少一段时间内，不再安排"潜水员"了。但在那一阶段，搜捕犹太人的活动愈演愈烈，很多人在逃命，不久我家又和从前一样挤满了人。1943年6月，灾难降临了。半夜时分，纳粹进行了第二次突袭。出卖我们的可能就是同村人，在那时这样的告发能得不少奖金。这次来了10个党卫军，几个守在房子外面，其他人进屋搜查。他们当中不仅有德国人，还有荷兰人。所有的犹太人已经藏了起来，但铁欧是作为亲戚留宿的，就睡在我的床上。一个荷兰人唤醒了他，和蔼地问他："我们知道你是谁，你是从阿姆斯特丹来的犹太孩子。"铁欧从睡梦中醒来，回答说："是的。"那人把他从床上拉下来，让他穿上衣服，然后把他抱在腿上，拿出一块巧克力，对他说："你告诉我别人藏在哪里，这块巧克力就归你了。"铁欧说出了所有人的藏身之处，他们都被捕了。他们还问他自己的妈妈在哪里，还有和她同居的年轻男人的名字，他也说了出来。

当时有6个犹太人，算上铁欧是7个人藏在屋子里。他们被集合起来，带到了客厅，靠墙站成一排。突然，有人从窗户跳到花园，跑掉了。他藏在房子附近芦苇塘的浅水里，死里逃生。

剩下的人被押上汽车送到了阿姆斯特丹。父亲被关进了阿姆斯特丹的中心监狱，犹太人则被带到临时拘留中心，一个叫"荷兰剧院"的地方，在那里等着被送到集中营。铁欧也被带走了，被关在离荷兰剧院不远的一个关押犹太儿童的地方。母亲那天晚上没在家，她在前一天去了荷兰中部一个地方为难民收集假身份证，所以才幸免于难。

几天后，母亲乔装改扮，拿着别人的身份证去了铁欧的关押中心。她自称是铁欧家的邻居，说给铁欧带了去德国的钱和衣服。由于犹太人的大部分私人物品都被没收，门卫也得到一部分，所以他放我母亲进去。她在大厅里很多孩子中间找到了铁欧，悄悄地把他带出了那个地方。她具体怎么做的，我也不清楚。铁欧1970年去世前在回忆录中写道：他们从一个后门走了出去。就这样，铁欧死里逃生。其他在我家被捕的犹太人没有一个从集中营生还。至于父亲，他被拘留了很长时间，勉强躲过了死刑。他很文弱，身体不好，1944年从人满为患的监狱里释放出来。出狱后，他继续与地下抵抗组织联系，再次被捕。他又一次躲过了死刑，最后获释。

躲藏时期

事件发生后，母亲到了比尔托芬的儿童公社来告诉我家里出了事。我当时正住在一个"工友"的家里。我仍然清楚地记得她从我们住的巷子里走过来的样子，以及她讲述事情经过时的严肃表情。那时，盖世太保已经确认在我家藏匿犹太人的主犯不是腼腆、不食人间烟火的父亲，而是母亲。因此，他们对她下达了逮捕令。

母亲并不是我家唯一被追捕的人。哥哥威廉也因躲避德国人的劳役藏了起来。他用假身份证和妻子、儿子克拉斯藏在阿姆斯特丹犹太区一所废弃的房子里。犹太区原来的居民不是被抓到集中营，就是躲藏起来了。母亲在离哥哥家不远处，阿姆斯特丹王子河旁边的一座老式房子的阁楼上找到自己的避难所。那屋子还躲着另外一对犹太夫妻。

母亲是阿姆斯特丹人，她的大哥也住那儿。他叫达科·高柏，是位杰出的古典文学学者，后来又学了心理学，他建立的心理测量研究所是欧洲最早的心理研究机构之一。他还是荷兰共产党的核心人物，一名坚定的和平主义者。他的两个儿子，长子布冉、次子沙柏和我母亲同一时期加入了反纳粹运动。这两个当时只有17岁和19岁的年轻人，选择了武装抵抗。两人都是共产党抵抗组织"CS-6"的成员，他们的目标是除掉纳粹的重要领导人及其同伙，营救犹太人。

布冉帮助犹太人搞假身份证，并组织他们从荷兰逃到安全的地方。他协助了一大批犹太人逃出荷兰，经比利时和法国前往瑞士。1943年夏天，他在荷兰和比利时的边境被捕。

他的弟弟沙柏在阿姆斯特丹市中心一个放映德国宣传影片的剧院里放了一把火，当时剧院没有人，但整个建筑全烧毁了。这让他大为有名。后来，1943年8月19日，沙柏参加一次刺杀行动，干掉一个经常把犹太病人出卖给纳粹的罪大恶极的医生之后，他骑上自行车逃走。不幸的是，一个擦窗户的人听见有人叫喊，低头看见一年轻人骑着车在街上飞奔，误以为他是贼，就把梯子横在路上，阻止他逃跑，沙柏跌倒被抓。擦窗人事后知道自己的过错，后悔不已。布冉和沙柏受到严刑拷打，他们和他们的其他战友一起在1943年10月1日惨遭杀害。今天，阿姆斯特丹有一个以沙柏·高柏命名的公园。

母亲在阿姆斯特丹藏身的时候，我还待在儿童公社。到了暑假，母亲带我和一个我在公社的同学去荷兰南部的一个农场。这个男孩叫山姆·赛格尔。他的父母是阿姆斯特丹的犹太工人，全家都被逮捕，只有山姆在最后关头被他母亲托付给一个朋友，后来辗转到了儿童公社。战后他家只有山姆和他的一个妹妹幸存。

山姆是一个小天才。当时我们有好几个男孩子一起住在一个"工友"家，山姆是我们的头。在学校里他是好学生，不仅数学好，还会写诗，大家都赞扬他，喜欢他。他也是我们去村里的小铺子偷糖果和其他小东西的领头人，还为此发明了一种只有这一拨子人听得懂的联络暗号。山姆甚至会用在我看来十分复杂的零件装配收音机。由于我是最小的一个，那些大男孩往往不让我参加他们玩的把戏。我非常想演示一下他们的技艺，等他们偷东西被逮住受罚时，才有机会自己单枪匹马去碰运气，结果当场被抓，大大吃亏。

我们去的南部那个农场相当穷。我不清楚他们为什么会收留我们，他们让我们呆在一个废弃的鸡舍里，在水泥地上铺些稻草，晚上我们就睡在稻草上。我们用一个小煤油炉做饭，但没什么可煮。还好，那位肥胖的农场女主人对我们很友善，有时会给我们一片烤面包。这就算是款待了！卫生条件很糟糕，我记得一天早上醒来，听到稻草下面有吱吱声。我翻开稻草，想看看是什么东西叫，结果看到了一窝刚刚出生的小老鼠！

我们在田野里玩耍，或讲故事打发时间。和其他孩子一样，我们也找各类死掉的小动物、小虫子给它们举行葬礼。我们还唱儿童公社学来的各种歌曲。我记得有一天我们正唱得带劲的时候，母亲从田里朝我们走来，挥着一张报纸高兴地喊："盟军占领意大利了，墨索里尼下台了。"那应该是1943年7月25日前后。

中国话语表达与跨文化对话

——"国学与跨文化研究中心"成立典礼暨"新时代国学传承和发展研讨会"述要

赵建永　耿静波

2018年5月19日，天津社会科学院召开"国学与跨文化研究中心"成立典礼暨"新时代国学传承和发展"学术研讨会。来自中国社会科学院、中共中央党校、北京大学、山东大学、南开大学、天津大学、华东师范大学、曲阜师范大学、美国夏威夷大学等海内外著名高校、科研机构的五十余位专家学者参加此次大会。上海社科院党委委员、副院长何建华研究员，获知会议消息，立即改变了原定行程安排，从敦煌辗转赶来参加本研究中心揭牌典礼并作主题演讲。会前，天津社会科学院党组书记、院长史瑞杰见了来参会的何建华研究员等嘉宾代表，并亲切交谈。

本次会议收到贺信、贺词和书画赠品三十余件，因事无法到场的嘉宾亦委派代表出席：北京大学"跨文化研究中心"主任乐黛云教授赠送她主编的跨文化研究新书，题写贺词"祝国学与跨文化研究中心在全世界大放光辉"，并受聘担任"国学与跨文化研究中心"顾问。年届88岁的她虽难以到场，但特意委派弟子张锦代表其致辞。中央文史馆馆员、山东大学易学与中国古代哲学研究中心主任刘大钧教授寄来巨幅书法贺词"崇德广业"[①]，派代表李尚信教授出席会议并作发言。北京大学《儒藏》编纂中心负责人李中华教授发来贺信，派代表李畅然

---

① 出自《周易·系辞上》："子曰：《易》，其至矣乎！圣人所以崇德而广业也，知崇礼卑。崇效天，卑法地。"大意是，《周易》终极目的在于教导人们效法天地，崇尚道德修养，升华自身品德，广博地拓展功业，济世利民。

副教授（汤一介先生原学术秘书）出席。中央党校督学组督学、中国哲学教研室主任乔清举教授发来贺信，派代表李兰芳博士出席并发言。中央党校哲学教研部教授、领导干部学国学促进会会长、中国实学会会长王杰教授致贺信，派代表牛冠恒博士出席并发言。"汤用彤书院"院长雷原教授发来贺信、赠送书画，委托执行院长陈大为出席并代表全国各省市汤用彤书院、汤用彤纪念馆、汤用彤国学院、汤用彤学术奖评委会等机构发言。南开大学历史学院教授、天津国学会会长朱彦民先生赠送书法贺词"传承国学、赓续文明"，并做会议发言。

此外，北京大学著名学者许抗生、王守常（题辞"知行合一"）、干春松等，四川大学老子研究院院长詹石窗教授，武汉大学哲学院院长吴根友教授，华东师范大学哲学系原系主任郁振华教授，发来贺词、贺信。还有南开大学历史学院、河北社科院哲学所、江苏社科院哲学与文化研究所、湖南社科院哲学所、北京大学天津校友会、南京大学天津校友会等高校、科研单位和社团的相关部门发来贺信。

天津社科院院长史瑞杰教授为大会致开幕辞，首先对参加本次大会的领导、专家学者、媒体朋友表示欢迎，接着介绍了成立"国学与跨文化研究中心"的目的与意义，指出研究国学精粹、传承优秀传统文化，对于牢固树立文化自信、建设社会主义文化强国的重要意义。史院长还就天津社科院奋力推进综合性高端智库建设的各项举措向来宾作了简要介绍。他在回顾天津社科院历来有重视国学研究的学术传统时说：

> 历史上，我院曾涌现过杨柳桥、卢育三等一大批在国学研究领域有重要影响的著名学者。近年来，我们在奋力推进综合性高端智库建设的同时，积极加强基础学科建设。我们的哲学、历史、文学等研究所都取得长足发展，在国学研究领域形成了一支结构合理、素质优良、成果突出、在学界有特色有影响的人才队伍。一批功底深厚、训练有素、学有专长的中青年学者成长起来，赵

建永研究员就是其中一个代表。为了延续我院在国学研究领域的传统和优势，发挥我院学者的学术专长，汇聚人才队伍，拓展发展空间，搭建国学与跨文化研究的开放性平台，我们院党组研究决定，以赵建永研究员等同志为学术骨干，依托哲学研究所，联合院内外学者，成立"国学与跨文化研究中心"。

研究中心成立的揭牌仪式由天津社科院党组成员、副院长钟会兵教授主持，史瑞杰院长与何建华副院长共同为中心揭牌。

何建华副院长在揭牌典礼致辞中结合中国改革开放四十周年的实践，强调在新时代传承和发展国学的重大意义，他认为，成立"国学与跨文化研究中心"体现了"三恰"：

一是恰逢其时。改革开放40年创造的史诗般奇迹，使我们国家从经济濒临崩溃的一穷二白绝境中奋起，取得举世瞩目的巨大发展成就，同时也极大地增强了国人的文化自信与文化自觉，文化建设迎来大发展大繁荣"黄金期"，国学与跨文化研究也迎来大好机遇。

二是恰如其分。赵建永研究员师承燕园汤一介、乐黛云教授，长期浸润在汤用彤先生的文献整理与学术成果之中，具有较为深厚的学术积累，可说是深得北京大学国学与跨文化研究的真传，由他主持该中心学术研究再合适不过。

三是恰到好处。天津社科院领导慧眼独具支持成立该中心，可以说是京津冀协同发展在学术研究、智库建设、人才培养上实现协同发力的一个创举；同时也顺应新型智库建设趋势，着力打造由领衔专家主导的研究团队并从人财物多方面支持，有利于促进基础研究与应用研究相向而行的智库团队建设；该中心还是一个国学与跨文化研究的开放型平台，可以有效整合京津冀以及华北的研究力量，并向全国学界拓展融合，未来可期。

"国学与跨文化研究中心"主任赵建永研究员就本中心的成立缘起、工作规划和研究主旨等作了说明，他讲道：

> 中华优秀传统文化是中华民族发展腾飞的丰厚滋养，是社会主义先进文化的不竭源泉。面对传统，我们应梳理出重要思想观念的历史渊源、发展脉络和基本走向。同时，我们必须面对新时代的问题，在跨文化对话视域下寻求传统文化的现代诠释和转化，使之能够为解决现代问题提供思路和方案，以实现中华优秀传统文化的创造性转化与创新性发展。

揭牌仪式结束后，由天津社科院哲学所所长杨义芹研究员主持"新时代国学传承和发展"学术研讨会。上海社科院副院长何建华研究员，华东师范大学艺术研究所汤胜天教授，中国社会科学院外文所《外国文学评论》副编审、《跨文化对话》日常工作负责人张锦，山东大学犹太教与跨宗教研究中心主任、长江学者傅有德教授，中共天津市委党校人事处处长张健教授，分别以《新时代呼唤跨文化汇聚融合创新》《跨文化与立本之道——兼谈中西文化艺术观的会通》《中国主体、世界问题——乐黛云先生跨文化方法论初探》《关于比较方法的几点看法》《跨文化视阈与新时代条件下中华文化的话语表达》为题，作大会主题报告。

上海社科院副院长何建华研究员在报告中指出，国学与跨文化研究应当跨越古今中外、繁简雅俗，共同建设全人类跨文化共同体。他说："记得两年前，我与汤胜天等一同在燕园拜访我国跨文化学科开创人乐黛云教授。乐先生与我们畅谈东学西渐与西学东渐文化交流的时空变化，畅谈面对全球动荡不宁局面与文化融合促进人类和平进步，畅谈中华文化博大精深以及如何为全球文化融合发展作出贡献等，使我们充分领悟到国学与跨文化研究的重要性。赵建永研究员师从汤一介、乐黛云先生，近二十年来以道法自然、返本开新、转识成智为宗旨，潜心研习国学、跨文化比较、传统现代化等多领域研究，具有深厚的学术积累。由赵建永领衔天津社科院国学与跨文化研究中心，是作为学府殿堂的北京大学国学与跨文化研究的血脉传承延伸，是京津冀协同发展战略在学术领域的一个协同发展创举，未来值得期待。"

海派艺术名家汤胜天教授筹建多年的千帆堂田园美术馆即将于次日举办揭幕仪式，他依然在百忙之中来津参会。在演讲中，他展示了赠送的画作和墨宝题辞"能使雄文通造化，更开至道悟刚柔"，并结合汤用彤与汤一介会通中西的思想讲述了自己的文化艺术观。他还以创办田园美术馆的实践为例，对此加以说明："当下有不少国外艺术群体以大地艺术为概念，制造出形形色色的文化概念和艺术作品，眼下中国正在兴起社会主义新农村、美丽乡村及田园综合体的建设，更需要文化艺术宏观策略来推动中国农村的经济发展，用属于自身文化的发展去影响世界。很多学者提出了很多方案似乎依然在抄袭西方或源自西方，而没有用中国的哲学思想与文化本源去思考问题。因此，我想以实际行动创立一种示范，在乡村的田园搞美术馆，在农村的大地上做中国观念的大地艺术，成败与否还在实验进行中。"

张锦副编审结合乐黛云先生著作《跨文化方法论初探》，介绍了她对乐先生所创立的比较文学与跨文化研究学科这一学术事业的理解与感悟。她说，乐先生一直非常关心全球化，关心全人类和睦共处的问题，其视域超越了一时一地的诉求。先生在论述民族性问题的时候，心系世界在新千年的走向。她与汤一介先生反复强调"文化自觉"，一方面是为了对自身文化进行自觉的反思和整理，另一方面也是希望中国文化能为世界新价值的建构提供有益的元素。对乐先生而言，现实问题一直是其思考的出发点，她的理论总是面向实践的，她对方法论和理论问题的关注也总是联系着文化与世界政治、经济、科技实践的关系。所以跨文化对话并不是一个学院派的理论设想，乐先生分别从两次世界大战的惨痛记忆、文化冲突的危机、互联网、哲学的转向等方面详述了展开跨文化对话议题的紧迫性和重要性，它既关系到当下互联网新媒体所造就的地球村现实，也关系到影响现代世界格局甚深的历史现实，同时又关系到哲学层面的思维转向。

会议围绕国学的传承创新和时代使命、国学和跨文化的内涵及其研究方法、文化软实力提升、人文和科学关系、跨界融合发展、国学的世界意义等问题进行全面探讨，并提出今后展开合作的计划。对于国学和跨文化的定义，赵建永提出：

> 狭义上的国学是指民族传统文化，在广义上则指中华文化、中国学，亦即国家全部学术文化的总称，这既包括古典传统，也包括新中国的新文化传统。跨文化研究，也称比较文化研究，是指通过研究比较各种文化现象，以揭示其本质特征和发展规律。

南开大学哲学院韩强教授、南开大学哲学院翟锦程院长委派来的院长助理卢兴副教授、天津大学文化与历史研究所长王杰教授、华北电力大学国学研究中心主任王威威教授等踊跃发言。北京大学人文社会科学研究院项目负责人孟繁之先生，结合自己对周一良等天津历史名人家学史的研究，提出加强对文化世家的整理研究。国家级非物质文化遗产泥人张第六代传人、泥人张世家绘塑老作坊总经理和泥人张美术馆馆长张宇先生也委派了助理王晶参加会议进行交流探讨。展开文化世家研究，推进家风、家道建设等问题进行研究，将成为国学与跨文化研究中心的一项重要工作。

中华优秀传统文化是我们民族的文化之"根"，是繁荣发展中国特色社会主义文化的源头活水。习近平总书记在党的十九大报告中指出，要"深入挖掘中华优秀传统文化蕴含的思想观念、人文精神、道德规范，结合时代要求继承创新，让中华文化展现出永久魅力和时代风采"。习近平总书记还在"纪念马克思诞辰200周年大会"上的讲话中强调，要"推动中华优秀传统文化创造性转化、创新性发展，不断提高人民思想觉悟、道德水平、文明素养，不断铸就中华文化新辉煌"。这对我们哲学社会科学工作者，特别是国学研究者指明了前进方向、提出了具体要求。天津社科院"国学与跨文化研究中心"的成立、"新时代国学传承和发展"学术研讨会的召开，正是应新时代发展要求、落实中央决策部署的重要举措，也是我院联合院内外学者为坚定文化自信、传承中华文脉、建设文化强国贡献力量的重要举措。

与会学者一致认为，弘扬国学既要保持它的传统性，也要彰显其时代性，这就需要在全球化浪潮中展开跨文化对话。汤用彤和汤一介父子的思想"承百代之流而会乎当今之世"，融贯中、西、印三大文化系统，他们与乐黛云教授都是国学与跨文化学科的开拓者。经过广泛而热烈的讨论，本中心的研究理路更加明确，拟在尽快整理出版汤用彤、汤一介遗稿的同时，以梳理其学术思想为切入点，延伸到相关学科：

一、在汤用彤、汤一介对汉魏两晋南北朝儒道释研究的基础上，进一步梳理三教关系史和中华思想史。

二、通过对汤用彤、汤一介及其师友们的研究，将范围拓展到近现代文化史及中外文化比较方面。

三、藉由研究汤学，进而扩展到宗教学、文化哲学等领域。

本中心研究宗旨，与汤学一脉相承，且重在发展，故以"国学与跨文化"命名。此名内容涵括极广，最契合我们的研究专长和积累，也整合了汤用彤、汤一介、乐黛云诸师毕生研究的旨归，因而独具特色。工作具体内容是：国学的创造性诠释和现代转化，古今中外智慧的跨文化整合研究。重点致力于国学智慧的生活化、实践化、学以致用以及外来文化的中国化、文明交流互鉴规律的总结。

"国学与跨文化研究中心"的成立，是天津社科院拓宽学术研究平台、创新科研管理模式的一次有益探索。本研究中心的宗旨和方向，正如中央党校督学组督学乔清举教授在贺信中所指出的：

全面建成小康社会进入攻坚阶段，中华民族的伟大复兴踏上新征程。继往开来，贞下起元，凤凰涅槃，再度腾飞。民族的复兴需要文化的复兴作为支撑，民族的复兴也表现为文化的复兴。"国学与跨文化研究中心"的成立，可谓正当其时！研究中心"昌明国粹，融化新知"的宗旨，很好地落实了"不忘本来，吸收外来，面向未来"的中央精神。

"国学与跨文化研究中心"立足于天津社科院深厚的学术积累，积极传承中华优秀传统文化，必将为新时代的文化繁荣发展贡献力量！

"汉语的本质及其文化转场"国际研讨会暨
第十三届欧洲孔子学院汉语教师与本土教师培训

张 强 陈云云

法国阿尔多瓦大学孔子学院自2008年举办第一届欧洲汉语教师培训至今，一直从欧洲与中国两个角度，以教师培训和国际研讨会为双轨开展工作，为欧洲孔子学院汉语教师提供一个独特、高端、探索真问题的平台。2020年7月1日至2日，法国阿尔多瓦大学学院举办"'汉语的本质及其文化转场'国际研讨会暨第十三届欧洲孔子学院汉语教师与本土教师培训"远程视频会议，已是连续十二年举办这项活动。培训集微观教学、现代汉语教学和古文研究与宏观的历时性与共识性汉学论题研究为一体。不仅是基础的技术培训，更是跨学科、跨文化高端学术交流。本次会议主要由欧洲汉语教师参加，并邀请母语和学科背景相异的汉学家与孔院院长出席，远至琉璃旺岛和日本大阪大学也有师生参加。

法国国民教育部汉语原总督学、欧洲汉语教师协会主席、阿尔多瓦大学阿尔多瓦孔子学院欧洲汉语教师培训中心学术主任白乐桑参与主持会议。白乐桑的主题发言为《一元性或二元性：构成汉语国际教学法的根本分歧》，他认为，自20世纪五六十年代开始，对外汉语教学总体是复制西方语言教学模式，把汉字当成字母来教，将汉字仅作为服务于语言的书写记事工具，使汉字沦为语言的"傀儡"。汉语教材以及初级汉语教学过程中使用低频词，严重影响了汉语国际教育的效率。汉语教材和教学都不应违背外语教育最基本的规则：经济原则。经济原则是绝对不要分散，避免在中文学习的初级阶段教授低频词。白乐桑认为，文化语言的交流，要避免"自我中心主义"，需跨文化思考。我们中文国际教育有待进行一场哥白尼的革命，即汉字和语言位置的重新审视，汉字不从属于话语。

意大利罗马大学校长马西尼的主题发言题目是《中文教学是否应该因人而异或因时而异？我们应该如何应对后疫情时代的中文教学？——在不同语种中语言教学适应性的反思》。比利时根特大学东方语言与文化系巴得胜教授的主题发言题目是《讲授佛教汉语：不仅仅是教一种语言》。比利时蒙斯大学张国宪的发言题目是《听觉强化正音法简介及其在对外汉语教学中的运用》，他运用索绪尔的结构语言学语言观，结合心理语言学、语音学、音系学理论，提出一种接近自然语言本质的外国人学外语的语音介入法。日本关西大学内田庆市教授在题为《文化交涉学与语言文化接触》的主题发言中，把狭义的跨文化交际现象放到"文化交涉学"的广义框架中讨论，通过详实的资料，论证"文化尊重"的论题。93岁的汪德迈先生以《汉字的语义》为题，阐释汉字的属性，以及汉字如何成为思辨性文字。罗马大学孔子学院院长张红在《以汉语教学进行中意文化的新型对话》的发言中，从宏观和微观两个角度，介绍了意大利汉语教学的发展情况。法国阿尔多瓦大学孔子学院院长金丝燕教授以《文化转场：〈古文言读本〉研究》为题，探讨了汉语教材以"经史子集"分类原则进行文本的选择、编辑和文言文教学的文化转场问题。

这次国际会议是一次围绕着汉字展开的跨文化实践，并将在未来不断拓展。

作译者简介

List of Author and Translator

王　宁　北京师范大学教授
Wang Ning,Professor of Beijing Normal University.

潘公凯　中央美术学院教授
Pang Gongkai,Professor of Central Academy of Fine Arts.

王一川　北京师范大学教授
Wang Yichuan,Professor of Beijing Normal University.

董晓萍　北京师范大学教授
Dong Xiaoping,Professor of Beijing Normal University.

〔日〕陶德民　日本关西大学教授
Tao Demin,Professor of Kansai University,Japan.

陈越光　北京师范大学研究员
Chen Yueguang,Joined researcher of Beijing Normal University.

〔法〕裴　程　法国国家图书馆特藏规划部部长
Pei Cheng,Chef du Projet Richelieu,BnF.,France.

杨明明　上海交通大学外国语学院教授
Yang Mingming,Professor of Shanghai Jiaotong University.

〔德〕旷思凡　德国科隆大学教授
Stefan Kramer,Professor of Köln University,Germany.

董琳璐　上海外国语大学讲师
Dong Linlu,Lecture of Shanghai International Studies University.

〔日〕中地义和　东京大学教授
Nakaji Yoshikazu,Professor of University of Tokyo,Japan.

陈嘉琨　南京大学博士研究生
Chen Jiakun,Ph.D. student of Nanjing University.

高　方　南京大学教授
Gao Fang,Professor of Nanjing University.

〔美〕蒂埃里·莱热　美国肯尼索州立大学教授
Thierry Leger,Professor of Kennesaw State University,U.S.A..

蔡德馨　南京大学硕士研究生
Cai Dexin, MA student of Nanjing University.

张　璐　南京大学副教授
Zahng Lu, Associate professor of Nanjing University.

杜佳澍　中南大学副教授
Du Jiashu, Associate professor of Central South University.

谢开来　广东省社会科学院助理研究员
Xie Kailai, Assistant researcher of Guangdong Academy of Social Science.

刘梦秋　北京大学硕士研究生
Liu Mengqiu, MA student of Peking University.

〔法〕金丝燕　法国阿尔多瓦大学教授
Jin Siyan, Professor of University of Artois, France.

〔瑞典〕施舟人　荷兰莱顿大学名誉教授
Kristofer Schipper, Professeur émérite à l'Université de Leyde, Suède

赵建永　天津社会科学院研究员
Zhao Jianyong, Professor of Tianjin Academy of Social Sciences

耿静波　天津社会科学院副研究员
Geng Jingbo, Associate professor of Tianjin Academy of Social Sciences.

张　强　南京大学派出法国阿尔多瓦大学孔子学院中方院长
Zhang Qiang, Chinese director of Confucius Institute sent by Nanjing University to University of Artois in France.

陈云云　南京大学派出法国阿尔多瓦大学孔子学院教师
Chen Yunyun, Chinese teacher of Confucius Institute sent by Nanjing University to University of Artois in France.

《跨文化对话》投稿须知与用稿体例

一、投稿须知

1.《跨文化对话》网络投稿平台：http://www.pkujccs.cn。此为高校人文科学期刊平台，坚持学术性、公益性，不收取任何版面费，所有来稿一律通过本网络投稿平台寄送。

2.来稿作译者，均请提供作译者的姓名、通信地址、电话和电子邮件地址（中英文）。

3.中文原创稿件，论文题目、作者简介（姓名、工作单位和职称），需附英译文。

4.中文译稿，论文题目、作者与译者简介（姓名、工作单位和职称），需附英译文。同时，务请附上稿件的原文，提供审稿时查核。

5.所有稿件，附内容提要（中文200字以内）、关键词（中文20字以内）。

6.来稿请用 Word 格式和PDF电子文档两种形式，压缩成ZIP文件，上传至本期刊网络投稿平台。

二、用稿体例

1.稿件正文格式。使用五号宋体，1.5倍行距。

2.标题级别。标题级别顺序为："一、""（一）""1.""（1）"。

3.引文。稿件中的引文，务请核对准确。一般引文，采用页下注形式，注明完整文献出处信息。重点引文，可采用成段引文格式，仿宋体，上下各空一行，左缩进两字，注明完整文献出处信息（参考本部分第6条和第8条）。

4.注码。正文中的注释，采用页下注连续编码的形式（每页从①起），注码排在所注文字的右上角，按数字序号（①、②……）排列。译者注，请特别注明（如：雅克·勒芒尚，法国戏剧评论家。——译者注）。

5.译文中的外文文献处理：（1）注释若只是注明文献出处，则不必译成中文，全部保留外文内容即可。（2）注释中若有作者的论述性或说明性文字，那么这部分文字应译成中文，而涉及原始文献的出版信息（如作者名、书名或文章名、出版社名称等），应括注在相应的译文后面，以便读者溯源外文原始文献。

6.中文图书的注释格式。作者（外国作者的国籍用六角括号表示）、书名、译者、出版社、出版年、页码（如：〔美〕伯克：《法国革命论》，何兆武等译，北京：商务印书馆，1988年，第47页）。期刊注释格式为：作者（外国作者的国籍用六角括号表示）、论文篇名、刊名、出版年，期号、页码（如：〔美〕成中英：《论〈周易〉作为本题诠释学的全面的"观"及其意义》，《国际易学研究》，1995年第1期，第156页）。如需注作者朝代，用四角括号表示。

7.中文书刊名和文章篇名均使用书名号；外文书名、期刊名均使用斜体，外文文章名用双引号。

8.西文书籍和文章的完整注释格式如下：

专著类：

Raymond Williams, *Keywords*（New York: Oxford University Press, 1984），pp.184-186.

Herbert Spencer, *Principles of Sociology*, vol. I, 3rd. ed.（New York: Appleton, 1895），pp.44, 437.

篇章类：

William Wordsworth, "Lines Composed a Few Miles above Tintern Abbey", in *William Wordsworth: The Poems*, vol. I, ed. John O. Hayden（New Haven: Yale University Press, 1981），p.361.

编辑类：

Henry D. Thoreau, *Walden*, ed. J. Lyndon Shanley（Princeton: Princeton University Press, 1971），pp.12, 112-114.

Frederick L. Gwynn and Joseph Blotner, eds., *Faulkner in the University*（New York: Vintage, 1965）, p. 199.

翻译类：

Henri Lefebvre, *The Production of Space*, trans. Donald Nicholson-Smith（1974; Oxford: Blackwell, 1991）, pp.222-225.

期刊类：

Louise Westling, "Virginia Woolf and the Flesh of the World", *New Literary History*, 30（Autumn 1999）, pp. 855-876.

James C. McKinley, Jr., "A Tiny Sparrow Is Cast as a Test of Will to Restore the Everglades," *New York Times*, June 5, 1999, sec. A, pp. 1, 19.

重印书：

John Muir, *Our National Parks*（1901; rpt., Madison: University of Wisconsin Press, 1981）, p.125.

资料来源：

Lawrence Buell, *Writing for an Endangered World: Literature, Culture, and Environment in the U.S. and Beyond*（Cambridge, Massachusetts, and London, England: The Belknap Press of Harvard University Press, 2001）, pp. 267-340.

9.译名。来稿中的译名，需采用学界或国内读者熟悉的通译或惯用译名，若无通译或惯用译名，请参照《大英百科全书》（中文版）、《世界人名翻译大辞典》、《世界地名译名手册》以及商务印书馆出版的人名、地名译名手册等工具书。工具书上未见的译名，可根据上下文情况或保留原文，或由译者自行翻译，但应在第一次出现时，把原文用括注标在中译文后。译名的处理方法要全文统一。

跨文化学

《跨文化对话》编辑部

商务印书馆编辑部

2020 年 5 月 20 日